조 선 시 대
해 양 정 책 과
부산의 해양문화

이 저서는 2017년 정부(교육부)의 재원으로 한국연구재단 대학인문역량강화사업(CORE)의 지원을 받아 수행된 저서임

해 양 인 문 학 총 서

IV

조 선 시 대
해 양 정 책 과
부산의 해양문화

신명호 지음

서론

　조선이 건국되기 이전 1천여 년 간 한국 사회의 주류 종교는 불교였다. 한국의 전통 불교는 토착 종교에 대하여 포용적이었다는 특징뿐만 아니라 바다에 대하여도 포용적이었다는 특징을 가졌다. 단적으로 불교 세계관에 따르면 세계는 수미산을 중심으로 거대한 바다가 둘러싸고 있으며, 그 바다의 동서남북에 섬이 있고 인간은 남쪽 섬인 남염부주(南閻部洲)에 산다고 하였다. 이런 세계관은 육지 중심의 세계관이 아니라 오히려 바다 중심의 세계관이라고 할 수 있다. 그래서 수많은 불교 경전에서 바다는 무한한 존재 또는 무한한 부유의 상징으로 애용되곤 했다. 이런 세계관에서 바다는 육지와 대립적이기 보다는 오히려 상보적이었다. 그와 같은 불교 세계관을 바탕으로 삼국시대와 고려시대 1천여 년 간 한국에서는 활발한 해양활동이 전개되었다.

　반면 조선왕조 오백년간 한국의 주류 사상은 성리학이었다. 성리학은 철저하게 육지 중심의 세계관을 갖고 있었다. 예컨대『예기』에 "땅이 만물을 싣고 있다."는 언급이 있는데, 이런 언급은 지구상의 모든 존재가 땅의 부속물이라는 세계관 즉 육지 중심의 세계관에 다름 아니었다. 이런 세계관에서는 바다 역시 땅의 부속물로 인식될 수밖에 없었다.

　모든 종교 또는 사상과 마찬가지로 육지를 중심으로 하는 성리학적 세계관에는 장점과 단점이 있었다. 장점은 무엇보다도 땅의 장점을 최대화한다는 점이었다. 과거 1천 년 간 누적된 불교의 폐단을 극복하면서 농업 국가를 지향하고자 했던 조선에서 땅의 장점을 최대화 하려는 성리학이 만개했던 것은 일면 당연한 현상이었다. 만약 조선이 완벽한 내륙 국가였다면 성리학의 장점이 최고도로 발현되었을 것이다.

　하지만 조선은 반도 국가였다. 육지뿐만 아니라 삼면에 바다가 있었던 것이다. 그와 같은 상황에서 육지를 중심으로 하는 성리학적 세계관이 조선왕조 5백 년 동안 어떤 해양인식으로 표현되었는가? 또 어떤 해양 정책으로 구현되었는가? 나아가 부산의 해양문화는 어떠하였는가? 하는 질문을 하였고, 그런 질문에 답하고자 한 것이 이

책의 핵심 내용이다.

　이 책은 크게 3장으로 구성되었다. 첫째 장에서는 유교경전과 3해(海) 제사 및 내양(內洋) 등에서 표현된 해양인식을 검토하였다. 둘째 장에서는 해도(海島), 일본과의 교린관계, 궁중의 명태 공상 등에서 구현된 해양 정책을 살펴보았다. 마지막으로 셋째 장에서는 경상좌수영과 명지도 소금 등에서 드러나는 조선시대 부산의 해양문화를 검토하였다. 이를 통해 조선시대 성리학에 기초한 해양 인식과 해양 정책을 이념과 실제라는 측면에서 통합적으로 이해하고자 하였다.

　이 책을 완성하기까지 부경대학교 CORE 사업단의 물심양면에 걸친 지원이 있었다. CORE 사업단에 깊은 감사의 마음을 전한다. 마지막으로 이 책이 아직은 일천한 조선시대 해양 정책 연구에 작은 디딤돌이 되기를 기원해 본다.

2018년 2월 신명호

목 차

제 1 장

조선시대 해양인식

1) 조선유교의 해양인식

가) 머리말

14세기의 혼란을 극복하고 조선을 건국한 신진사대부들은 유교이념에 입각하여 국가, 사회를 개혁하고자 하였다. 이 결과 지난 1천년 간 불교이념에 기초해 있던 사회, 문화가 유교이념에 의해 재편되기에 이르렀다. 유교이념에 입각했던 조선왕조는 기본적으로 농업 국가였다. 이것은 여러 측면에서 확인할 수 있지만 국가제사에서 확연히 드러난다. 즉 조선왕조의 국가제사를 규정한 『국조오례의(國朝五禮儀)』에서 첫 번째에 실려 있는 것이 토지와 곡식의 신에게 올리는 사직제(社稷祭)였다. 조선왕조에서 사직은 가장 중요한 대사(大祀)일 뿐만 아니라 왕조 자체를 상징하기도 했다. 사직의 안위라는 말은 왕조의 안위라는 말과 다르지 않았다. 이는 토지와 곡식에 사활을 걸고 있던 농업국가의 현실을 그대로 드러내는 것이었다. 그러므로 조선시대 위정자들의 주 관심은 토지, 곡식 그리고 농민에 두어졌다.

토지와 바다에 대한 조선왕조 위정자들의 공식적인 인식은 토지신과 바다신에게 올리는 제사문에 잘 나타난다. 토지신과 바다신에게 올리는 제사문의 표현들은 바로 토지와 바다에 대한 인식의 표현이나 마찬가지이기 때문이다. 예컨대 토지신인 국사(國社)에 올리는 축문에서 토지는 '덕거재물(德鋸載物)'로 표현되었다. 이는 '덕이 커서 만물을 싣는다.'는 의미이다. 즉 지구상에 존재하는 모든 것을 싣고 있는 것은 토지라는 의미로서, 조선시대의 위정자들은 지구의 중심을 토지로 인식했음을 보여준다.

　　이에 비해 바다는 '백곡지왕(百谷之王)'으로 표현되었다. 이는 '수많은 골짜기 중에서 가장 큰 골짜기'라는 의미이다. 이것은 조선시대 위정자들이 바다를 골짜기처럼 토지가 움푹 들어간 존재로 인식하였음을 보여준다. 지구상에 존재하는 모든 만물을 토지를 중심으로 생각해보면, 토지가 움푹 들어가면 골짜기가 되고 불쑥 솟으면 산처럼 된다. 이런 존재들이 바로 바다를 비롯하여 호수와 강 그리고 큰 산인 악(岳)과 그 외의 명산 등이었다. 이런 존재들에 대한 조선시대 위정자들의 인식이 『국조오례의』에 실려 있는 것이다.

　　『국조오례의』에서 큰 산인 악(嶽)은 '준극우천(峻極于天)', 명산은 '방박줄률(磅礴碎嵂)'로 표현되었다. '준극우천'은 '하늘 높이 우뚝 솟았다.'는 의미이고, '방박줄률'도 '울퉁불퉁 높이 솟았다.'는 의미이다. 대천의 경우는 '성본윤하(性本潤下)'로 표현되는데, 대지를 흘러내리며 촉촉하게 적시는 것이 대천의 본성이라는 뜻이다. 이런 표현들에서 조선시대 위정자들은 바다나 대천을 토지가 움푹 들어간 존재로 인식하였고, 악이나 명산을 토지가 불쑥 솟아난 존재로 인식하였음을 알 수 있다. 이런 인식은 조선시대 위정자들의 만물 인식이 토지를 기준으로 하였음에 다름 아니라고 할 것이다.

세상의 만물을 토지를 중심으로 생각하게 하게 되면, 토지는 움푹 들어가거나 불쑥 솟아난 존재에 의해 쪼개지고 갈라지는 것으로 인식될 수 있다. 즉 토지는 움푹 들어가거나 불쑥 솟아난 존재에 의해 경계 지워 지는 것으로 파악할 수 있는 것이다. 토지를 경계 지워주는 존재들, 그것이 바로 산이나 강, 또는 바다와 같은 자연적인 경계선이라고 할 수 있다. 이렇게 자연적으로 경계 지워진 토지는 전통시대의 자연적인 구획일 뿐만 아니라 인위적인 구획이기도 했다. 왜냐하면 작게는 마을로부터 면, 군, 도, 국가라는 인위적 구획의 바탕은 대부분이 산이나 강 또는 바다와 같은 자연적 구획이었기 때문이다. 이 중에서 가장 큰 경계는 바다로 이루어져졌으며, 그렇기에 바다는 단절을 상징했고, 바다에서 사는 사람들 역시 단절된 사람들로 인식되었다. 20년 가까이 바닷가에서 유배 생활을 했던 다산 정약용은『경세유표(經世遺表)』에서 당시의 바다와 섬 그리고 그곳의 주민들이 처한 현실에 대하여 다음과 같이 언급하였다.

> "우리나라는 땅이 좁아서 (한양에서) 북쪽으로는 2천리가 넘지 않고, (한양에서) 남쪽으로는 1천리를 넘지 못한다. 북방은 모두 대륙과 연접하였으며 폐사군(廢四郡)을 제외한 곳은 왕의 명령이 미치지 않는 곳이 없다. 그런데 서남해의 여러 섬의 경우, 큰 섬은 주위가 1백리가 넘고 작은 섬도 주위가 40-50리가 되는 것이 별처럼 퍼져 있어 크고 작은 섬이 서로 섞여서 그 수가 무려 1천여 개나 된다. 이 섬들은 나라의 바깥 울타리이다. 그런데 건국 이래로 조정에서는 사신을 보내 이곳을 다스린 적이 한 번도 없다. (중략) 그러므로 무릇 바다 섬사람들은 원통하고 억울한 일이 있어도 차라리 포기하고 말지언정 절대로 관에 들어가지 않겠다고 맹서한다."

다산의 이 짧은 증언에는 조선후기 바다와 섬 그리고 그곳에 살던 주민들이 처했던 현실이 압축되어 있다. 조선후기 바다와 섬 그리고 그곳에 살던 주민들은 현실적으로 존재하기는 하였지만 국가의 정책적 대상에서는 심각하게 소외되어 있었다. 바다, 어촌 그리고 어민에 두어지던 위정자들의 관심은 토지, 농촌 그리고 농민에 두어지던 관심에 비교가 되지 못했던 것이다. 어쩌면 그런 현상은 농업국가인 조선왕조에서는 일면 당연한 일로 치부될 수도 있다. 그럼에도 흔히 지적되듯이 조선왕조에서 바다는 토지만큼은 아니라 해도 중요한 존재일 수밖에 없었다. 반도의 특성상 3면이 바다로 둘러싸였을 뿐만 아니라 조운은 물론 일본, 유구 등과의 국제관계도 바다를 통해 이루어졌기 때문이다. 그러므로 조선시대 사람들은 농업국가라는 기본 틀 속에서이지만 바다에 대한 인식과 대응양식을 나름대로 갖고 있었다.

조선시대 국가와 사회의 유교화는 유교경전을 근거로 추진되었다. 국가제사는 물론 관혼상제 같은 가정의례 나아가 국가통치, 국제관계 역시 유교경전을 근거로 하였다. 그것은 해양 정책에 대하여도 마찬가지였다. 이 글에서는 조선시대 사람들의 해양 정책에 결정적인 영향을 준 유교 해양인식의 내용을 검토하고, 그와 같은 유교 해양인식의 특징을 검토해 보고자 하였다.

나) 궁중 문양과 해양인식

조선시대 궁중에서는 다양한 문양이 사용되었다. 대표적으로 왕을 상징하는 용 문양을 비롯하여 음양오행, 십장생 등의 문양이 왕실 복장, 왕실 장식화 등에 그려졌다. 하지만 궁중 문양 중에서도 대표적인 문양은 왕의 구장복(九章服)에 새겨진 문양과 더불어 일월오봉병(日月五峰屏)에 그려진 문양이었다. 왕의 구장복과 일월오봉병은 공히 왕권을 상징하였기에 여기에 새겨지거나 그려진 문양은 그 내용과 의미에서 특히 중요하였다. 그 같은 문양에는 실용적 기능과 치장의 기능 이외에도 사회적 기능이 또 있었다. 즉 문양으로써 사회적 위치나 조직 내에서의 서열, 사회의 윤리관, 자연에 대한 가치관 등을 표시했던 것이다.

조선시대 왕의 복식은 특별한 의식을 행할 때, 평상시 집무할 때, 군사 훈련을 참관할 때, 잠자리에 들 때 등등 때와 장소에 따라 달라졌다. 왕의 공식적인 복식은 만나는 대상자 또는 의식의 중요성에 따라 크게 면류관과 구장복, 원유관과 강사포, 익선관과 곤룡포의 세 가지로 나뉘었다. 이 중에서 면류관과 구장복은 하늘과 지상 최고의 신을 영접하기 위한 왕의 최고 예복으로 면복(冕服) 또는 대례복이라고 하였다. 주로 왕이 중국의 칙사를 영접할 때나 종묘와 사직에 제사를 올릴 때 또는 즉위식, 혼인식 등에서 입었다. 하늘을 대신하는 중국 천자, 조선의 국권을 상징하는 종묘와 사직의 신은 왕이 받들어야 할 최고의 신이었다. 즉위식이나 혼인식 때 면류관과 구장복을 착용하는 것도 하늘과 종묘의 신에게 국왕의 즉위와 혼인을 승인받는다는 의미가 담겨 있었다.

왕의 복장 중에서 최고의 예복인 면류관과 구장복은 왕의 권위와 존엄을 상징하는 색과 문양으로 가득했다. 중국 고대의 모자에서 발달한 면류관은 모자의 기본 틀인 면판(冕版)과 면판 앞뒤에 늘어뜨린 류(旒)를 합쳐서 부르는 말로, 검은색 모자이다. 류는 신분에 따라 수가 다른데 천자는 12류, 제후는 9류였다. 제후를 자처한 조선의 왕은 9류 면류관을 착용했으나, 고종이 황제에 오른 후 12류 면류관을 썼다. 류에는 각각 9개의 옥을 꿰었고, 사이사이에 오색 구슬을 넣었다.

유학자들은 면판과 류의 모양에 커다란 정치적 의미를 부여했다. 예컨대 앞뒤로 늘어뜨린 류가 면류관을 쓴 왕의 시야를 가리는데, 유학자들은 왕이 흉악한 것을 보지 못하게 하기 위해서라고 해석했다. 또한 나쁜 말을 듣지 말라는 의미에서 면류관의 좌우에 왕의 귀를 막을 수 있는 작은 솜뭉치를 늘어뜨렸다. 이는 최고 권력자인 왕이 간신배들의 감언이설에 눈과 귀가 멀어서는 안 된다는 의미를 담고 있다.

면류관과 함께 이용된 것이 구장복이었는데 왕의 옷에 들어가는 문양이 아홉 가지이기에 구장복이라고 하였다. 조선왕의 구장복은 고려 말 공민왕 때 명나라태조에게서 받은 면복에 표시된 구장을 근거로 하였다.[1] 구장복에 들어가는 아홉 가지 문양은 상의에 다섯 가지, 하의에 네 가지였다. 아홉 가지 문양은 왕 자체를 상징하거나 왕이 갖추어야 할 덕성을 상징하였다.

상의에 들어가는 다섯 가지 문양은 용(龍), 산(山), 화(火, 불꽃), 화충(華蟲, 꿩), 종이(宗彝, 호랑이와 원숭이)였다. 용의 문양은 용처럼 자유자재로 변화하는 능력을 상징했다. 산 문양은 산처럼 우러러보는 것을 상징했으며, 불꽃 문양은 불꽃처럼 밝은 것을 상징했고, 꿩은 꿩처럼 화려한 무늬를 상징했으며, 호랑이는 호랑이의 용맹을 원숭이는 원이의 지혜를 상징했다.

한편 하의에 들어가는 네 가지 문양은 조(藻, 수초), 분미(粉米, 쌀), 보(黼, 도끼), 불(黻, 弓 자가 서로 등을 마주한 문양)이었다. 수

---

[1] 김주연(2012) 『조선시대 궁중의례미술의 十二章 圖像 연구』, 이화여대 석사학위논문.

초는 화려한 문양을 본뜬 것이고, 쌀은 사람을 기르는 속성을 상징했으며, 도끼 문양은 생사여탈권을, 불은 백성들이 악을 버리고 선으로 향하도록 인도하는 왕의 역할을 상징했다. 조선의 왕은 제후의 예법에 따라 9류 면류관을 쓰고 구장복을 입었다.

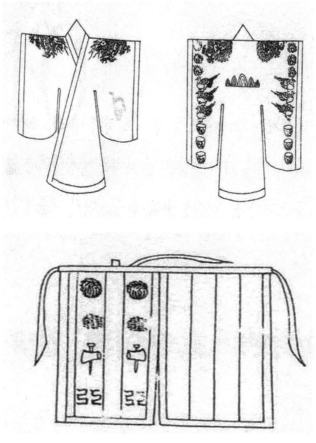

<도 1> 구장복 상의와 하의의 아홉 가지 문양
(『국조오례의서례(國朝五禮儀序例)』)

왕의 구장복에 나타나는 문양 중에서 해양과 관련된 문양은 상의에 전혀 나타나지 않는다. 반면 상의의 등 부분에는 다섯 봉우리의 산 문양이 들어간다. 다섯 봉우리의 산 문양은 산처럼 우러러보는 것을 상징하기도 하지만, 오악(五嶽) 즉 사방 국토를 상징하기도 한다. 이처럼 왕의 구장복 상의에는 오악으로 상징되는 토지는 표현되었지만, 바다는 전혀 표현되지 않았는데, 그것은 국토 안에 바다가 포함된다고 생각했기 때문이라 할 수 있다.

한편 구장복의 하의의 문양 중에서 물과 관련된 것은 조(藻, 수초)이다. 이 조(藻)는 분미(粉米, 쌀)와 더불어 하의에 들어갔는데, 상징하는 의미는 전혀 달랐다. 즉 분미(粉米)는 쌀은 사람을 기르는 속성을 상징하였음에 비해, 조(藻)는 화려한 문양을 본뜬 것으로 되어 있다. 땅에서 산출되는 분미(粉米)가 사람을 기른다는 적극적인 의미를 갖는데 비해, 물 또는 해양에서 산출되는 조(藻)는 화려하다는 상징성만 갖는 것은 물 또는 바다에 대한 중요성이 땅에 비해 약하게 인식되었음을 의미한다. 이처럼 조선시대 왕의 최고 복장인 구장복에 들어간 문양의 경우, 바다 또는 해양은 국토에 부속된 존재로 인식되어 거의 무시되었는데, 이는 일월오봉병에서도 동일하게 나타난다.

조선시대에는 왕이 앉아 있는 자리 뒤에 일월오봉병이라는 병풍을 놓았다. 일월오봉병이란 말 그대로 해와 달 그리고 다섯 봉우리가 그려진 병풍이다. 일월오봉병은 달리 일월오악도(日月五嶽圖) 또는 일월산수도(日月山水圖), 곤륜도 등으로 불리기도 한다.[2] 일월오

---

2) 조선시대 일월오봉병에 관해서는
　　孫光成(1986) 「日月五嶽圖에 대한 研究」, 동국대 석사학위논문
　　안천(2001) 「日月五嶽圖 研究」『皇室學論叢』제5호.
　　명세나(2007) 『조선시대 일월오봉병 연구-흉례도감의궤 기록을 중심으로-』, 이화여대 석사논문

봉도는 현재 각 궁궐의 용상 뒤에 남아 있거나 왕의 초상화 뒤에 남아있으면서 왕의 위엄과 상징성을 살려주고 있다.

그런데 조선 전기에는 일월을 그려 넣는 대신 오봉병 앞에 일월경(日月鏡)을 입체적으로 매달았으므로,3) 본래는 오봉이 중심인 병풍이었다. 오봉병의 오봉은 근본적으로 구장복의 상의에 들어가는 산문양과 동일하게 다섯 봉우리로 되어 있다. 따라서 오봉병의 오봉을 일방적으로 오행으로 보기보다는 국토를 상징하는 오악으로 보는 것이 합리적이다.

<도 2> 일월오봉병4)

김홍남(2009) 「조선시대 일월오봉병에 대한 도상학적 연구」, 『중국 한국 미술사』, 학고재
김홍남(2009), 「일월오봉병과 정도전」, 『중국 한국 미술사』, 학고재
유혜진(2013) 『조선시대 일월오봉병 연구』, 성균관대학교 석사학위논문
김정임(2015) 「조선시대 일월오봉병 역할의 확산과 전개-관왕묘를 중심으로-」, 『문화사학』43
김주연(2015) 「삼산오악(三山五岳) 도상의 정치적 전용과 그 전거」, 『미술사학보』44 참조.

3) 명세나(2007) 『조선시대 일월오봉병 연구-흉례도감의궤 기록을 중심으로-』, 이화여대 석사논문.

4) 고궁박물관 소장.

한편 오봉병에는 해와 달 그리고 오봉에 더하여 바다와 소나무 그리고 폭포도 그려져 있다. 이와 같은 일월오봉병에 나타나는 일월과 오봉 그리고 바다와 소나무 그리고 폭포는 음양오행으로 해석할 수도 있지만, 오악을 중심으로 하는 국토로 해석할 수도 있다.

고대 중국인들은 하늘 아래의 땅은 전체적으로 네모난 형태이고, 그 바깥 사방을 바다가 에워싸고 있다고 생각하였다. 예컨대 중국에서 가장 오래된 지리지로 알려진 『산해경』에서는 땅의 위치를 "육합(六合)의 사이와 사해(四海)의 안"5)에 비정하였다. 따라서 천명을 받은 황제는 하늘 아래 모든 땅에 더하여 그 땅을 둘러싼 사방 바다 즉 사해에도 통치권을 행사한다고 생각하였다. 그런 생각이 『시경』에서는 "보천지하 막비왕토(普天之下 莫非王土)/ 솔토지빈 막비왕신(率土之濱 莫非王臣)"6)이라 표현되었다. "보천지하 막비왕토(普天之下 莫非王土)"란 하늘 아래의 땅은 모두 황제의 땅이란 의미이고, "솔토지빈 막비왕신(率土之濱 莫非王臣)"이란 바다로 에워싸인 땅에 사는 모든 사람이 왕의 신하란 의미이다. 그러므로 중국의 천명사상에 입각한다면 천명을 받은 황제가 하늘 아래 모든 땅에 더하여 그 땅을 둘러싼 사방 바다 즉 사해에도 통치권을 행사해야 한다는 것이 당연시되었다.

『예기』 교특생(郊特牲)에 의하면 사람은 천(天)에서 법을 취하고, 지(地)에서 재물을 얻기에 그 공덕에 보답하고자 천신(天神)과 지기(地祇)에 제사한다고 하였다. 즉 고대 중국인들은 사람에게 지식이든 또는 물질이든 큰 도움을 주는 신령의 공덕에 보답하기 위해 제사를 드린다고 생각했던 것이다. 이런 생각을 그들은 반시보본(報本反始)라고 표현하였다.7)

---

5) "地之所載 六合之間 四海之內" (『山海經』海經, 海外南經).

6) 『詩經』小雅, 北山.

전통시대 한국과 중국에서 거행된 국사(國祀) 즉 국가 제사는 바로 보본반시의 사상에 근거하여 사람에게 공덕을 끼친 천신(天神), 지기(地祇), 인귀(人鬼) 등 신령에게 그들의 도움 크기를 대, 중, 소로 구분하여 감사한 마음을 표시하던 국가 행위였다. 따라서 국사의 대상인 신령한 존재들은 사람에 대한 그들의 공덕이 국가적으로 공인된 것이라 할 수 있는데, 이는 당시 사람들의 삶에서 어떤 신령한 존재가 어느 정도로 또 왜 중요시 되었는지를 명확하게 보여주는 것이라 할 수 있다.

전통시대 중국 황제의 의례 중 가장 중요한 의례는 제천(祭天)이 었다. 그 이유는 황제에게 천명을 내린 천의 공덕에 보답하기 위해 제천을 가장 중요시하였던 것이다. 중국 황제는 도성의 남교(南郊)에 천을 상징하는 원구단(圜丘壇)을 세우고 제천의례를 거행하였다.

원구 제사와 더불어 중국 황제가 가장 중요시한 제사는 방택(方澤) 제사였다. 방택의 제사가 중요시된 이유 역시 땅의 공덕에 보답하기 위해서였다. 방택이란 '택중지방구(澤中之方丘)'라는 『주례』의 표현[8] 을 축약한 것인데, 방택은 땅을 상징하는 방형의 제단으로 남교의 원구단에 대응하여 북교(北郊)에 세워졌다. 원구란 둥근 하늘을 상징하여 원으로 하고, 높은 하늘을 상징하여 구로 한 것인데, 방택은 이에 대비하여 네모난 땅을 상징하여 방으로 하고, 낮은 땅을 상징하여 택으로 한 것을 지칭하였다. 다만 택중(澤中)에서 제지(祭地) 할 수는 없으므로 지상의 방구(方丘)를 방택(方澤)이라고 하였다.[9]

7) "地載萬物 天垂象 取財於地 取法於天 是以尊天而親地也 故教民美報焉 家主中霤 而國主社 示本也 唯 爲社事 單出里 唯爲社田 國人畢作 唯社丘乘 共粢盛 所以報本反始也 (중략) 萬物本乎天 人本乎祖 此 所以配上帝也 郊之祭也 大報本反始也"(『禮記』 郊特牲).

8) "夏日至 於澤中之方丘 奏之 若樂八變 則地示皆出 可得而禮矣"(『周禮注疏』, 春官, 大司樂).

9) "言圜丘者 案爾雅 土之爲高者曰丘 取自然之丘 圜者象天圜 (중략) 言澤中方丘者 因高以事天 故於地 上 因下以事地 故於澤中 取方丘者 水鍾曰澤 不可以水中設祭 故取自然之方丘 象地方故也"-賈公彦 疏 -(『周禮注疏』, 春官, 大司樂』).

그런데 원구에서 제천할 때는 최고의 천신인 황천상제(皇天上帝)를 위시하여 일월성신 그리고 풍운뇌우 등 다양한 하늘 존재에 더하여 오악(五嶽), 오진(五鎭), 사해(四海), 사독(四瀆) 같은 땅 존재도 종사(從祀)되었다. 이는 하늘과 땅의 모든 존재들이 궁극적으로 천신의 주관 하에 있음을 드러내기 위해서였다. 아울러 방구(方丘)에서 제지(祭地)할 때는 최고의 지신(地神)인 황지기(皇地祇)를 위시하여 오악(五嶽), 오진(五鎭), 사해(四海), 사독(四瀆) 등 땅의 존재들이 모셔졌다.10) 이렇게 원구와 방택에 종사된 일월, 풍운뇌우, 오악(五嶽), 오진(五鎭), 사해(四海), 사독(四瀆) 등은 별도로 마련된 제단에서도 제사를 드렸는데, 물론 그 이유는 일월, 풍운뇌우, 오악(五嶽), 오진(五鎭), 사해(四海), 사독(四瀆) 등이 사람에게 큰 공덕을 베푼다고 생각했기 때문이었다.

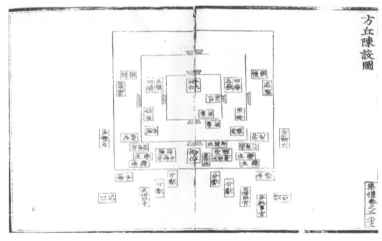

<도 3> 명나라 때의 방구진설도(方丘陳設圖)11)

---

10) 중국과 한국의 圓丘 제사와 方澤 제사 및 社稷 제사 전반에 관해서는 김문식·김지영·박례경·송지원·심승구·이은주(2011) 『왕실의 천지제사』, 돌베개 참조.

11) 『大明集禮』吉禮, 祭地.

위에서 보듯이 명나라 때의 방구는 방택(方澤)과 네모난 땅을 상 징한 것으로 방형의 구역이 셋으로 구분되었다. 맨 바깥에 있는 방 형의 구역은 방택(方澤) 즉 사해를 상징했다. 중간에 있는 방형의 구 역은 네모난 땅을 상징했으며, 중앙에 있는 방형의 구역은 네모난 땅위의 높은 산을 상징했다. 즉 명나라 때의 방구는 사해로 둘러싸 인 네모난 땅과 그 땅 위의 높은 산을 상징한 것이었다.

그런데 중국인들은 앞에서 언급한대로 네모난 땅은 가운데의 중 악(中岳)과 사방의 사악(四岳) 즉 오악으로 둘러싸였다고 간주하였고, 이런 생각에서 네모난 땅 위에 높직한 단을 하나 더 쌓았던 것이다. 이렇게 본다면 방구에서 네모난 땅의 규모보다는 그것을 둘러싼 사 해의 규모가 오히려 크다고 할 수 있다. 이는 땅에서 흘러내리는 온 갖 물과 하늘에서 내리는 빗물을 무한정으로 받아내야 할 정도로 사 해가 커야 한다고 생각했기 때문이었다.

이런 사실에서 일월오봉병의 오봉은 유교경전에 등장하는 오악을 상징한다고 볼 수 있다. 본래 오악은 네모난 땅의 중앙과 사방에 위 치한 명산인데, 이것을 하나의 화폭에 그리면서 일렬 형태로 변형했 던 것이다. 일월오봉병의 오악이 유교경전의 오악이라면, 오악 앞에 출렁이는 바다는 당연히 사해가 되어야 한다. 사해 역시 오악으로 둘러싸인 네모난 땅을 바깥에서 둘러싼 형태인데, 오악을 일렬로 그 리다 보니 사해 역시 오악 바깥으로 하나만 그리게 되었던 것이다. 또한 오봉 사이에서 사해로 흘러 떨어지는 물줄기와 폭포는 네모난 땅에서 사방의 바다로 흘러들어가는 대천과 사독을 상징한다고 할 수 있다. 아울러 사해 바깥쪽의 소나무는 물론 바다 바깥의 신성한 소나무를 상징하는 것이랄 볼 수 있다. 이렇게 보면 일월오봉병은 마치 방구에 황지기를 위시하여 오악, 오진, 사해, 사독 같은 땅 존재를 제사했던 것처럼 하나의 그림 안에 오악으로 상징되는 국토에 더하여 바다, 대천, 사독, 산 등을 함께 표현한 것이라 할 수 있다. 그러므로 일월오봉병은 오악, 오진, 사해, 사독으로 상징되는 유교적 우주관과 국토관이 표현된 그림이라 할 수 있다.

이 같은 일월오봉병에서 찾을 수 있는 특징은 오악으로 표현된 땅이 실제 이상으로 크게 강조되었다는 사실이다. 일월오봉병의 그림 비율로 보면 오악은 전체 화면의 거의 절반을 차지한다. 자연 상태에서 오악으로 둘러싸인 땅이 그렇게 큰 비율을 차지하는 것은 물론 아니다. 반면 해와 달이 그려진 하늘과 사해가 그려진 바다는 실제 이상보다 훨씬 작게 축소되었다. 해와 달이 그려진 하늘의 경우 오악의 절반쯤에 해당하며, 사해가 그려진 바다 역시 오악의 절반쯤밖에 되지 않는다. 자연 상태에서는 오악으로 둘러싸인 땅보다는 하늘이 훨씬 크며 오악으로 둘러싸인 땅을 밖에서 둘러싼 사해 역시 땅보다 훨씬 넓다. 그럼에도 불구하고 일월오봉병에서는 오악을 실제 이상으로 크게 그리고 하늘과 사해를 실제 이상으로 작게 그렸던 것이다. 그 이유는 물론 일월오봉병이 자연을 있는 그대로 보고 그린 것이 아니라 유교이념을 상징적으로 그린 것이기 때문이라 할 수 있다.

유교이념은 궁극적으로 유교경전에 구현되어 있다. 그런 면에서 왕의 면복과 일월오봉병을 통해 도출할 수 있는 유교의 해양인식이란 실제보다 위축된 해양인식이라 요약할 수 있다. 그렇게 된 이유는 물론 유교의 자연인식이 바다보다는 땅을 중심으로 형성되었기 때문이라 할 수 있다.

다) 유교의 해양인식과 사해(四海) 제사

4서5경 등 유교경전에 나타나는 해양은 사해(四海)로 대표되었다. 4서5경 등 유교경전 중에서도 가장 권위 있는 경전은 『주역』으로 알려져 있다. 따라서 유교경전에 나타난 해양인식을 깊이 이해하기 위해서는 우선 『주역』에 나타난 해양인식을 살펴볼 필요가 있다.

그런데 『주역』에는 해(海)나 양(洋)과 같은 바다에 관련된 용어 자체가 없다. 『주역』은 천지자연에 존재하는 삼라만상을 포괄한다고 하는데, 그런 『주역』에 해(海)나 양(洋)과 같은 용어 자체가 없다는 사실은 『주역』을 창출해낸 주역들이 바다를 보지 못했거나 아니면 바다를 보았다고 하도라도 그 중요성을 별로 인식하지 못한 결과라 할 수밖에 없다.

『주역』의 기본은 8괘라고 하는 여덟 가지의 자연 요소로 이루어져 있다. 그것은 건(乾)에 속하는 바람(巽), 불(離), 연못(澤)에 더하여 곤(坤)에 속하는 우레(震), 물(坎), 산(山)이다. 고대 중국인들의 인식대로 네모난 땅을 오악이 둘러싸고, 그 바깥을 사해가 둘러싸고 있다면 『주역』에서 사해를 포괄하는 것은 물인 감(坎)이 될 수밖에 없다. 이와 같은 감괘(☵)의 뜻에 대하여는 다양한 해석이 있다.

예컨대 계사(繫辭)에서는 "감은 물이다."[12]고 하여 물로 보았다. 아울러 물의 속성에 대하여는 "만물을 윤택하게 하는 것 중에 물보다 더 윤택하게 하는 것이 없다."[13]고 하여 물의 속성은 만물을 윤택하게 하는 것이라 규정하였다. 이런 규정은 물의 속성 중에서 아주 긍정적인 면을 드러낸 것이라 할 수 있다.

---

12) "坎爲水"(『주역』繫辭 下).
13) "潤萬物者 莫潤乎水"(『주역』繫辭 下).

물이 만물을 윤택하게 하는 이유는 마실 수 있기 때문이다. 즉 민물이기 때문이다. 민물은 땅위에 고여 있거나 아니면 땅위를 흐른다. 그렇게 땅위에 고여 있거나 땅위를 흐르는 민물을 마시면서 땅의 생명들이 살아간다. 따라서 "감은 물이다."나 "만물을 윤택하게 하는 것 중에 물보다 더 윤택하게 하는 것이 없다."는 주역의 언급은 땅위의 민물을 지칭하는 것이라 할 수 있다.

그런데 같은 계사(繫辭)에서 "감은 구덩이이다."[14]라고도 하고, 또 잡괘전(雜掛傳)에서는 "감은 아래이다."[15]라고도 하여, 감을 구덩이 또는 아래로 규정하기도 하였다. 이 같은 규정을 고대 중국인들의 천원지방 인식과 관련해 생각해보면, 오악으로 둘러싸인 땅을 둘러싼 사해(四海)는 거대한 구덩이로 인식되었음을 추정할 수 있다. 즉 유교경전 상에서 사해로 대표되는 바다는 거대한 구덩이로 간주되었던 것이다. 이 같은 사해의 물은 민물과 달리 짠물이라 마실 수가 없다. 그런 짠물에서는 만물을 윤택하게 하는 공덕을 찾을 수 없다. 따라서 사해의 짠물은 험한 구덩이로서의 공덕과 위험만 강조되고 있는 것이다.

이 같은 현상은 『주역』이 창출되던 시기 중국인들이 바다의 공덕을 잘 모르던 상황에서 나타난 것이라 할 수 있다. 즉 황하 상류에서 시작된 중국문명은 바다와 멀리 떨어져 있었고 그래서 바다의 효용과 가능성을 충분히 인식하지 못했던 것이다. 하지만 중국의 판도가 점차 황하 상류를 넘어 황하 하류와 바닷가로 확장되면서 바다의 효용과 가능성이 점차 확인되었고, 그 결과 천명과 사해에 대한 이해도 보다 구체적으로 변했다고 할 수 있다.

---

14) "坎 陷也" (『주역』繫辭 下).

15) "坎 下也"(『주역』雜掛傳).

춘추전국 시대까지 중국의 판도는 화북 지역에 한정되었고, 특히 주나라 왕의 통치권이 미치는 판도는 바다와 관련이 없었다. 이런 현실에서 천명에 의해 천하의 모든 땅과 그 땅 밖의 사방 바다를 다스린다는 이념과, 실제로는 황하 상류 지역에만 통치권이 미치는 주나라 왕의 현실 사이에서 괴리가 발생하게 되었다. 그런 괴리에서 고대 중국에서는 사해를 놓고 두 가지 해석이 등장하게 되었다.

첫 번째는 사해를 사방 바다가 아니라 사방 이적(夷狄)이라고 보는 해석이었다. 예컨대 『주례』의 "범변사우사해(凡辨事于四海)"[16]에 등장하는 '사해'에 대하여 정현은 "사해는 사방과 같다."[17]고 주를 달았고, 가공언은 "왕이 순수함에 오직 방악(方岳)에만 이르고 사방 이적에게는 이르지 않으므로 사해를 사방이라고 하였다."[18]로 해설하였다. 이는 『주례』의 시대배경으로 간주되는 주나라 왕의 통치권이 황하 상류 지역에만 한정되던 현실과, 중국 영토 밖도 천명에 의해 중국 황제의 통치권에 속한다고 하는 이념 사이의 괴리에서 나온 것이라 할 수 있다.

두 번째는 사해를 명실상부하게 사방 바다로 보는 해석이었다. 예컨대 『예기』 월령에는 중동에 천자가 유사(有司)에 명령하여 사해(四海), 대천(大川), 명원(名源), 연택(淵澤), 정천(井泉)에 제사[19]하게 한다는 내용이 있는데, 이에 대하여 정현은 "그 덕이 번성할 때를 따라 제사하는 것"[20]이라고 해설하였다. 정현에 따르면 중동에 제사하

---

16) "凡辨事于四海山川"(『周禮注疏』, 夏官, 校人).

17) "四海猶四方也"-鄭玄 注-(『周禮注疏』, 地官, 大司徒).

18) "四海猶四方也者 王巡狩 惟至方位 不至四海夷狄 故以四海爲四方"-賈公彦 疏-(『周禮注疏』, 夏官, 校人).

19) "天子命有司所祀四海大川名源淵澤井泉"(『禮記』月令).

20) "順其德盛之時 祭之也"-鄭玄注-(『禮記』月令).

는 사해, 대천, 명원, 연택, 정천은 모두 겨울의 덕인 물과 관련되는 것이므로 이때의 사해는 방위 또는 이적이 아니라 사방 바다였다. 이처럼 정현이 동일한 사해를 놓고 어느 때는 사방 이적이라 해석하고, 어느 때는 사방 바다라고 해석한 것은 현실과 이념의 괴리 때문이라고 할 수 있다. 이런 점에서 중국의 사해 제사는 처음에는 현실적인 영토와 관계없이 천명 이념을 표현하고자 하는 의도에서 시작되었다고 이해할 수 있다.

그런데 중국에서는 진, 한 시기의 조정을 거쳐 당나라 때부터 황제가 사해 자체 즉 동해, 서해, 남해, 북해를 대상으로 제사를 드렸는데 동해, 서해, 남해, 북해에 연접한 곳에 사당을 짓고 제사를 드렸다. 당나라 때의 동해는 내주(萊州), 서해는 농주(隴州), 남해는 광주(廣州), 북해는 명주(洺州)였다.21) 내주, 농주, 광주, 명주는 당나라의 사방 국경 지역이므로, 당시의 사해는 사방천하로 상징되는 당나라 영토의 밖에 있는 바다 자체라고 할 수 있다. 따라서 중국에서는 영토가 달라지면 사해 역시 달라질 수밖에 없었다. 예컨대 송나라 때 사해는 동해가 내주, 서해가 하중부(河中府), 남해가 광주, 북해가 맹주(孟州)였다.22)

요약하자면 중국의 사해 제사는 처음에는 천명 이념을 표현하고자 하는 의도에서 시작되었지만, 점차 중국 판도가 확장되면서 명실상부하게 판도 밖의 사해 자체를 제사 대상으로 하게 되었던 것이다.23) 다만 천명 이념을 표현하기 위한 것이든 아니면 영토 밖의 사해 자

---

21) 『大明集禮』吉禮, 專祀嶽鎭海瀆天下山川城隍, 祭所.

22) 『大明集禮』吉禮, 專祀嶽鎭海瀆天下山川城隍, 祭所.

23) "詩序又曰 巡狩而祀四岳河海 則又有四海之祭 蓋天子方望之事 無所不通 而嶽鎭海瀆 在諸侯封內者 諸侯亦各以其方祀之"(『大明集禮』吉禮, 專祀嶽鎭海瀆天下山川城隍, 總序).

체를 제사하기 위한 것이든 중국에서 사해에 제사를 드린 이유는 보본반시 즉 사해의 공덕에 보답해야 한다는 생각 때문이었다.

고대 중국인들이 생각한 바다의 공덕은 "바다는 천지(天池)이니 백천(百川)을 받아들이는 존재이다."[24]라는 『설문해자(說文海字)』의 해설에 잘 나타난다. 이에 따르면 바다의 공덕은 근본적으로 지상의 모든 천(川)을 받아들이는 데 있었다. 따라서 사해 제사는 궁극적으로 지상의 모든 천을 받아들이는 해의 공덕에 대한 국가적 보본 행위라 할 수 있다. 이런 사실은 사해 제사에 이용된 축문(祝文)에도 명확하게 나타나는데, 예컨대 당나라 때 사해의 축문은 다음과 같았다.

> 동해 축문에 이르기를, "동해의 신은 백천의 조종(朝宗)으로서, 만물을 촉촉하게 양육함이 몹시 넓습니다. 감덕(坎德)을 영험하게 모아, 동방을 촉촉하게 적셔, 만물을 윤택하게 하고 만민을 기르니, 공덕이 세상에 미쳤습니다. 역대로"<운운(云云)은 앞과 같다. 아래도 모두 같다.>
> 서해 축문에 이르기를, "서해의 신은 물을 모이게 함이 넓고 영험하여, (물길이) 아득히 멀고멉니다. 감덕(坎德)은 깊고 넓어, 서쪽을 윤택하게 하여, 만물을 윤택하게 하고 만민을 기르니, 공덕이 세상에 미쳤습니다.
> 남해 축문에 이르기를, "남해의 신은 이곳 남쪽 변방을 (물길로) 휘돌게 하니, 만물이 크고 영험하게 모입니다. 감덕(坎德)은 깊고 크며, 해와 달의 밝음이 여기에 짝하여, 만물을 윤택하게 하고 만민을 기르니, 공덕이 세상에 미쳤습니다.
> 북해 축문에 이르기를, "북해의 신은 북방신의 소속으로서, (북해의 신이 있는 북해는) 아득히 멀어 미치지 못합니다. 감덕(坎德)을 영험하게 모아 북쪽에 자리하여, 만물을 윤택하게 하고 만민을 기르니, 공덕이 세상에 미쳤습니다."[25]

---

24) "海 天池也 曰納百川者"(『說文解字』).

25) "東海曰 維神 百川朝宗 涵育深廣 靈鍾坎德 潤衍震宗 滋物養民 功被于世 歷代<云云同前 下竝同> 西

위에 의하면 사해의 공덕은 공히 감덕(坎德)으로 표현되는데, 앞에서 본 대로 『주역』에 의하면 감이란 구덩이 또는 물, 북쪽 등의 의미를 가지고 있다.26) 그런데 위의 축문에서 동해, 서해, 남해, 북해에 공히 감덕이란 말을 붙였으므로 이때의 감은 물이나 북방보다는 구덩이를 의미하는 것으로 이해된다. 즉 구덩이는 낮고 텅 비었기에 무엇인가를 받아들이는데, 바다가 백천을 받아들일 수 있는 것은 낮고 텅 빈 구덩이의 공덕을 갖고 있기에 가능하다는 의미일 것이다.

『설문해자』에서 백천을 받아들이는 바다를 천지(天池)라고 표현한 것이나, 사해의 축문에서 바다를 감이라 표현한 것 모두 그런 의미일 것이다. 이 같은 천지와 감을 고대 중국인들의 천원지방설에 결부해 이해한다면, 고대 중국인들은 천하의 지는 전체적으로 네모나고, 그 네모난 지를 한량없이 깊은 감이 에워싸는 것으로 생각했다고 이해할 수 있다. 그런 생각에 따르면 사해는 지의 사방에서 흘러오는 백천의 물이 모이는 거대한 구덩이가 된다. 그 구덩이는 네모난 지상의 온갖 물 그리고 하늘에서 내리는 비 등 천하의 물을 무한정으로 받아들일 수 있을 정도로 거대하다. 그래서 『설문해자』에서는 바다를 천지라 표현하였고, 사해 축문에서는 감이라 표현했던 것이다. 이렇게 보면 고대 중국인들은 바다의 본질을 물이 아니라 구덩이에서 찾았고, 그래서 축문에서도 바다의 공덕을 감덕이라고 표현했다고 이해된다.

따라서 구덩이의 공덕을 의미하는 감덕이란 표현에서는 바닷물 자체의 공덕을 찾기 어렵다. 상식적으로 생각하면 바닷물 자체도 사

海曰 維神 瀾(넘을 호)靈所鍾 道里遼邈 坎德深廣 潤衍兌方 滋物養民 功被丁世 南海曰 維神 環玆奧壤 物鉅靈鍾 坎德深大 離明斯配 潤物養民 功被丁世 北海曰 維神 玄冥攸司 遐遠莫卽 鍾靈坎德 奠位陰方 潤物養民 功被丁世」(『大明集禮』 吉禮, 專祀嶽鎭海瀆天下山川城隍, 祝板).

26) 『周易』, 坎卦.

람의 삶에 무수한 공덕을 끼칠 수 있다. 예컨대 바닷물에서는 소금도 생산되고 온갖 해산물도 생산되며 해운과 해양교류의 통로가 되기도 한다. 하지만 사해 축문에서는 이런 공덕이 전혀 언급되지 않는다. 그 이유는 바다의 본질은 구덩이에 불과하고, 바다에 흘러들어온 물은 백천에서 온 것이기에 바닷물의 공덕을 굳이 따진다면 그것은 바닷물 자체의 공덕이 아니라 바다로 흘러들어온 백천의 공덕이 되어야 한다는 생각 때문일 것이다.

예컨대 동해의 공덕을 진술한 축문에서 "동방을 촉촉하게 적셔, 만물을 윤택하게 하고 만민을 기르니, 공덕이 세상에 미쳤습니다."라고 한 것은 동해로 흘러들어오는 지상의 백천이 동방의 대지를 촉촉하게 적시고 동방의 만물을 윤택하게 하며 동방의 만민을 기른다는 의미이다. 동해는 그런 동방의 백천을 모두 받아들이는 공덕이 있을 뿐이다. 물론 동해가 동방의 백천을 모두 받아들이는 공덕을 발휘하는 이유는 동쪽의 거대한 구덩이로 존재하기 때문인데, 그것이 바로 감덕인 것이다. 이런 생각은 동해뿐만 아니라 서해, 남해, 북해의 축문에도 동일하게 반복되고 있다.

이처럼 바다의 본질이 구덩이이고, 그래서 지상의 백천을 받아들이는 존재라면 사해는 두 가지 의미로 해석될 수 있다. 첫째는 네모난 땅의 사방 밖에 위치한 바다라는 의미이다. 즉 동쪽 땅 밖의 구덩이가 동해이고, 서쪽 땅 밖의 구덩이가 서해이며, 남쪽 땅 밖의 구덩이가 남해이고, 북쪽 땅 밖의 구덩이가 북해이다.

두 번째는 바다 자체의 위치보다는 바다로 흘러들어오는 백천의 위치를 기준으로 할 때의 바다이다. 예컨대 바다 자체는 동쪽에 자리하지만 북쪽 땅에서 흘러들어오는 백천을 받아들인다면 그 바다는 동해도 될 수 있지만 동시에 북해도 될 수 있는 것이다. 이에 따라 전통시대 중국과 한국에서 사해란 바다 자체의 위치만 지칭하는 것이 아니라 바다로 흘러들어오는 백천의 위치를 지칭하기도 하였다. 왜냐하면 중국대륙이나 만주, 한반도의 지리적 특성상 명실상부한 북해를 찾기는 어렵기에서 중국과 한국에서는 영토의 북쪽에서 흘러온 백천이 들어가는 바다를 북해로 부르기도 했다.

그런데 비록 바다의 본질이 구덩이이기는 해도 바다에 물이 있기는 있다. 다만 바닷물은 짠물이라 인간이 마실 수도 없고 짐승이 마실 수도 없으며 농업에 이용할 수도 없다. 비록 그렇기는 해도 바닷물 역시 궁극적으로는 물이므로, 감덕에는 구덩이의 공덕이란 의미와 더불어 바닷물의 공덕이란 의미도 함축된다고 할 수 있다.

물은 사람의 생존에 필수적이므로 고대 중국인들이 그것을 물의 공덕이라 생각하였을 것이 분명하다. 그런데 사람의 생존에 필수적인 지상의 물은 다양한 형태로 존재하였다. 예컨대 지상의 물은 우물, 냇물, 강, 연못, 호수 등에 존재한다. 뿐만 아니라 물은 바닷물로도 존재한다. 고대 중국인들은 이런 지상의 물과 바닷물이 각각의 공덕을 갖는다고 생각하여 각각의 물을 제사 대상으로 삼았다. 예컨대 『예기』 월령에는 중동에 천자가 유사에 명령하여 사해, 대천, 명원, 연택, 정천에 제사[27]하게 한다는 내용이 있는데, 이는 지상과 바다에 존재하는 물을 사해, 대천, 명원, 연택, 정천으로 구분해 제사한다는 의미였다.

정현의 해석에 의하면, 택(澤)으로 흘러들어가는 물이 천(川)이고[28], 물을 담고 있는 술잔처럼 생긴 땅 즉 움푹 파인 땅에 고인 물이 택(澤)이었다.[29] 원(源)은 지상에 처음으로 나타나는 물이고[30],

---

27) "天子命有司祈祀四海大川名源淵澤井泉"(『禮記』 月令).

28) "注澤曰川"-鄭玄 注-(『周禮注疏』, 地官, 大司徒).

정천(井泉)은 말 그대로 우물이나 샘물이었다. 또한 백천을 받아들이는 천지의 물이 바닷물이었다. 따라서 사해, 대천, 명원, 연택, 정천은 지상과 바다에 존재하는 물을 존재 형태에 따라 구분한 것이라 할 수 있다. 이런 물들은 존재 형태에 관계없이 근본적으로 물이기에 중동에 제사하는데, 그것을 정현은 "그 덕이 번성할 때를 따라 제사하는 것"[31]이라고 해설하였다.

이 중에서 사해를 제외한 대천, 명원, 연택, 정천은 민물로서 사람과 짐승들이 마실 수 있고 농사에 쓸 수도 있다. 축문에서 언급된 내용 즉 "만물을 윤택하게 하고 만민을 기르니"라는 것은 바로 대천, 명원, 연택, 정천 등 민물의 공덕을 지칭하는 것이었다. 반면 사해의 바닷물은 짜서 육지의 사람이나 동물이 마실 수도 없고 농사에 쓸 수도 없다. 그래서 사해의 공덕은 바닷물 자체의 공덕보다는 천하의 민물을 받아들이는 구덩이로서의 공덕에 한정되었던 것이다.

그런데 사해, 대천, 명원, 연택, 정천 등 다양한 형태의 물 가운데에서도 사해와 사독 그리고 대천은 그 자체로 제사 대상이 될 뿐만 아니라 원구 제사나 방택 제사에 종사되기도 하였다. 사해와 사독 그리고 대천이 원구 제사에 종사된 이유는 하늘과 땅의 모든 존재들이 궁극적으로 천신의 주관 하에 있음을 드러내기 위함인데, 그런 이유에서 하늘을 상징하는 원구에서 제천할 때는 최고의 천신인 황천상제를 위시하여 일월성신 그리고 풍운뇌우 등 다양한 하늘 존재에 더하여 오악(五嶽), 오진(五鎭), 사해(四海), 사독(四瀆) 그리고 명산대천 등 땅의 존재까지도 종사되었다.[32] 반면 방구에서 제지할 때는

---

29) "水鍾曰澤"-鄭玄 注- (『周禮注疏』, 地官, 大司徒』).

30) "衆水始出爲百源" -鄭玄注-(『禮記』月令).

31) "順其德盛之時 祭之也"-鄭玄注-(『禮記』月令).

최고의 지신인 황지기를 위시하여 오악, 오진, 사해, 사독, 명산대천 등 땅의 존재 중 대표적인 존재들이 종사되었다. 중국의 경우 한나라 이전에는 자연 상태의 방구에서 제지하였지만, 한무제 때부터 인위적인 방구(方丘)를 세워 제지하였는데,[33] 이 방구에는 황지기를 위시하여 오악, 오진, 사해, 사독, 명산대천 등 땅의 존재들이 함께 종사되었다.[34]

라) 맺음말

일월오봉병에서 찾을 수 있는 특징은 오악으로 표현된 땅이 실제 이상으로 크게 강조되었다는 사실이다. 일월오봉병의 그림 비율로 보면 오악은 전체 화면의 거의 절반을 차지한다. 반면 해와 달이 그려진 하늘과 사해가 그려진 바다는 실제 이상보다 훨씬 작게 축소되었다. 자연 상태에서는 오악으로 둘러싸인 땅보다는 하늘이 훨씬 크며 오악으로 둘러싸인 땅을 밖에서 둘러싼 사해 역시 땅보다 훨씬 넓다. 그럼에도 불구하고 일월오봉병에서는 오악을 실제 이상으로 크게 그리고 하늘과 사해를 실제 이상으로 작게 그렸던 것이다. 그 이유는 일월오봉병이 자연을 있는 그대로 보고 그린 것이 아니라 유교이념을 상징적으로 그린 것이기 때문이라 할 수 있다. 그런 면에서 일월오봉병을 통해 도출할 수 있는 유교의 해양인식이란 실제보다 위축된 해양인식이라 요약할 수 있다. 이는 유교의 사해제사에도

---

32) "光武初炳祀 日月於中營內南道 北斗在北道之西 其中八階及中營四門外營四門中外營門封神 共千五百一十四神 背中營神 五星中宮宿五官神及五嶽之屬 背外營神 二十八宿外官星雷公先農風伯雨師咫每四瀆名山大川之屬"(『大明集禮』吉禮, 事天, 從祀).

33) "漢武 於澤中方丘 立后土五壇 壇方五丈 高六尺"(『大明集禮』吉禮, 祭地, 壇壝).

34) "元始中 用王莽議 祭地 地理山川皆從 光武祀北郊 地理群神從祀 皆在壇下 <其目之詳 見郊天祀中>"(『大明集禮』吉禮, 事天, 從祀).

마찬가지였다.

전통시대 한국과 중국에서 거행된 국가 제사는 유교의 보본반시 사상에 근거하여 사람에게 공덕을 끼친 천신, 지기, 인귀 등 신령한 존재에게 감사한 마음을 표시하던 국가 행위였다. 사해 역시 바다의 공덕에 대한 감사를 표시하기 위한 국가 의례였다. 그런데 고대 중국인들은 천하의 지는 전체적으로 네모나고, 그 네모난 지를 한량없이 깊은 감이 에워싸는 것으로 생각했다. 그런 생각에서 사해는 지의 사방에서 흘러오는 백천의 물이 모이는 거대한 구덩이로 이해되었다. 그 구덩이는 네모난 지상의 온갖 물 그리고 하늘에서 내리는 비 등 천하의 물을 무한정으로 받아들일 수 있을 정도로 거대하여 천지 또는 감덕이라 표현되었다. 지상의 백천이 땅위를 흐르면서 만물을 기를 수 있는 것은 바로 백천을 받아들이는 사해가 있기 때문이고, 그것이 바로 사해의 공덕으로 간주되어 제사의 대상이 되었다.

하지만 사해 제사에서 바다의 공덕은 단지 지상의 온갖 물을 받아들이는 데 한정되었고, 바다 자체의 공덕은 무시되었다. 이 또한 사해 제사가 자연을 있는 그대로 보고 시행한 것이 아니라 유교이념에 입각해 시행하였기 때문이라 할 수 있다. 그런 면에서 사해 제사를 통해 도출할 수 있는 유교의 해양인식 역시 실제보다 위축된 해양인식이라 정리할 수 있다.

2) 조선시대 삼해(三海) 제사

가) 머리말

한국사의 경우, 삼국시대 이래 국가 제사에서는 특히 산천 제사가 중시되었는데, 그 중에서도 산이 중시되었다. 예컨대 신라와 백제에서 최고의 국가제사 대상은 삼산(三山)과 오악(五嶽) 등 산이었다. 이에 따라 삼국시대 또는 통일신라시대의 국가 제사에 관한 연구는 이미 1970년대부터 삼산과 오악 등에 집중되었다.[35) 반면 대천(大川)과 사독(四瀆) 등의 천 그리고 사해에 관련된 연구는 2000년대 들어시작되었고 성과도 얼마 되지 않는다.[36) 이는 산악이 많은 한반도 특성에 더하여 고대로부터 농경문화와 산악신앙이 발달한 한국사의 특징상 당연한 현상이라고도 할 수 있다.

하지만 한반도는 반도의 특성상 삼면이 바다로 둘러싸여 있기에 고대로부터 바다의 중요성이 적지 않았다. 실제로 삼국시대 신라에서는 사해 제사를 거행하였다. 이 전통은 고려시대와 조선시대에 삼

---

35) 이기백(1972) 「신라 五嶽의 성립과 그 의의」, 『진단학보』33
　　홍순창(1983) 「신라 三山·五嶽에 대하여」, 『신라문화제학술발표회논문집』, 동국대 신라문화연구소
　　이도학(1989), 「사비시대 백제의 四方界山과 호국사찰의 성립」, 『백제연구』20, 충남대 백제연구소
　　채미하(2007) 「신라 명산대천의 祀典 편제 이유와 특징」, 『민속학연구』20
　　채미하(2010) 「백제의 산천제사와 그 정비」, 『동국사학』48
　　최진구(2013) 「신라 五嶽과 불교의 산신신상 연구」, 『신라문화』42, 동국대신라문화연구소
　　주보돈(2015) 「신라 狼山의 역사성」, 『신라문화』44, 동국대신라문화연구소
　　김주연(2015) 「삼산·오악(三山·五嶽) 도상의 정치적 전용과 그 전거」, 『미술사학보』44, 미술사연구회
　　장인성(2016) 「고대 동아시아사상의 삼산」, 『백제문화』54, 공주대 백제문화연구소
　　나희라(2016) 「신라 초기 천신 신앙과 산악숭배」, 『한국고대사연구』82
　　이장웅(2017) 「백제 五嶽 제사와 불교사원」, 『백제연구』66, 충남대 백제연구소.
36) 김창겸(2007) 「신라 중사의 '사해'와 해양신앙」, 『한국고대사연구』47
　　채미하(2008) 「신라시대 四海와 四瀆」, 『역사민속학』26
　　박승범(2015) 「悉直과 신라의 北海 제사」, 『이사부와 동해』9, 한국이사부학회.

해(三海) 제사로 이어지다가 대한제국 시기에 다시 사해 제사로 부활되었다. 조선시대의 삼해 제사는 첫째 삼해의 공덕에 대한 당대 사람들의 인식 즉 해양인식을 보여줄 뿐만 아니라 조선시대 삼해 제사의 구체적인 측면을 보여준다는 점에서 중요한 연구주제라 할 수 있다. 본 논문은 이런 문제의식에서 먼저 삼해 제사의 유래와 의미를 살펴보고 이어 조선시대 삼해 제사의 구체적인 모습과 의미를 살펴보고자 하였다. 이를 통해 한국사 연구에서 상대적으로 부족한 해양 부분의 연구를 확장하고자 하였다. 아울러 조선시대 해양인식의 일단을 해명하고 나아가 삼해 제사의 특징을 해명하고자 하였다.

나) 삼해(三海) 제사의 유래

한국사에서는 삼국시대부터 중국 유교를 모범으로 하여 국가 제사를 정비하기 시작했다. 특히 신라의 경우, 648년(진덕여왕 2)에 김춘추가 입당하여 당 태종을 만나고 귀국한 뒤부터 당나라 제도를 모범으로 국가 제사를 정비하였다. 이결과 신라에서도 국가 제사를 대사, 중사, 소사로 구분하였는데, 대사의 대상은 삼산이었고, 중사의 대상은 오악, 사진, 사해, 사독 등이었으며, 소사의 대상은 명산대천 등이었다.[37]

신라에서 중사의 대상이 된 사해는 동해, 서해, 남해, 북해이며 각각의 해신을 제사하기 위한 제장이 지정되고 아울러 신사 시설도 마련되었다. 제장은 지리적 위치에 더하여 당시의 정치적 상황을 고려하여 지정하였다. 동해에는 현재의 포항시 흥해에, 서해에는 현재의 전북 군산에, 남해에는 현재의 부산 동해에, 북해에는 현재의 삼척

---

37) 『삼국사기』雜志, 祭祀.

에 사해의 해신을 제사하기 위한 신사가 설치되었다.[38]

신라의 사해 중에서 북해의 해신을 위한 제장인 삼척은 실제는 동해에 자리하고 있었다. 하지만 신라의 북쪽 영토에서 흐르는 천이 이곳의 바다로 흘러들기에 삼척 밖의 바다를 북해로 한 것이었다. 신라의 사해 신사는 경상도 지역에 두 개가 지정되었는데, 그 이유는 신라의 사해가 수도 경주를 중심으로 지정되었기 때문이었다. 한편 신라의 사해 제사는 당시 원구와 방택이 없었으므로 네 곳의 제장에 설치된 신사에서만 거행되었는데, 각 제장에 해신사의 역할을 하는 불사를 둔 것으로 보아[39] 유교식보다는 불교식으로 거행되었다고 생각된다.

신라의 사해 제사는 고려시대에 접어들면서 삼해 제사로 축소되었다. 삼해는 북해를 제외한 동해, 서해, 남해이며 동해의 해신을 위한 제장은 강원도 양양에, 서해의 해신을 위한 제장은 황해도 풍천에, 마지막으로 남해의 해신을 위한 제장은 전라도 장흥에 설치되었다.[40] 고려시대 삼해의 제장은 신라의 사해 제장에 비교하여 하나가 줄었다는 특징에 더하여 동해의 제장과 서해의 제장이 북쪽으로 크게 북상하였고 남해의 제장은 서쪽으로 크게 옮겨졌다는 특징을 갖고 있다. 그 이유는 물론 수도 개경을 중심으로 제장이 지정되었기 때문이었다. 아울러 고려시대에 신라의 사해 제사를 삼해 제사로 축소한 이유는 사해 제사는 천자의 제사라는 명분에 더하여 명실상부한 북해를 지정하기가 곤란한 현실 때문이었을 듯하다. 고려시대의 사해 제사는 당시 방택이 설치되었으므로 방택에서 종사하는 방식과 더불어 세 곳

38) 채미하(2008)「신라시대 四海와 四瀆」, 『역사민속학회』26, pp.14-15.
39) 김창겸(2007)「신라 중사의 '사해'와 해양신앙」, 『한국고대사연구』47.
40) 김아네스(2013)「고려시대 명산대천과 祭場」, 『역사학연구』50, 호남사연구, pp.93-95.

의 제장에서 전사하는 방식이 있었지만 구체적인 내용은 알 수 없다.

조선시대는 고려와 마찬가지로 삼해 제사였다. 동해 해신의 제장은 고려 때와 마찬가지로 강원도 양양이었고, 서해 해신의 제장 역시 황해도 풍천이었다. 다만 남해 해신의 제장은 기왕의 장흥에서 나주로 바뀌었다.[41] 그 이유는 분명하지 않다. 상식적으로 생각하면 개경에서 한양으로 도읍이 남하했으므로, 조선의 남해 해신을 위한 제장은 좀 더 남쪽으로 내려가야 하지만 거꾸로 북상했기 때문이다. 아마도 이는 경상도 지역에 대일 관계와 관련하여 삼포가 지정되면서 나타난 현상이 아닐까 짐작된다.

그런데 조선시대 삼해 제사는 세조 때에 원구단이 설치되면서 한동안 사해 제사로 변경되기도 하였다. 양성지의 건의에 따라 원구단이 복구되면서 사해 제사도 복구된 것이었다.[42] 당시 양성지가 제안한 사해의 제장은 동해는 강릉, 서해는 인천, 남해는 순천, 마지막으로 북해는 압록강 상류의 갑산이었다.[43] 양성지가 제안한 사해의 제장은 기왕의 제장에 비해 동해는 양양에서 강릉으로 남하했고, 서해도 풍천에서 인천으로 남하했으며, 남해 역시 나주에서 순천으로 옮겨 남동쪽으로 옮겨졌다는 특징이 있다. 아울러 새로 갑산에 북해 제장을 설치함으로써 황제의 사해 제사를 구현하였는데, 이는 당시 원구단을 설치해 황제 의례를 구현한 것과 같은 맥락이라고 이해된다. 양성지가 제안한 북해의 제장은 압록강 상류의 갑산에 자리했는데, 이는 세조 당시의 북방 정책이 두만강보다는 압록강 방면에

---

41) "東海 江原道 襄州東 南海 全羅道 羅州南 西海 豊海道 豊川西"(『세종실록』五禮, 吉禮 序禮, 辨祀 中祀)

42) 김철웅(2004) 「양성지의 祀典 개혁론」 『문화사학』21, 한국문화사학회, pp.809-822.

43) "又移祭東海神於江陵 西海於仁川 南海於順天 北海<鴨綠江上流> 於甲山"(『세조실록』권3, 2년 (1456) 3월 28일조).

집중된 현실의 반영이라고 생각된다. 양성지는 북해 제장을 설치하면서 기왕의 동해, 서해 그리고 남해의 제장을 일괄적으로 아래 방향으로 내린 것으로 보인다. 이상의 내용을 정리하면 다음과 같다.

<표 1> 신라시대부터 조선시대까지 해신을 위한 제장

	신라	고려	조선	조선 세조
동해	포항	양양	양양	강릉
서해	군산	풍천	풍천	인천
남해	부산	장흥	나주	순천
북해	삼척			갑산

그러나 세조 때 마련된 원구단은 성종 대에 다시 사라졌고, 사해 제사 역시 기왕의 삼해 제사로 되돌아갔다. 이 같은 변화를 거친 조선시대의 삼해 제사는 『국조오례의』에 자세하게 규정되었다. 조선시대에는 원구단과 방택이 없었으므로 삼해 제사는 세 곳의 제장에서 거행되는 전사가 기본이었었다.

이외에도 조선시대에는 기고(祈告) 또는 망기(望祈) 중에 삼해가 포함되는 때가 있었다. 기고 또는 망기란 제소에서 거행하는 제사가 아니라 멀리서 제소를 바라보며 지내는 제사였다. 조선시대에는 가뭄이 심할 경우 한양 북교에서 악, 해, 독, 명산대천을 대상으로 기고 또는 망기 하였다.[44] 따라서 조선시대 삼해 제사에는 전사와 더불어 북교에서 거행하는 기고 또는 망기의 두 가지가 있었다고 할 수 있다.

『국조오례의』에 의하면 삼해 제사는 중사로 규정되었고, 1년간 중춘

---

44) "祈告 社稷宗廟風雲雷雨嶽海瀆名山大川雩祀"(『國朝五禮儀序禮』吉禮, 辨祀).

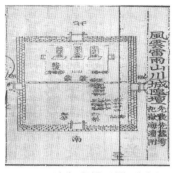

<도 4> 삼해 해신을 위한 제단[47]

과 중추 두 차례에 걸쳐 치러졌다. 양양, 풍천, 나주에 설치된 제단은 사방 2장 3척, 높이 2척 7촌이었고 사방으로 계단을 냈다. 제단 주변을 유(壝)로 두르고 유(壝) 앞에 다시 하나의 유를 더 두어 양유(兩壝)로 하였다.[45] 다만 삼해의 제단에는 요단(燎壇)도 없고 예감(瘞坎)도 없었는데, 이는 삼해 제사 후에 제물을 바다에 빠뜨렸기 때문이었다. 『주례』에서는 물을 대상으로 하는 제사를 침제(沈祭)라고 하였는데[46], 침제란 제물을 물에 빠트리는 것이었다. 이런 사실에서 삼국시대부터 조선시대까지 해신을 위한 신사는 바다 가까이에 설치되었을 것으로 보인다.

다) 조선시대 삼해 전사(專祀)

조선시대 삼해 제사의 종류에는 전사와 더불어 기고 또는 망기 등 두 가지가 있었지만 그 중에서도 전사가 중요하였다. 그 이유는 기고 또는 망기는 가뭄 등 비상한 상황에서 예외적으로 거행되는 제사였기 때문이다. 이 외에도 삼해가 종사되는 원구제가 조선왕조 500년간 한동안 거행된 적도 있었다. 원구제는 조선건국 직후 그리고 세조 때에 예외적으로 거행되었다. 따라서 조선시대 삼해 제사는 기

---

45) "方二丈三尺 高二尺七寸 四出階 兩壝 二十五步"(『國朝五禮儀序禮』吉禮, 壇廟圖說, 風雲雷雨山川城隍壇<先農先蠶雩祀嶽海瀆>).

46) "貍沈 祭山林川澤"(『周禮』春官, 大宗伯).

47) 『國朝五禮儀序禮』吉禮, 壇廟圖說

본적으로 전사 형대로 거행되었다고 할 수 있다.

『국조오례의서례』를 기준으로 할 경우, 조선시대 삼해 제사는 중사로 규정되었기에 5일 동안 재계 하였으며, 3일은 산재(散齋), 2일은 치재(致齋)였다. 또한 희생물은 양 한 마리와 돼지 한 마리였다. 아울러 제물을 담는 제기는 변(邊) 10, 두(豆) 10, 보(簠) 2, 궤(簋) 2, 조(俎) 2, 등(甄) 3, 형(鉶) 3, 작(爵) 3 이었다. 또한 준(尊)은 6이었으며 술은 예재(醴齊), 앙재(盎齊), 청주(淸酒), 현주(玄酒)의 네 가지였다. 아울러 삼해 제사의 집사관은 각각 헌관(獻官) 1, 축(祝) 1, 장찬자(掌饌者) 1, 사준자(司尊者) 1,찬창자(贊唱者) 1, 찬례자(贊禮者) 1명 등 총 6명이었다.

폐백으로는 1장 8척의 저포를 사용하였는데, 방향에 따라 동해에는 청색, 서해에는 백색, 남해에는 적색의 저포를 사용하였다. 폐백의 색을 방향에 따라 달리한 것은, 색으로 방향을 상징하는 유교 전통에 따랐기 때문이다. 유교의 5행 사상에 따르면 동쪽은 청색, 서쪽은 백색, 남쪽은 적색 그리고 북쪽은 흑색이며 중앙은 황색이었다. 이 중에서 조선시대 삼해 제사가 거행된 동해, 서해, 남해에 각각의 방향을 상징하는 색깔의 저포를 폐백으로 사용하였던 것이다.[48]

한편 삼해 제사의 축문은 "(해신은) 백곡(百谷)의 왕으로서, 덕이 (만물을) 널리 이익 되게 함에 현저합니다. 해신에게 드리는 제사를 이에 마땅하게 하여 다복(多福)을 영원히 소개하고자 합니다."였다.[49] 이에 의하면 삼해의 신은 백곡의 왕으로 표현되었다. 즉 조선에서는 바다의 공덕을 골짜기로 파악했던 것이다. 골짜기 역시 넓게 보면 구덩이의 일종이라고 할 수 있는데, 그런 면에서 골짜기는 중국의

---

48) 『國朝五禮儀序禮』吉禮.

49) "百谷之王 德著廣利 享祀是宜 永介多祉"(『國朝五禮儀序禮』吉禮, 祝板).

사해 제사에서 바다의 공덕을 구덩이로 표현한 것에 대응된다고 할 수 있다.

형식적으로 중국 황제는 모든 토지의 사방에 있는 동해, 서해, 남해, 북해의 사해에 제사 지낼 수 있었고, 사해의 바다를 포용하는 구덩이는 감으로 표현되었다. 반면 조선의 왕은 제후 왕이므로 모든 토지의 사방에 있는 사해가 아니라 중국 황제에 의해 책봉된 땅의 바깥에 있는 바다에 대해서만 제사할 수 있었다. 조선왕은 한반도의 통치권자로 책봉되었으므로, 명분상 조선 왕이 제사할 수 있는 바다는 한반도의 동해, 서해, 남해 이렇게 세 곳이었다. 그 세 곳은 넓게 보면 중국 황제의 사해에 포괄되지만 그 사해보다는 작았다. 따라서 조선 왕이 다스리는 동해, 서해, 남해를 감이라고 표현할 수는 없었다. 또한 『도덕경』에서 이미 바다와 강을 '백곡지왕'으로 표현했으므로[50], '백곡지왕'이 바다를 지칭하는 표현이기도 했던 사실도 영향을 끼쳤을 것으로 생각된다. 결국 중국에서 감덕으로 표현되던 사해의 공덕이 조선의 삼해에서는 곡덕으로 바뀌었고, 그 이유는 제후 의례에 맞추면서 중국의 표현을 차용한 결과라 할 수 있다. 결국 중국에서 감덕으로 표현되던 사해의 공덕이 조선의 삼해에서는 곡덕으로 바뀌었고, 그 이유는 제후 의례에 맞춘 결과라 할 수 있다.

한편 삼해의 공덕은 '덕이(만물을) 널리 이익 되게 함에 현저합니다."로 표현되었는데, 이 표현은 삼해가 백곡의 왕으로서 육지의 강물을 받아들이므로, 육지의 강물이 땅을 흐르면서 만물을 윤택하게 하는 공덕을 발휘한다는 의미라고 할 수 있다. 즉 삼해의 공덕은 근본적으로 골짜기의 공덕 즉 곡덕이었던 것이다. 곡덕은 감덕과 마찬가지

---

50) "江海所以能爲百谷之王 以其善下之 故能爲百谷王" (『도덕경』).,

로 낮은 구덩이가 갖는 공덕이라 할 수 있다. 이런 공덕은 근본적으로 삼해가 구덩이의 일종인 곡이므로 이곳에 육지의 강물이 흘러들어갈 수 있고, 그 과정에서 육지의 강물이 만물을 기르므로 그 공덕을'널리 이익 되게 함에 현저합니다.'라고 표현했다고 이해된다. 이렇게 보면 조선시대에 삼해를 백곡의 왕으로 인식하고, 그 공덕을 곡덕으로 표현한 것은 궁극적으로는 중국 사해 제사에서 사해를 감으로 인식하고 그 공덕을 감덕으로 표현한 것을 제후의례에 맞추어 변형한 것이라 할 수 있다.

조선시대 삼해 전사에서 처음 단계는 향(香)과 축문(祝文)의 전달이었다. 『국조오례의서례』에 의하면, 향축을 전달하는 방법은 친전(親傳)과 대전(代傳)의 두 가지가 있었다. 친전은 왕이 직접 향축을 전하는 것인데, 물론 제사의 품격이 높은 경우에만 그렇게 하였다. 예컨대 대사인 종묘, 사직에 더하여 중사 중에서는 풍운뇌우, 선농, 선잠, 우사, 문선왕의 경우에만 친전이었다. 그 이외의 제사 때는 왕 대신 승지가 대신 전하는 대전이었다. 따라서 조선시대 삼해 전사의 향축 역시 승지가 대신 전하였다. 향축을 전달하는 시기는 도성에서의 제사인지 외방에서의 제사인지에 따라 달라졌다. 도성에서의 제사일 경우에는 제사 1일 전에 전했지만, 외방에서의 제사일 경우에는 기한 전에 전한다고 하였다. 그 이유는 도성의 경우는 제장과 궁궐 및 승정원이 같은 도성 안에 있으므로, 1일 전에 전달해도 제사에 지장이 없지만, 지방의 경우에는 오고가는 시일이 필요하므로 기일을 확정하기가 불가능했기 때문이라 할 수 있다. 조선시대 삼해는 양양, 풍천, 나주 등 도성에서 멀리 떨어진 곳에 위치했으므로 이 세 곳의 고을에서 파견된 사람들이 향축을 받아갔을 것으로 이해된다. 전달된 향축은 양양, 풍천, 나주에 마련된 제단 주변 건물에 보관되 없을 것이다.

한편 헌관 1, 축 1, 장찬자 1, 사준자 1, 찬창자 1, 찬례자 1명 등 6명의 집사관은 제삿날 5일 전부터 재하는데, 3일은 정침에 머물면서 산재하였고, 1일은 본사9本司)에서 자면서 치재하였고, 마지막 1일은 향소(享所)에서 치재하였다.[51] 이렇게 재하는 공간이 다른 이유는 제사를 위해 심신을 정결히 하는 것과 동시에 제사의 안전한 거행을 위해서였다. 5일간의 재 중에서 3일간은 정침에서 산재한다는 것은 자기 집에서 출퇴근하며 산재한다는 의미였다. 반면 1일은 본사에서 자면서 치재하고, 마지막 1일은 향소에서 치재한다는 것은, 제사 2일 전에서 2일 전에는 향관이 근무하는 관청에서 자면서 치재하여 다른 곳으로 가는 것을 방지하는 것이고, 마지막 1일 전에는 향소에서 치재하게 함으로써 제사 시간에 늦지 않도록 하는 조치라고 할 수 있다. 결국 조선시대 삼해 제사에 차출된 향관은 제사 5일 전부터 재하기 시작하는데, 3일은 자기 집에서 산재하고 나머지 2일은 근무 관청과 향소에서 치재함으로써 제사의 안전한 거행을 담보했다고 이해된다.

『국조오례의서례』에 의하면 헌관은 관찰사로 임명하지만, 제소가 여러 곳이라면 수령을 나누어 보낸다고 하였다.[52] 헌관은 삼해의 해신에게 헌작하는 제관으로서 이 역할이 삼해 제사에서 가장 중요했다. 명분상 삼해는 양양, 풍천, 나주는 물론 해당 도를 넘어 동해, 서해, 남해 전체를 포괄하므로 해당 고을의 관찰사가 담당하는 것이 합리적이었다. 즉 양양에서는 강원도 관찰사가, 풍천에서는 황해도 관찰

---

51) "中祀 (중략) 凡諸享官 及近侍之官 應從升者 並散齋三日 宿於正寢 致齋二日 一日於本司 一日於享所"(『國朝五禮儀序例』吉禮, 齋戒).

52) "獻官<觀察使 若祭所非一 分遣守令>"(『國朝五禮儀序例』吉禮, 齋官).

사가 마지막으로 나주에서는 전라도 관찰사가 헌관을 맡았던 것이다. 다만 관찰사가 거행해야 할 제사가 또 있을 경우에는 해당 고을 즉 양양, 풍천, 나주의 수령이 헌관을 맡았을 것으로 이해된다.

헌관 이외에 축은 향교의 교수로 임명하고, 장찬자와 집사자 및 찬자와 알자는 향교 학생으로 임명하였다.[53] 축은 삼해 제사에서 축문을 읽는 역할인데, 그 역할을 향교의 교수에게 맡긴 것은 삼해 제사가 해당 고을의 풍속 및 교화에 직결된다고 간주했기 때문이었다. 조선시대 향교는 군현마다 설치되어 각 군현의 풍속과 교화를 담당하던 공적 교육기관이었기에, 향교의 교수가 축을 맡았던 것으로 이해된다. 물론 축은 해당 고을, 즉 강릉, 풍천, 나주의 향교 교수에서 임명되었을 것이다. 또한 같은 이유에서 삼해 제사와 관련된 각종 의식을 보조하는 장찬자와 집사자 및 찬자와 알자 역시 해당 고을의 향교 학생들로서 임명했다고 이해된다.

재계가 끝난 후 삼해의 전사는 진설9陳設), 성생기(省牲器), 행례(行禮)의 순서로 진행되었다. 진설은 제사에 필요한 전반적인 준비를 하는 절차인데, 제사 2일 전에 유사가 제단의 내외를 소제하는 것으로 시작되었다. 물론 소제 의식은 제장을 정결히 하는 정화 의식이었다. 삼해 전사에 참여할 집사관들은 5일간의 재를 통하여 심신을 정결히 하였음에 비해, 제장 자체는 소제를 통하여 정결히 하였던 것이다.

소제 이후에는 집사관의 차(次)와 찬만(饌幔)을 제단의 동문 밖에 설치했다.[54] 집사관의 차와 찬만을 제단의 동문 밖에 설치하는 이유

---

53) 『國朝五禮儀序例』吉禮, 齋官.

54) "陳設 前祭二日 有司掃除壇之內外 設諸祭官次 又設饌幔 皆於東門外 隨地之宜"(『國朝五禮儀』吉禮, 祭嶽海瀆儀).

는 제단의 남문은 신이 이용하는 신도(神道)이므로, 헌관을 비롯한 집사관은 동문을 이용해 출입했고, 그런 이유에서 집사관들이 머물 차를 동문 밖에 설치한 것은 물론, 제물을 보관하는 천막인 찬만 역시 동문 밖에 설치했던 것이다.

제사 하루 전에는 유사가 제단의 북쪽에 신좌를 남향으로 설치하는데, 신좌에는 완(莞)을 깔았다. 찬자는 헌관의 자리를 제단 아래 동남쪽에 서향으로 설치하고, 음복위를 제단 위의 남쪽 계단 서쪽에 북향으로 설치하였다. 또한 집사자위(執事者位)를 헌관의 뒤 조금 남쪽에 서향으로 설치하는데 북쪽이 상위였다. 찬자와 알자의 위를 제단 아래 동쪽 가까이에 설치하는데 서향이고 북쪽이 상위였다.[55]

삼해 제사의 신좌는 해신의 신위를 모시는 자리로서 동해 해신의 신위에는 동해지신, 서해 해신의 신위에는 서해지신, 남해 해신의 신위에는 남해지신이라 쓰여 졌다. 삼해 전사에서는 바로 삼해의 해신이 주신이므로 삼해의 신위를 제단의 북쪽에 남향으로 모t시는 것이 당연했다. 아울러 해신의 신위를 땅바닥에 그대로 놓을 수 없으므로, 완을 깔고 신좌까지 설치했던 것이다.

한편 제사 하루 전에는 유사가 희생물인 돼지를 이끌고 제소로 갔고, 오후 2시 전후로는 유사가 휘하 직원들을 거느리고 제단의 안팎을 쓸었다. 뒤이어 알자가 향관들을 인도해 오면, 헌관이 상복(常服)으로 희생물의 충돈(充腯)을 검사하였다. 충(充)은 희생물에 흠이 있는지 여부를 검사하는 절차이고, 돈(腯)은 희생물이 살쪘는지 여부를 검사하는 절차였다. 헌관은 희생물에게 흠이 없으면 '충(充)'이라

---

55) "前一日 設神座於壇上北方 南向 席皆以莞 贊者設獻官位於壇下 東南 西向 飲福位於壇上 南階之西 北向 執事者位 於獻官之後 稍南 西向北上 贊者謁者位 於壇下近東 西向北上 設獻官以下門外位 於東 門外道南 重行北向西上"(『國朝五禮儀』吉禮, 祭嶽海瀆儀).

외치고, 토실토실하게 살쪘으면 '돈(腞)'이라고 외쳤는데, 충돈(充腞)
이란 합격이란 의미였다. 만약 흠이 있거나 살찌지 않았으면 불합격
이었다. 이렇게 충돈(充腞) 검사를 통과한 희생물은 오후 4시에 장찬
자가 재인(宰人)을 거느리고 비(匕)로 베었다.56) 이처럼 제사 하루 전
오후 2시 전후로 유사가 휘하 직원들을 거느리고 제단의 안팎을 쓸
고, 희생물의 충돈(充腞)을 검사한 후 비(匕)로 베는 절차가 제사 거
행을 위한 마지막 준비 단계였다.

제사 당일 행사하기 전에 장찬자는 그 소속을 거느리고 들어가 축
판을 신위의 오른쪽에 설치하는데 점(坫) 위에 설치하였다. 아울러
준소(尊所)에 폐비(幣篚)를 진설하고, 신위 앞에 향로와 향합 및 촉을
설치하고, 이어서 제기를 진설하였다.57) 제기를 진설하는 방법은 '찬
실준례도설(饌實尊罍圖說)'에 구체적으로 나타나는데, 먼저 신위에서
바라보았을 때 정면 좌측에 녹포(鹿脯)를 담은 1개의 변(籩)을 놓고,
정면 우측에 녹해(鹿醢)를 담은 1개의 두(豆)를 진설했다. 변두(籩豆)
사이에는 도(稻)를 담은 보(簠)와 서(黍)를 담은 궤(簋)를 진설하는데,
보(簠)를 좌측에 궤(簋)를 우측에 놓았다. 또한 시성(豕腥)을 담은 1
개의 조(俎)를 보궤(簠簋) 앞에 진설했고, 1개의 작(爵)을 조(俎) 앞에
진설했다. 또한 작(爵) 앞에 예재(醴齊)를 담은 1개의 희준(犧尊)과 명
수(明水)를 담은 1개의 희준(犧尊) 합하여 2개의 희준(犧尊)을 진설하
는데, 예재(醴齊)를 담은 희준(犧尊)은 좌측에, 명수(明水)를 담은 희
준(犧尊)은 우측에 진설했다.58) 이상의 내용을 『국조오례의서례』에

---

56) "中祀 前祭一日 掌牲令<外則有司> 牽牲詣祭所 未後三刻 典祀官<釋奠 則廟司 外則有司> 帥其屬 掃
除壇之<廟同>內外 謁者引贊者引贊引監察<外則無監察> 俱以常服 視牲充腞 詣廚 視滌漑 省饌 具訖
各還齋所 晡後 典祀官<外則掌饌者> 帥宰人 以鸞刀割牲"(『國朝五禮儀序例』吉禮, 省牲器).

57) "祭日 未行事前 掌饌者帥其屬 入奠祝板於神位之右<有坫> 陳幣篚匪於尊所 設香爐香盒立燭於神位前
次設祭器如式<見序例>"(『國朝五禮儀』吉禮, 祭嶽每實儀).

서는 도설로 정리해 놓았는데, 그 내용은 다음과 같았다.

이렇게 제사 준비가 완료되면, 제사 당일 제사를 거행하는데, 먼저 축전(丑前) 오각(五刻)에 장찬자가 찬구에 제물을 담고 나서 제단으로 올라가 신좌에 신위를 모셨다. 이어서 알자가 헌관을 모시고 남쪽 계단으로부터 올라가 잘 진설되었는지 살펴보고 다시 나갔다.[59] 이 절차는 제사 거행 직전에 마지막으로 제사 준비가 잘 되었는지를 확인하는 것이라 할 수 있다.

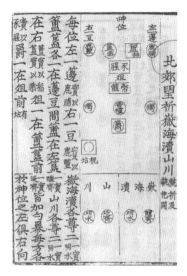

<도 5> 북교망기악해독산천
(北郊望祈嶽海瀆山川)

축전 삼각에 헌관과 제집사가 각각 복장을 갖추면 알자와 찬자가 동문에서 들어와 먼저 제단의 남쪽 배위로 가서 북향하고 사배하였다. 끝나면 각각 제자리로 돌아갔다. 알자가 헌관 이하를 인도하여 문외위(門外位)로 갔다.[60] 이 절차는 제사에 참여하는 사람들 중에서 알자와 찬자가 먼저 제단에 나아가 절을 하는 것인데, 그들이 제관을 인도하는 등 다양한 업무를 수행하기에 먼저 절을 하였던 것이다. 이들

58) "每位 左一邊 <實以鹿脯> 右一豆 <實以鹿醢> 簠簋各一 在邊豆間 簠在左 簋在右 <簠實以稻 簋實以黍> 俎一在簠簋前 <實以豕腥> 爵一在俎前 <有坫> 嶽海瀆 各尊二 <一實明水 一實醴酒>"(『國朝五禮儀序例』吉禮, 饌實尊罍圖說, 北郊望祈嶽海瀆山川<就祈及報祀同>).

59) "行禮 祭日丑前五刻<丑前五刻 卽三更三點 行事用丑時一刻> 掌饌者入實饌具畢, 退就次服其服 升設神位版於座 謁者引獻官 升自南陛<諸執事 皆由東陛 廟則皆由東階> 點視陳設 訖還出"(『國朝五禮儀』吉禮, 祭嶽海瀆儀).

60) "前三刻 獻官及諸執事 各服其服 贊者謁者 入自東門 先就壇南<廟則階間>拜位 北向西上四手訖 各就位 謁者引獻官以下 俱就門外位"(『國朝五禮儀』吉禮, 祭嶽海瀆儀).

의 사배를 시작으로 제사가 본격적으로 거행되었다. 본격적인 제사는 제집사의 사배로부터 시작되었다.

먼저 축전 일각에 알자가 축과 제집사(諸執事)를 거느리고 제단 남쪽 배위에 가서 서면, 찬자가 "사배"라고 말한다. 축 이하는 모두 사배한다. 마치면 관세위(盥洗位)로 가서 손을 씻고 수건으로 닦은 후 각각 제자리로 간다. 집사자가 작세위(爵洗位)로 가서 세작(洗爵), 식작(拭爵)한 작(爵)을 비(篚)에 담아 준소(尊所)로 받들고 가서 점상(坫上)에 놓는다. 뒤이어 알자가 헌관을 인도하여 자리로 간 후 헌관의 좌측으로 나가 아뢰기를, "유사가 삼가 갖추었으니 행사하기를 청합니다."라 하고 제자리로 물러간다. 찬자가 "사배"라고 말하면, 헌관은 사배한다. 찬자가 "전폐례(奠幣禮)를 행하시오."라고 하면, 알자가 헌관을 인도하여 관세위(盥洗位)로 가서 북향하고 서서 "진홀(搢笏)"이라고 말한다. 헌관이 진홀하고 손을 씻은 후 수건으로 닦는다. 이어서 알자가 "집홀(執笏)"이라고 외치면, 헌관이 집홀한다. 알자가 제단 밖으로 인도해 가서 남쪽 계단을 통해 올라가 북향하고 서게 한다. 찬자가 "궤(跪), 진홀(搢笏)"이라고 외치면 헌관이 궤(跪), 진홀(搢笏)한다. 집사자 1명이 향합을 받들고, 다른 1명은 향로를 받들고 나온다. 알자가 "삼상향(三上香)"이라고 외치면, 집사자가 신위 앞에 향로를 올린다. 축이 폐비(幣篚)를 헌관에게 주면 헌관이 폐백을 받들어 바치는데, 폐백을 축에게 주어 신위 앞에 바치게 한다. 알자가 "집홀, 부복, 흥, 평신"이라고 외치면, 헌관이 집홀, 부복, 흥, 평신한다. 마치면 알자가 인도하여 계단을 내려와 제자리로 간다.[61]

---

61) "前一刻 謁者引祝及諸執事 入就壇南拜位 重行北向西上 立定 贊者曰 四拜 祝以下皆四拜訖 詣盥洗位 盥帨訖 各就位 執事者詣爵洗位 洗爵拭爵訖 置於篚 捧詣尊所 置於坫上 謁者引獻官入就位 謁者進獻官之左 白有司謹具請行事 退復位 贊者曰 四拜 獻官四拜 贊者曰 行奠幣禮 謁者引獻官詣盥洗位 北向立 贊搢笏 獻官盥手帨手訖 贊執笏 引詣壇外 升自南階 詣神位前 北向立 贊跪搢笏 執事者一人捧香合

여기까지는 제사 의식 중에서 영신(迎神) 즉 해신을 맞이하는 의식이다. 제집사(諸執事)가 해신의 신위 앞에 가서 사배를 올리는 것은 공경을 보이는 절차이고, 이어서 손을 씻고 세작(洗爵), 식작(拭爵)하는 것은 영신(迎神)을 위한 정화 의식이라 할 수 있다. 아울러 전폐례(奠幣禮)는 영신에 앞서 예물을 바치는 절차이고, 삼상향은 이제 모든 준비가 되었으므로 향을 세 번 사름으로써 해신을 맞이하는 의식이라 할 수 있다.

이와 같은 영신을 거행한 이후에는, 이제 해신을 모셨으므로 신을 즐겁게 하는 오신(娛神) 절차가 이어졌다. 오신은 초헌례로부터 시작되었는데 그 절차는 다음과 같았다. 먼저 찬자가 "행초헌례"라고 말하면, 알자가 헌관을 인도하여 남쪽 계단으로 올라가 준소(尊所)로 가서 서향하고 선다. 집준자(執尊者)가 덮개를 걷고 예제를 떠내면 집사자가 작(爵)으로 술을 받는다. 알자가 헌관을 인도하여 신위 앞으로 가서 북향하고 서면 찬자가 "궤, 진홀"이라고 말한다. 헌관이 궤(跪), 진홀(搢笏) 하면 집사자가 작(爵)을 헌관에게 준다. 헌관이 작을 받아 올리는데, 작을 집사자에게 주어 신위 앞에 바치게 한다. 찬자가 "집홀, 부복, 흥, 소퇴(少退), 북향, 궤"라고 외치면, 헌관은 집홀, 부복, 흥, 소퇴, 북향, 궤한다. 그러면 축이 신위의 오른쪽으로 나가서 동향하고 무릎을 꿇은 상태로 축문을 읽는다. 마치면 알자가 "부복, 흥, 평신"하라 말하고, 헌관이 부복, 흥, 평신하면 인도하여 제단을 내려가 제자리로 간다.[62] 초헌례에 뒤이어 아헌례와 종헌례

一人捧香爐跪進 謁者贊三上香 執事者奠爐于神位前 祝以幣匣授獻官 獻官執幣獻幣 以幣授祝 奠于神位前<捧香授幣 皆在獻官之右 奠爐奠幣 皆在獻官之左 授爵奠爵 準此> 謁者贊執笏俯伏興平身 引降復位"(『國朝五禮儀』吉禮, 祭嶽海瀆儀).

[62] "贊者曰 行初獻禮 謁者引獻官 升自南陛 詣尊所西向立 執尊者舉冪酌醴齊 執事者以爵受酒 謁者引獻官 詣神位前北向立 贊跪搢笏 執事者以爵授獻官 獻官執爵獻爵 以爵授執事者 奠于神位前 贊執笏 俯伏興少退 北向跪 祝進神位之右 東向跪讀祝文訖 謁者贊俯伏興平身 引降復位"(『國朝五禮儀』吉禮

를 거행하는데, 대체적으로 초헌례와 같은 절차로 이루어진다.

오신 이후에는 신을 보내는 절차 즉 송신(送神) 절차가 이어졌다. 송신 절차는 크게 음복례와 철변두(撤籩豆)로 이루어졌다. 음복례는 해신이 제물을 드시면서 제물에 남겨놓은 복을 받기 위해 작에 든 술과 제기에 든 제육을 먹는 절차이다. 음복례는 다음과 같이 거행 되었다. 먼저 찬자가 "음복(飮福), 수조(受胙)"라 말하면, 집사자가 준 소(尊所)로 가서 작에 산뢰(山罍)의 복주를 따른다. 또 집사자는 조 (俎)를 가지로 신위 앞의 조육(胙肉)을 덜어내 담는다. 알자가 헌관을 인도해 남쪽 계단을 올라 음복위로 가서 북향하고 서게 한 후, 알자 가 "궤, 진홀"이라고 말한다. 헌관이 궤, 진홀하면, 집사자가 헌관의 오른쪽으로 가서 서향하고 작을 헌관에게 준다. 헌관이 작을 받아 다 마시면 집사자가 빈 잔을 받아 다시 점(坫)에 둔다. 이어서 집사 자가 서향하고 조(俎)를 헌관에게 주면, 헌관이 조를 받아 집사자에 게 주었다. 집사자가 조를 받아 남쪽 계단을 내려가 문 밖으로 나가 면, 알자가 "집홀, 부복, 흥, 평신"이라고 말한다. 헌관이 집홀, 부복, 흥, 평신 하면 알자가 헌관을 인도하여 제자리로 간다.[63]

음복례 이후는 철변두를 거행하는데 철변두는 제단에 차려진 제 물을 해신이 다 드시고 떠났다고 생각하여 제물을 담은 제기들을 치 우는 절차이다. 먼저 찬자가 "사배"라고 말하면 자리에 있는 모든 사람들은 모두 사배한다. 이어서 찬자가 "철변두"라고 말하면, 축이 나아가 철변두한다. 뒤이어 제물을 제단 주변의 바다에 빠뜨리는 의

祭嶽海瀆儀).

63) "贊者曰 飮福受胙 執事者詣尊所 以爵酌罍福酒 又執事者持俎 進減神位前胙肉 謁者引獻官 升自南陛 詣飮福位北向立<廟則西向> 贊跪搢笏 執事者進獻官之右 西向<廟則獻官之左 北向> 以爵授獻官 獻 官受爵飮卒爵 執事者受虛爵 復於坫 執事者西向<廟則 北向> 以俎授獻官 獻官受俎 以授執事者 執事 者受胙 降自南陛出門 謁者贊執笏 俯伏興平身 引降復位"(『國朝五禮儀』吉禮, 祭嶽海瀆儀).

례를 거행하는데, 이는 삼해의 신은 근본적으로 수신이므로 수신의 속성에 따라 제물을 물에 빠뜨리는 것이었다. 여기까지 끝나면 사실상 제사의 중요한 절차는 끝난 상태이므로 뒤이어 향관들이 물러가면서 제사의 모든 절차가 끝난다.[64]

이상의 내용을 정리하면 다음과 같다. 조선시대 삼해의 전사는 크게 사전 준비, 영신, 오신, 송신의 네 단계로 이루어졌다. 사전 준비는 제사 이전의 준비 단계로서 향축 전달, 향관의 5일 간 재계, 진설, 성생기 등의 절차가 여기에 해당했다. 영신은 해신을 맞이하는 절차로서 전폐례와 삼상향 등의 절차였다. 오신은 해신을 즐겁게 하는 절차로서 초헌, 아헌, 종헌으로 술과 제물을 드리는 절차였다. 마지막으로 송신은 해신을 보내고 해신이 남기고 가신 복을 받는 절차로서 음복례와 철변두가 그 절차였다. 이상의 내용을 표로 정리하면 다음과 같다.

<표 2> 삼해 전사의 절차와 내용

절차	내용
사전 준비	香祝 전달, 享官의 5일 간 齋戒, 陳設, 省牲器
영신	奠幣禮, 三上香
오신	初獻, 亞獻, 終獻
송신	飮福禮, 撤邊豆

조선시대의 국사(國祀)는 기본적으로 삼해 전사와 마찬가지로 사전 준비, 영신, 오신, 송신의 네 단계로 구성되었다. 따라서 조선시대

---

64) "贊者曰 四拜 在位者皆四拜 贊者曰 徹邊豆 祝進徹邊豆<徹者 邊豆各一 少移於故處> 贊者曰 四拜 獻官四拜 贊者曰 望瘞 謁者引獻官 詣望瘞位 北向立 贊者詣望瘞位 西向立 祝以篚取祝版及幣黍稷版 降自西陛 置於坎 置土半坎<海瀆則 沈之> 謁者進獻官之左 白禮畢 遂引獻官出 贊者還本位 謁者引祝 及諸執事 俱復壇南拜位 立定 贊者曰 四拜 祝以下皆四拜訖 謁者以次引出 贊者謁者就壇南拜位 四拜 而出 掌饌者帥其屬 藏神位版<廟則否> 徹禮饌 以降乃退"(『國朝五禮儀』吉禮, 祭嶽海瀆儀).

중사이던 삼해 제사가 사전 준비, 영신, 오신, 송신의 네 단계로 구성된 것은 당연한 현상이라고 할 수 있다. 다만 삼해 전사는 조선시대 국사 중에서도 특별히 삼해의 공덕에 보답하기 위한 국사였다는 점에서 다른 국사와 차별되었다.

조선시대 사람들이 생각한 삼해의 공덕은 곡덕이라는 말에 압축되어 있었다. 조선시대 사람들은 구덩이의 일종인 골짜기 역시 땅보다 낮기에 이곳으로 강물이 흘러들어가고, 그렇게 흐르는 강물을 통해 땅 위의 만물은 생명을 유지할 수 있다고 생각해 삼해에 제사를 올렸던 것이다. 그런데 골짜기는 낮기에 그곳으로 강물이 흘러들어갈 수는 있지만, 골짜기 자체의 물이 흐르지는 않는다. 그래서 조선시대 사람들에게 삼해는 두 가지 의미를 가지게 되었다. 첫 번째는 육지의 모든 물을 흐르게 하는 골짜기로서의 공덕을 갖는 삼해였다. 두 번째는 골짜기이기에 그 자체로는 물을 흐르게 하지 못하는 험한 곳으로서의 삼해였다. 이 중에서 삼해 전사는 육지의 모든 물을 흐르게 하는 골짜기로서의 공덕에 감사하는 국가 제사였고, 그것이 바로 삼해 제사의 축문에 "(해신은) 백곡의 왕으로서, 덕이 (만물을) 널리 이익 되게 함에 현저합니다. 해신에게 드리는 제사를 이에 마땅하게 하여 다복(多福)을 영원히 소개하고자 합니다."라고 표현되었던 것이다.

라) 맺음말

중국인들의 유교 해양인식은 그대로 신라에도 전해져 사해 제사로 구현되었고 그것이 고려시대에 삼해 제사로 이어졌다. 조선시대 사람들 역시 중국과 신라시대, 고려시대의 전통적인 유교 해양인식을 받아들여 바다를 백곡의 왕으로 인식하였다. 백곡의 왕인 바다가 국토 주변을 둘러싸고 있으므로 지상의 백천이 국토를 흐르면서 만물을 기르고 바다로 들어갈 수 있다는 해양인식이 바로 전통적인 유교 해양인식이었었다. 이런 해양인식에 근거하여 조선시대에도 삼해 전사가 거행되었다.

조선시대 삼해의 전사는 크게 사전 준비, 영신, 오신, 송신의 네 단계로 이루어졌다. 사전 준비는 제사 이전의 준비 단계로서 향축 전달, 향관의 5일 간 재계, 진설, 성생기 등의 절차가 여기에 해당했다. 영신은 해신을 맞이하는 절차로서 전폐례와 삼상향 등의 절차였다. 오신은 해신을 즐겁게 하는 절차로서 초헌, 아헌, 종헌으로 술과 제물을 드리는 절차였다. 마지막으로 송신은 해신을 보내고 해신이 남기고 가신 복을 받는 절차로서 음복례와 철변두가 그 절차였다.

조선시대의 국사는 기본적으로 삼해 전사와 마찬가지로 사전 준비, 영신, 오신, 송신의 네 단계로 구성되었다. 따라서 조선시대 중사이던 삼해 제사가 사전 준비, 영신, 오신, 송신의 네 단계로 구성된 것은 당연한 현상이라고 할 수 있다. 다만 삼해 전사는 조선시대 국사 중에서도 특별히 삼해의 공덕에 보답하기 위한 국사였다는 점에서 다른 국사와 차별되었다.

3) 조선후기 해양영토와 내양(內洋)

가) 머리말

조선시대 사료에는 해양과 관련하여 "내양(內洋)", "외양(外洋)", "전양(前洋)", "후양(後洋)" 등 다양한 표현들이 등장한다. '안쪽바다', '바깥바다', '앞쪽바다', '뒤쪽바다' 등으로 번역될 수 있는 이런 표현들은 조선시대 사람들이 바다를 특정한 기준을 경계로 하여 안과 밖 또는 앞과 뒤로 구분하여 인식했음을 보여준다. 조선시대의 해양 영토는 물론 해양 정책, 해양 분쟁 등을 밝히기 위해서는 무엇보다도 당시 사람들이 사용했던 내양, 외양, 전양, 후양, 대양, 내해, 외해 등에 함축되어 있는 해양 경계를 객관화, 구체화해야 한다.

조선후기에는 국내의 어선이나 상선 또는 병선(兵船)이 특정한 해양 경계를 넘어가는 행위를 불법으로 규정하고 엄하게 처벌하였다. 해금(海禁)에 관련된 각종 처벌조항들이 그것이었다.[65] 조선후기의 해금은 법 규정이므로 추상적인 해양 경계가 아니라 구체적인 해양 경계에 입각하여 적용, 집행되어야만 했다. 외국의 어선 또는 선박을 축출하거나 나포하는 경우에는 그것이 국가 간의 어업 분쟁 또는 해양 분쟁이 되므로 그와 관련된 해양 경계는 더더욱 객관적이고 구체적이어야 했다.

조선후기의 해금은 청나라의 봉금(封禁)에 맞추어 강화되었다. 특

---

[65] 조선시대 해금에 관련된 기왕의 연구로는
　　임영정(1997) 「조선전기 해금정책 시행의 배경」, 『동국사학』31
　　강봉룡(2002) 「한국의 해양영웅 장보고와 이순신의 비교연구」, 『지방사와 지방문화』5권 1호
　　강봉룡(2002) 「한국 해양사의 전환 : 해양의 시대에서 해금의 시대로」, 『도서문화』20
　　김원모(2002) 「19세기 한영 항해문화교류와 조선의 해금정책」, 『문화사학』21
　　이문기 외(2007) 『한중일의 해양인식과 해금』, 동북아역사재단 참조.

히 1680년(숙종 6)을 전후로 청나라의 해금 정책이 이완되면서 황해 연안에서 청나라 어민들의 불법 어로가 폭증하였고, 이에 대응한 조선의 해금도 강화되었다.[66] 청나라 어민들이 조선의 특정 해양 경계를 불법으로 넘어와 어로활동을 벌이는 것이 불법 어로였다. 이 경우 조선은 수군을 동원하여 청나라의 어선을 축출하거나 나포하였다. 또한 18세기 이후 빈번하게 조선해안에 등장하던 이양선이 특정 해양경계를 넘어올 때에도 조선은 수군을 동원하여 축출하거나 나포하고자 하였다. 이 같은 조선 수군의 해양활동은 봉수대의 해양감시 기능과 직결되어 있었다.

본고는 조선후기 내양과 외양의 경계와 범위를 검토함으로써 당시의 해양 영토 및 해양 경계를 객관화, 구체화 하고자 하였다. 조선후기의 수군과 어민은 "안쪽바다"로 번역될 수 있는 내양에서 합법적으로 어로활동을 할 수 있었다. 반면 내양을 넘어 외양으로 가는 것은 불법으로 간주되어 엄하게 처벌되었다. 이에 비해 청나라 어선 또는 이양선은 "바깥바다"로 번역될 수 있는 외양에서 자유롭게 활동할 수 있었다. 반면 외양을 넘어 내양으로 오는 것은 불법으로 간주되어 축출되거나 나포되었다. 이런 사실들은 조선후기의 내양이 해양영토로 인식되었음에 비해 외양은 그렇지 않았기에 나타난 결과였다.

따라서 조선후기의 해양영토를 해명하기 위해서는 내양과 외양의 범위와 경계를 봉수대의 해양감시기능과 관련하여 객관화, 구체화 할 필요가 있다. 본고에서는 우선 조선후기의 내양과 외양에 관련된 다양한 법 규정들을 검토함으로써 내양과 외양의 범위와 경계를 객

---

66) 김문기(2008)「19세기 조선과 청의 어업분쟁」,『19세기 동북아 4개국의 도서분쟁과 해양경계』, 동북아역사재단, pp.92-94.

관화, 구체화 하고자 하였다. 아울러 다양한 해양 분쟁사례에 등장하는 전양, 후양, 내해, 외해, 수종(水宗) 등의 표현들을 봉수대의 해양감시기능과 관련하여 검토함으로써 내양과 외양의 범위와 경계를 객관화, 구체화 하고자 하였다.

나) 외양(外洋)과 내양(內洋)

조선후기 사람들에게 인식된 해양 경계를 가장 명확하게 나타내주는 개념은 외양과 내양이라는 개념이었다. 외양은 '바깥바다' 또는 '외부의 바다'라는 뜻으로서 '안쪽 바다' 또는 '내부의 바다'라는 뜻의 내양과 대비되는 개념이었다. 내양이라는 표현에서 알 수 있듯이 내양에는 '우리바다'라는 소유 관념이 포함되었지만 외양에는 '우리와 관계없는 외부의 바다'라는 관념이 포함되었다. 조선후기 외양은 육지에서의 외국과 마찬가지로 해양에서의 외부세계로 간주되었던 것이다. 이에 따라 어민, 상민(商民)은 물론 수군도 외양으로는 넘어갈 수 없었다. 조선후기에는 내양과 외양에 관련된 법 규정들이 다양하게 제정되었다.

내양과 외양에 관련된 조선후기의 법 규정 중에서 최초의 사례는 1698년(숙종 24)에 편찬된 『수교집록(受敎輯錄)』에 수록된 규정이었다. 그것은 "전선(戰船)과 병선(兵船)을 외양(外洋)으로 출송하는 경우 처벌할 수 있는 해당 형률이 없으니, 군인을 100리 밖으로 보내 군역(軍役)을 빠지게 한 지휘관은 곤장 100대를 때리고 충군(充軍)한다는 형률에 의거하여 정배(定配)한다."는 숙종의 수교(受敎)였다.[67] 이 수

---

67) "戰兵船 出送外洋 未有當律 以縱放軍人 出百里外 空歇軍役 杖一百充軍之役 定配"(『受敎輯錄』兵典, 兵船).

교에 의하여 조선 수군의 활동영역은 내양에 한정되었다. 이 수교는 1677년(숙종 3)에 승전(承傳)하였는데,[68] 당시에 숙종이 이런 수교를 명령한 직접적인 배경에는 청나라의 봉금(封禁) 정책이 있었다.

명나라를 멸망시키고 동북아의 패권을 장악한 청나라는 압록강과 두만강 너머의 만주지역을 자신들의 발상지라 하여 이른바 봉금 지대로 설정하고 사람들의 출입을 엄금하였다. 이에 따라 조선 사람들이 압록강과 두만강을 넘어가는 월강(越江)도 엄격하게 통제되었다. 조선후기의 월강은 '범월(犯越)'이라는 중범죄로 다루어졌으며, 범월을 방지하는 것이 압록강과 두만강변에 위치한 지방관의 주요 임무였다. 범월과 관련된 법 규정들은 병자호란 이후 나타나기 시작하여 시일이 지나면서 점차 강화되었다.

법 규정상 최초의 범월 규정이 등장한 때는 1648년(인조 26)으로 병자호란이 발발한 1636년부터 12년이 지난 후였다. 이때의 범월 규정은 "범월의 경우, 수인(首人)은 경상(境上)에서 효시하고, 그 다음은 본도(本道)로 하여금 정배(定配)하도록 하고, 그 다음은 경중을 나누어 곤장을 친 후 석방하고, 인솔하고 간 사람은 형추정배(刑推定配)한다."[69]고 하여 수범(首犯)만 사형시키도록 하였다. 그런데 이 규정은 1670년(현종 11)에 "금법을 범하고 강을 건너 삼(蔘)을 채취하는 자는 수종(首從)을 논하지 않고 재범자는 효시한다."[70]고 하여, 수범이 아니더라도 재범자는 사형시킨다고 바뀌었다가, 1686년(숙종 12)에 "서북연변(西北沿邊)에서 저쪽으로 범월한 자는 채삼(採蔘),

---

68) 康熙丁巳(숙종 3, 1677-필자 주) 承傳 "(『受敎輯錄』兵典, 兵船).

69) "犯越 爲首人 境上梟示之 次令本道定配 又其次分輕重決放 領去人 刑推定配-順台戈子承傳"(『新補受敎輯錄』刑典, 犯越).

70) "犯禁越采之人 勿論首從 再犯者 梟示-康熙庚戈承傳"(『受敎輯錄』刑典, 禁制).

전렵(佃獵), 타사(他事)를 논하지 않고 또 수범인지 종범인지 논하지 않고 모두 경상에서 효시한다."[71]고 하여 범월하면 무조건 사형시키는 것으로 강화되었다. 이 규정이 1746년(영조 22)에 편찬된 『속대전』에서는 "서북연변에서 범월하여 삼을 채취하고 전렵하는 자는 수종 모두 경상에서 참수한다."[72]고 바뀌었을 뿐만 아니라 "범월을 수창한 자는 가산을 적몰한다."[73]고 하여 수범에 대한 처벌의 강도가 더욱 높아졌다.

1677년(숙종 3)에 공포된 숙종의 수교 즉 "전선과 병선을 외양으로 출송하는 경우 처벌할 수 있는 해당 형률이 없으니, 군인을 100리 밖으로 보내 군역을 빠지게 한 지휘관은 곤장 100대를 때리고 충군한다는 형률에 의거하여 정배한다."는 수교는 바로 청나라의 봉금에 대응하여 조선의 범월 규정이 강화되는 과정에서 나온 것이었다. 조선 사람들이 만주의 봉금 지역으로 넘어가는 통로에는 압록강 또는 두만강 같은 강뿐만 아니라 황해의 바다 길도 포함되었기 때문이었다.

1677년(숙종 3)의 수교가 1746년(영조 22)에 편찬된 『속대전』에서는 "전선과 병선은 외양으로 출송하지 못한다. 범하는 자는 군인을 100리 밖으로 보내 군역을 빠지게 하는 경우의 처벌규정에 의거하여 곤장 100대를 때리고 충군한다."[74]라고 바뀌었을 뿐만 아니라 "몰래 전선을 보냈다가 표실(漂失)한 자는 일률(一律)로 논한다."[75]고

---

71) "西北沿邊犯越彼邊者 勿論採蔘佃獵與他事 首倡與隨從 生事於彼中與否 一倂梟示境上-康熙丙寅禁蔘事目-"(『受敎輯錄』刑典, 禁制).

72) "西北沿邊 犯越採蔘佃獵者 首從 皆梟示境上斬"(『續大典』刑典, 禁制).

73) "犯越首倡者 籍沒家産"(『續大典』刑典, 禁制).

74) "戰兵船 毋得出送外洋 <犯者 依縱放軍人 出百里外 空歇軍役律 杖一百充軍"(『續大典』兵典, 兵船).

75) "潛放戰船漂失者 以一律論"(『續大典』兵典, 兵船).

하여 처벌이 더욱 강화되었다. 조선시대에 정배라고 하는 형벌은 대체로 양반관료들에게 시행되는 유배형이었지만 곤장을 치고 충군하는 것은 대체로 양민들에게 시행되는 육체형(肉體刑)이었기 때문이었다.

전선과 병선을 외양으로 출송하지 못하게 한 1677년(숙종 3)의 수교 및 1746년(영조 22)의『속대전』규정은 반대로 생각하면 내양에서의 전선과 병선의 활동은 합법적이었음을 함축하고 있다. 이런 측면에서 본다면 전선과 병선을 외양으로 출송하는 것은 곧 범월로 간주되었고 그런 면에서 외양은 조선의 영역 밖으로 인식되었다고 하겠다. 반면 내양은 조선의 영역으로 인식되었다고 하겠다. 이에 따라 전선과 병선을 외양으로 출송하는 것에 대한 처벌규정이 강화되는 것에 반비례하여 청나라의 어선 또는 선박이 내양으로 들어오는 것에 대한 방어규정 역시 강화되어 갔다. 이런 추세는 1680년을 전후로 청나라의 해금(海禁) 정책이 이완되면서 청나라의 어선이 대거 조선의 내양으로 들어옴에 따라 더욱 격화되었다.

17세기 중엽 청나라는 정성공 세력을 고립시키기 위하여 1656년(효종 7) 해금령(海禁令)을 내려, 중국의 산동에서 광동에 이르는 연해 지역에 사람의 발자취가 바닷가에 미치지 못하게 하고, 나무판대기 하나도 바다에 떠다니지 못하게 엄금했다. 이에 더하여 5년 뒤인 1661년(효종 12)에는 더욱 강력한 천계령(遷界令)을 내려 도서(島嶼)뿐만 아니라 연해 지역에 있는 주민마저 내지로 강제 이주시켜 해양을 완전히 격리시켰다. 이 과정에서 조선과 인접한 산동 및 요동지역의 도서민들도 내지로 강제 이주 당했다. 이런 상태에서 조선의 연해에서 청나라 어민의 불법 어업은 거의 불가능했다.

하지만 1681년(숙종 7) 삼번(三藩)의 난이 평정되고, 1683년(숙종

9)에 대만 정벌이 성공을 거두자, 이듬해인 1684년(숙종 10) 강희제는 연해와 도서에 시행되었던 해금령을 해제하였다. 이후 강희, 옹정, 건륭 시기에 산동 도서 지역으로의 이주가 급격히 증가했다. 18세기 말에는 산동성의 도서민만도 2만여 명에 달했다. 산동에서 도서 지역으로의 급격한 인구이동이 바로 조선 내양에서의 청나라 어선의 불법어업이 증가하는 중요한 배경이었다.[76]

조선은 내양으로 들어오는 청나라의 어선 또는 선박을 막기 위하여 외교적, 군사적 대응책을 동원하였다. 즉 청나라에 자문(咨文)을 보내 청나라 자체에서 어민들을 단속해 줄 것을 요청하는 한편 조선 요해처에 진(鎭)을 설치하여 청나라의 불법어선들을 군사적으로 단속하고자 했던 것이다.[77] 그러나 청나라는 조선의 요청에 미온적으로 대응하였다. 이에 따라 조선은 점차 군사적 단속을 강화하였고 이에 대응하는 청나라 어선의 저항 역시 대형화, 폭력화 되어 갔다. 당시 청나라의 불법어선들은 황당선으로 표현되었는데, 황당선으로 인한 해양 분쟁 상황이 1717년(숙종 43) 5월 11일자의 『승정원일기』에 다음과 같이 기록되어 있다.

> "비변사에서 아뢰기를, "황당선에 대하여 운운하였는데, 이를 묘당(廟堂)으로 하여금 각별히 품의하여 처리할 것을 명령하셨습니다. 근년 이래 황당선의 출몰이 갈수록 심해지고 있습니다. 전에는 왕래하던 황당선이 2-3척에 불과했을 뿐만 아니라 우리 수군이 추포(追捕)하려고 하면 즉시 도주하곤 했습니다. 그런데 요사이는 떼를 지어 왕래하는 황당선이 시간이 지날수록 늘고

---

76) 김문기(2008) 「19세기 조선과 청의 어업분쟁」, 『19세기 동북아 4개국의 도서분쟁과 해양경계』, 동북아역사재단, pp.92-94.

77) 김문기(2008) 「19세기 조선과 청의 어업분쟁」, 『19세기 동북아 4개국의 도서분쟁과 해양경계』, 동북아역사재단, pp.94-102.

있습니다. 이번에 32척의 황당선이 각각 협선(挾船)을 가지고 일시에 나왔으니 이는 실로 전에 없던 일입니다. 연변의 읍진 (邑鎭)에서 비록 추포하려는 형상을 보여도 저들은 놀라거나 두려워하는 뜻이 전혀 없이 도리어 그대로 머무르며 물러가지 않았습니다. 비록 어채(漁採)라고 해도 정형(情形)이 수상합니다. 묘당에서는 바야흐로 이를 근심하여 특별히 신칙하고자 하나 마땅한 대책이 없습니다. 지금 성상(聖上)께서 해방(海防)의 근심을 깊이 생각하시고 특별히 품의하여 처리하라는 명령을 내리셨습니다. 일전에 도신(道臣)이 추포(追捕)와 축출(逐出)의 이해를 자세히 논의하여 보고하였습니다. 그러므로 비변사에서는, 연해의 각 진으로 하여금 요망(瞭望)을 신중히 하고 사세를 잘 살펴 **외양(外洋)으로 축출**할 수 있으면 편리한 대로 축출하고 어쩔 수 없이 추포해야 하는 자는 군사력을 사용하여 추포하여 방금(防禁)을 해이하지 않게 하고, 사기(事機)를 잘못되지 않게 할 것을 막 복주(覆奏)하였습니다. 지금 만약 어채(漁採)라고 생각하여 심상하게 보아 넘기거나, 또 추포에 피곤하여 그 방금 (防禁)을 해이하게 한다면 저들의 형세가 점점 방자해져서 30여 척으로만 그치지 않을 것입니다. 저들이 돛을 달고 문득 나타났다가 사라지니 사정을 측량할 수 없습니다. 우리는 방비하는 도리를 진실로 소홀히 할 수 없습니다. 지금 본도(本道)의 치계(馳啓)를 보니, 머물던 25척이 흩어져 갔다고 합니다. 그러나 저들의 왕래는 무상합니다. 우선 성교(聖敎)에 의거하여 연변의 각 읍진에 엄히 신칙하여 장졸(將卒)을 다수 정해 요망(瞭望)하고 추간(追趕)하게 해야 합니다. 추포(追捕)할 수 있으면 각별히 힘을 써서 추포하여 즉시 육로로 압송하게 하면 경계하는 도리가 될 것입니다. 우리에게 비록 사소한 폐단이 생긴다고 해도 어쩔 수 없습니다. 이런 뜻으로 특별히 도신(道臣)에게 분부하고 그가 사용하는 장졸(將卒)과 기타 형세를 방어사와 의논하여 결정해서 보고한 후 별도로 절목(節目)을 만들어 연변 읍진에 엄히 신칙하게 해야 합니다. 청나라 예부의 자문에 이르러서는 전후에 한두 번이 아니지만 끝내 아무런 효과가 없습니다. 매번 자문을 하는 것은 다만 번거롭기만 합니다. 이후에는 혹 추포하는 일이 있으면 특별히 역관(譯官)을 정해 압송하고 자문 중에 이 뜻을 첨입하는 것으로 요청하여 엄금하는 것이 어떻겠습니까?" 하였다.
응답하기를, "아뢴 대로 하라." 하였다. "78)

위에 나타나듯이 1680년을 전후로 청나라의 해금(海禁) 정책이 이
완되면서 청나라의 어선이 점차 조선의 내양으로 들어오기 시작했
고 조선은 이들을 외양으로 격퇴하고자 했다. 이 같은 상황 속에서
1701년(숙종 27)에 "수토선(搜討船)이 처음에 출양(出洋) 하지도 않
은 채 사격(沙格) 등에게 뇌물을 받고 머물러 있거나, 또 엄사(渰死)
한 듯이 거짓으로 관가에 고한 자는 수창(首倡)은 효시하고 수종(隨
從)은 차율(次律)로 논단한다."79)는 수교가 결정되었고, 1731년(영조
7)에는 "당선(唐船)의 추포는 온전히 폐지할 수 없다. 당선이 정박하
는 곳에 군사를 정해 방수함으로써 땔감과 물을 공급하는 길을 단절
하게 하고, 해당 수령과 변장(邊將)은 논책(論責)하라."80)는 수교가
결정되었다. 1701년(숙종 27)의 수교나 1731년(영조 7)의 수교는 격
증하는 청나라의 불법어선들을 단속하기 위한 군사적 조치였던 것
이다.

---

78) "備邊司啓曰 荒唐船云云 令廟堂 各別稟處事 命下矣 近年以來 荒唐船之出沒 愈往愈甚 而前所去來者
不過二三隻 若見追捕之狀 則卽止矣 近觀結綱沿來之數 歲加月增 三十二隻之各特夾船 一時出來 此實
曾所未有之事 而沿邊邑鎮 雖示追捕之形 彼人全無驚懼之意 乃反逗留 不卽退去 雖曰漁採 情形殊常
廟堂方以此爲慮 欲請別隊申飭 而未得其策 今聖上 深軫海防之憂 特降稟處之命矣 前日道臣 以追捕與
逐出之利害 論列啓聞 故着令沿海各鎮 謹其瞭望 詳審事勢 可以逐出外洋者 從便逐出 不可不捕捉者
用力捕捉 不解其防禁 無誤於事機之意 纔已覆奏矣 今若視以漁採 恬若尋常 又以疲於追捕 弛其防禁
則竊恐其勢漸益放恣 不但至於三十餘隻而已 帆風飄忽 事情莫測 自我防備之道 誠有不可忽者 纔見本
道馳啓 碇留二十五隻 雖日散去 其所去來 本自無常 爲先依聖敎 嚴飭沿邊各邑鎮 多定將卒 瞭望追趕
等事 惕念擧行 而其可以追捕者 則各別用力捕捉 輒皆由陸押送 則似不無懲戢之道 在我 雖亦有些少弊
端 有不可顧者 以此意 別爲分付于道臣 而所用將卒及其他形勢 通議于防禦使 區劃啓聞後 別作節目
另加嚴飭于沿邊邑鎮 至於禮部移咨 前後非止一再 終無申飭之效 每每爲之 徒洑頂弊 而此後 或有追捕
之事 則別定譯官押送 而咨文中 添入此意 申請嚴禁 何如 答曰 依爲之"(『승정원일기』숙종 43년
(1717) 5월 11일(갑자)).

79) "搜討船 初不出洋 沙格等處 受略留行 又以渰死樣 瞞告官家者 首倡梟示 隨從以次律論斷"(『新補受敎
輯錄』刑典, 推斷).

80) "唐船追捕 不可全廢 船泊處處 定軍防守 俾絶樵汲之路 而當該守令邊將論責-雍正辛亥承傳"(『新補受敎
輯錄』刑典, 推斷).

전선과 병선을 외양으로 출송하지 못하게 하는 수교가 1677년(숙종 3)에 공포된 이후, 전선과 병선은 물론 어선과 상선 등도 외양으로 나가지 못했다. 조선후기의 사료 중에는 이와 관련된 것들이 적지 않다. 예컨대 1694년(숙종 20)에 있었던 안용복 사건에서 주요 쟁점은 어민들이 불법으로 외국에 들어갔다는 사실과 함께 법을 어기고 외양에 넘어갔다는 사실이었다. 이와 관련하여 『승정원일기』에는 다음과 같은 기록이 있다.

"이달 초3일 대신과 비국당상을 인견하여 입시하였을 때에 우의정 민암이 아뢰기를, "죽도(竹島)의 문제가 이미 수습되었으니 이른바 불법월경죄인(不法越境罪人) 등을 심리하는 일이 있어야 하겠습니다. 연해백성들은 본래 어채(漁採)로 생활하고 있습니다. 금령(禁令)을 무릅쓰고 이익을 탐하여 자주 **외양(外洋)**에 왕래하므로 이와 같이 말썽을 빚어내는 폐단을 일으키게 되었으니 각별히 엄하게 다스려야 할 듯합니다. 지금 이 죄인들에게 가벼운 형률을 시행한다면 뒷날의 폐단을 막기가 어려울 것입니다."하였다. 영의정 권대운이 아뢰기를 "각 사람들에게 비록 **외양(外洋)**에 무릅쓰고 나간 죄가 있으나 어리석은 백성을 굳이 무겁게 다스릴 것은 없고, 형장을 가하여 조사하고 석방하는 것이 좋을 듯합니다."하였다. 좌부승지 이현기는 아뢰기를, "동변 백성은 토지가 메말라 경작할 수 없고 오직 어채만을 일삼으니, 비록 날마다 엄칙하더라도 **외양(外洋)**에 나가지 않을 리 없습니다." 하였다. 우의정 민암이 아뢰기를, "일이 변경에 관계되므로 가벼이 다스릴 수 없습니다. 수종(首從)을 분별하여 선주 및 사공은 도년정배(徒年定配)하고, 따른 자들은 형장을 가하여 조사한 뒤에 석방하는 것이 좋을 듯합니다."하였다. 아뢴 대로 하라고 하였다. "81)

---

81) "今三月初三日大臣·備局堂上引見入侍時右議政閔黯所啓, 竹島事, 旣已收殺其所謂犯越境罪人等, 當有照勘之擧, 而沿海民人, 本來以漁採爲生, 冒犯貪利, 常常往來於外洋, 致有如此生梗之患, 似當各別嚴治, 今此罪人等, 若施以輕律, 則難杜日後之弊矣, 領議政權大運曰, 各人等雖有冒出外洋之罪, 愚民不必深治,

위는 이른바 안용복 등이 울릉도에서 어업활동을 벌이다가 일본에까지 갔던 사건을 논의한 내용이다. 안용복 등이 어겼다는 금령의 내용 중 하나가 바로 외양에 왕래했다는 사실이었다. 즉 어민의 외양 왕래가 불법이었던 것이다. 이는 안용복을 송환한 대마도의 도주(島主)에게 보낸 답서에서 "폐방(弊邦)은 해금(海禁)이 지엄하여 해민(海民)들을 단속하여 외양(外洋)에 나가지 못하게 한다."[82]는 『만기요람』의 내용에서도 확인된다.

조선후기에 어민들을 외양으로 가지 못하게 하는 법 규정은 점점 강화되어 1727년(영조 3)에는 "연해와 포구의 어민으로서 어채(漁採)하는 자들을 대양(大洋)으로 나가지 못하게 하였는데도, 간민(奸民)이 국법을 두려워하지 않고 일본에 표입(漂入)해 가면 사공은 원지(遠地)에 형추정배(刑推定配)하고, 격군(格軍)은 엄형삼차(嚴刑三次)한다."[83]는 수교가 결정되었고, 1734년(영조 10)에는 "연해와 포구의 어민으로서 왜경(倭境)에 표박(漂泊)한 자는 사공인지 격군인지 논하지 않고 모두 엄형하고 원지에 정배한다."[84]는 수교가 결정되었다.

한편 어선뿐만 아니라 상선 역시 외양에 나가는 것이 법으로 금지되었음은 마찬가지였다. 예컨대 1757년(영조 33) 9월 18일자의 『전객사일기(典客司日記)』에는 "어선이나 상선은 외양(外洋)으로 나가지 못하는 것이 예로부터의 영갑(令甲)이다."[85]는 기록이 실려 있다.

刑推放送似可矣, 左副承旨李玄紀曰, 東邊民人, 田土瘠薄, 不能耕作, 惟事漁採, 雖日加嚴防, 萬無不出外洋之理矣, 右議政闵曰, 事係邊上, 不可歇治, 分別首從, 船主及沙工則徒年定配, 其餘則刑推放送, 似可矣, 上曰, 依爲之°(『備邊司謄錄』 숙종 20년(1694), 3월 4일).

82) "弊邦海禁至嚴 制束海民 使不得出於外洋"(『萬機要覽』軍政編 4, 海防, 東海).

83) "沿海浦民之漁採者 使不得遠出大洋 而奸民不畏國法 漂入日本者 沙工段刑推定配遠地 格軍段 嚴刑三次·雍正丁未承傳"(『新補受教輯錄』刑典, 推斷).

84) "沿海浦民之漂泊倭境者 勿論沙工格軍 一併嚴刑 遠地定配·雍正甲寅承傳"(『新補受教輯錄』刑典, 推斷).

85) "漁商船勿出外洋 自是令"(『典客司日記』英祖 33년(1757) 9월 18일).

이런 자료들을 통해 조선후기에 외양(外洋)에서의 어업활동, 수군 활동, 상업 활동 등은 법으로 금지되었지만 내양(內洋)에서의 어업활동, 수군활동, 상업 활동 등은 금지되지 않았음을 알 수 있다. 반면 내양은 외국의 어선이나 선박이 함부로 들어오지 못하는 배타적 영토 즉 영해(領海)로 간주되었음도 알 수 있다.

예컨대 1866년(고종 3) 7월 15일에 황해도 황주(黃州) 삼전방(三田坊) 송산리(松山里)의 전양(前洋)에 이양선 3척이 들어와 정박하자 황주목사는 문정관(問情官)을 파견하여 "외양에 와서 정박하는 것은 혹 괴이할 것이 없지만, 내양에 넘어 들어오는 것은 우리나라에 원래부터 방금(邦禁)이 있으니 전진할 수 없다."[86]고 전했는데, 여기에서 언급한 방금(邦禁)은 내양으로 넘어 들어오는 외국의 어선이나 선박을 단속하기 위해 마련된 각종 군사적 조치로서, 이런 군사적 조치는 내양을 배타적 영해로 간주했기에 나타난 결과였다. 이외에 1876년(고종 13) 1월 4일에 일본의 군함 맹춘호(孟春號)가 강화도 남쪽 바다에 와서 정박하자 강화유수는 문정관을 파견하여 "이 배가 비록 이곳에 이르렀지만 이곳은 아국의 내양(內洋)이다. 아국의 법의(法意)에는 외국의 선박을 내양(內洋)으로 들어오지 못하게 한다. 더 이상 거슬러 올라가지 않는 것이 좋겠다."[87]고 전했는데, 이 또한 내양을 배타적 영토로 간주했음을 보여주는 사례이다.

그런데 위에서 언급된 다양한 법 규제가 집행되려면 외양과 내양의 경계선이 객관적으로 분명해야 가능하다. 하지만 외양과 내양의 경계에 대하여는 법 규정에 명시되지 않았다. 이는 외양과 내양의

---

86) "來泊外洋 容或無怪 而越入內洋 我國原有邦禁 不可前進爲言"(『고종실록』권 3, 3년(1866) 7월 15 (신미)).

87) "此船雖至此境 卽我國內洋也 我國法意 外國船艦 不許闖入內洋 須勿更爲溯上爲好"(『고종실록』권 13, 13년(1876) 1월 4(병신)).

경계가 비록 법에 규정되지 않아도 수군, 어민, 상인 등에게 관습적으로 자명하였기 때문에 가능한 일이었다. 그러므로 조선후기 외양과 내양의 경계를 확인하기 위해서는 관습적으로 자명한 경계를 규명할 필요가 있다.

다) 내양(內洋의) 범위와 경계

내양은 특정한 해양 경계를 기준으로 하여 외양과 대비되는 개념이다. 그러므로 외양과 내양을 구분하는 그 특정한 해양 경계가 무엇인지를 파악해야 한다. 조선시대의 자료를 살펴볼 때, 외양과 내양을 구분하는 특정한 해양 경계는 섬 또는 후양(後洋)이었다.

예컨대 특정한 섬의 안쪽을 내양이라 하고 바깥쪽을 외양이라 하는 경우에는 섬을 경계선으로 하여 내양과 외양을 구분하는 것이었다. 그런데 이렇게 할 경우에는 내양과 외양의 범위가 아주 불분명하게 된다. 섬 바깥의 바다를 외양이라고 할 때, 그 외양의 범위가 어디부터 어디까지인지 알 수 없기 때문이다. 게다가 섬이 중첩되어 있을 경우에는 외양이 곧 내양이 되기도 하므로 개념 자체가 뒤죽박죽된다. 그러므로 조선후기에 법제적으로 규정된 외양이라는 개념은 섬 밖의 바다를 뜻하는 것은 아니었다고 볼 수 있다.

육지에서 바다를 바라보면 해안선(海岸線)부터 수평선(水平線)까지가 눈으로 인식될 수 있는 바다 공간이다. 따라서 내양과 외양의 경계선은 해안선부터 수평선 사이의 어디인가에 존재할 수밖에 없다.

그런데 육지에 사는 사람들에게 해안선은 명확하고 불변이지만 수평선은 불분명하고 가변적이라는 사실을 염두에 둘 필요가 있다. 수평선은 기상상태에 따라 변할 수도 있고, 관측지점에 따라 달라질 수도 있기 때문이었다. 따라서 조선후기 내양과 외양의 경계선을 확인하려면 당시 사람들의 수평선에 대한 인식을 검토할 필요가 있다.

조선시대 사람들은 수평선을 수종(水宗) 또는 수지(水旨)라고 하였는데, 그 뜻은 "안력(眼力)이 미치는 곳 "[88) 또는 "바다 중에 물이 높은 곳이 마치 산에 능선이 있는 것과 같은 곳"[89)이었다.

수종 또는 수지는 고정된 것이 아니라 응시지점에 따라 달라진다. 조선후기 수종에는 일반인들이 인식하는 수종과 봉수군들이 인식하는 수종 두 가지가 있었다. 일반인들이 인식하는 수종이란 해안가에서 바다를 바라볼 때 인식하는 수종이었다. 반면 봉수군이 인식하는 수종은 봉수대에서 바다를 바라볼 때 인식하는 수종이었다. 다만 일반인이나 봉수군 모두 해안선에서부터서 수종까지의 바다 공간을 거리에 따라 전양(前洋), 후양(後洋), 내양(內洋), 외양(外洋) 등으로 구분하였던 점에서는 같았다. 이와 관련하여 1758년(영조 34) 6월 26일의 『전객사일기』 기록은 중요한 시사점을 제시한다.

『전객사일기』에 의하면 지난 6월 13일 인시(寅時, 새벽 3-5시) 쯤에 조선 선박인지 일본 선박인지 구분할 수 없는 배 1척이 수종(水宗)으로부터 출현하여 경상좌도 쪽으로 향하다가 묘시(卯時, 새벽 5-7시)에 울산 목도진(目島津)에 표박(漂泊)하였다. 그런데 서생 첨사는 이 사실을 12시간여나 지난 해시(亥時, 오후 9-11시)에야 부산 첨사에게 보고하였다. 이에 따라 보고가 지체된 연유를 조사하게 되었는데.[90) 당시 서생포의 봉수군이던 최시점(崔時點)은 다음과 같이 진

---

88) "所謂水旨者 乃指眼力所及處也"(『淸溪先生文集』권5, 應旨陳本道民弊疏, 己亥四月).

89) "海中水高處 如嶺之有脊者曰水旨"(『息庵先生遺稿』권5, 七言絕句).

90) "十三日亥時到付同僉使馳通內 卽接西生僉使崔世相馳報 則當日寅時量 朝委未辨船一隻 自水宗現形 漂向左道境 而雲霧歛前 莫辨其指向處是如據 問靑次別差起送爲有如乎 西生僉使又爲馳報內 漂向船一隻 以倭船當日卯時 漂泊崑山境目島津是如 下山烽軍進告據 看護次僉使馳往是如爲旀 一時到付機張縣

술하였다.

　　"이번 13일 조선 선박인지 일본 선박인지 구분할 수 없는 선
박 한 척이 목도(目島) 외양(外洋)으로부터 전표(轉漂)하다가 묘
시에 목도 내양(內洋)에 지박(止泊)하였습니다. 이른바 황암(黃巖)
밖은 즉 목도의 전양(前洋)입니다. 목도에서부터 봉수대까지는
제법 멀뿐만 아니라 그날 구름이 바다를 막아 지척을 분간할 수
없었기에 황암 밖에 잠시 정박한 상황을 보지 못하고 단지 목두
에 정박한 상황만 보았습니다."91)

　위에 의하면 수종으로부터 출현한 정체불명의 선박은 외양을 거
쳐 내양으로 들어왔다가 전양에 정박한 것으로 되어 있다. 즉 해안
선과 수종을 기준으로 판단한다면 전양은 해안선에 접한 바다 공간
이고 외양은 수종에 접한 해양 공간이 된다. 반면 외양 안쪽의 바다
공간인 내양은 전양 및 전양 밖으로부터 외양에 접하는 바다 공간을
포함하고 있다. 따라서 내양과 외양의 경계를 파악하기 위해서는 전
양 밖으로부터 외양에 접하는 바다 공간이 해명되어야 한다. 이와
관련하여 1888년(고종 25)에 발생했던 부산어민과 일본어민 사이의
분쟁이 중요한 시사점을 준다.
　1888년 11월 2일에 부산항 통상사무 이용직(李容稙)은 일본영사
실전의문(室田義文)에게 조회(照會)하여 일본 어민들이 부산항 안에
까지 들어와 휘라망(揮羅網)을 치는 행위를 불법이라 주장하며 단속

三公兄文狀內 本縣縣監同推次 蔚山府至是白在亦 丑時朝倭未辨船一隻 漂流蔚山境目島前羊漂泊是如
爲臥乎所 丑時成送文狀 今始來傳者 未免遲滯故 其曲折査問 緣由馳通是白齊(『典客司日記』英祖 34
년(1758) 6월 26일).

91) "下山峰軍崔時点所告內 今十三日朝倭未辨船一隻 轉漂於目島外洋是如可 卯時目島內洋止泊 而所謂黃
巖外 卽目島之前洋 目島至於烽燧稍遠范不喻 伊日雲霧蔽海 咫尺不辨故 黃巖外暫泊之狀 果未能看暸
而只看目島止泊之形"(『典客司日記』英祖 34년(1758) 6월 26일).

해줄 것을 요구하였다.92) 일본 어민들이 부산항 안에까지 들어와 어로행위를 하는 것이 불법인 근거를 이용직은 다음과 같이 제시하였다.

"1883년 조선과 일본 사이에 체결된 '조일통상장정(朝日通商章程)'의 제41조에서는 일본 어민들이 전라도, 경상도, 강원도, 함경도의 해빈(海濱)에서 어업 할 수 있다고 하였는데, 일본 어민들이 부산항 안에까지 들어와 어업 하는 것은-필자 주), 통상장정 중의 빈(濱) 자의 뜻과 어긋납니다. 통상장정을 체결 할 때, 생각하건대 **우리나라 선박은 외해(外海)로 나가 포어(捕魚)할 수 없기에** 귀국의 어민들로 하여금 해빈(海濱)에서 어로 할 수 있게 한다고 해도 원래 우리 어민들의 생업에는 손해가 되지 않았습니다. 또 만국공법(萬國公法)을 보니, 각국을 왕래하며 외국의 해면(海面)에서 포어(捕魚) 하고자 하는 자는 다만 연해(沿海) 3리 이외(以外)에서만 허락한다는 내용이 실려 있습니다. 연해 3리는 우리나라의 10리입니다. **이른바 연해는 또한 외해(外海)의 변안(邊岸)**을 가리켜 말한 것으로 통상장정 41조의 빈(濱) 자의 뜻과 다르지 않습니다."93)

위에서 보듯이 이용직은 일본어민들의 부산항 내에서의 어로가 불법인 근거를 우리나라 선박은 외해(外海)로 나가 포어(捕魚)할 수 없었던 사실, 조일통상장정의 해빈(海濱)은 외해(外海)를 지칭한다는 사실 그리고 만국공법에도 연해 3리 이외에서만 어로가 허락된 사실 등을 들었다. 위의 내용 중에서 특별히 주목할 만한 것은 "이른바 연해는 또한 외해(外海)의 변안(邊岸)을 가리켜 말한 것입니다."라는 부분이다.

---

92) 『韓日漁業關係』, 국사편찬위원회, 2002, 62쪽.

93) "有若條約中濱字之意 當立約之初 想因我國船隻 不能遠出外海捕魚 是以允準貴民於海濱捕足 原爲無害我民生業 又査萬國公法 內載凡往來各國 欲在外國海面捕魚 只准于沿海三里以外 卽我國十里 所謂沿海者 亦係指外海邊岸而言 與四十一款濱字之意 無異"(『韓日漁業關係』, 국사편찬위원회, 2002, 63쪽).

위에서 이용직이 "우리나라 선박은 외해(外海)로 나가 포어(捕魚)할 수 없기에"라고 한 언급은 어민들로 하여금 외양(外洋)으로 나가지 못하게 한 법 규정을 지칭하는 것이 확실하다. 따라서 이용직이 언급한 외해(外海)는 바로 외양(外洋)의 다른 표현이다. 그러므로 "외해(外海)의 변안(邊岸)"이란 "외양(外洋)의 변안(邊岸)"과 같은 의미이다.

당시 이용직이 "외해(外海)의 변안(邊岸)" 즉 "외양(外洋)의 변안(邊岸)"을 언급한 이유는 외양의 안쪽 즉 내양(內洋)은 조선의 영해임을 주장하기 위해서였다. 내양이 조선의 영해라면 부산항 안에서 일본 어민들이 어로하는 것은 불법이 확실하기 때문이었다. 따라서 이용직은 내양과 외양의 경계를 분명하게 밝힐 필요가 있었고 그 경계를 "외해(外海)의 변안(邊岸)"이라고 했으며 "외해(外海)의 변안(邊岸)"이 바로 조일통상장정에서 언급된 빈(濱)과 같다고 했던 것이다.

당시 부산어민과 일본어민 사이의 어업분쟁은 바로 조일통상장정에서 언급된 해빈(海濱)의 빈(濱)에 대한 해석을 둘러싸고 나타났다. 만약 빈(濱)을 해안선에 접한 바다 공간으로 생각한다면 일본어민들이 부산항 안에까지 들어와 어업활동을 벌이는 것이 합법이었다.

반면 빈(濱)이 이용직의 판단대로 "외해(外海)의 변안(邊岸)"이라면 우선 "외해(外海)의 변안(邊岸)"이 어디인지 확정되어야 했다. 이용직은 만국공법에서 언급한 연해 3리 즉 조선의 10리를 경계선으로 하여 그 밖에서의 어로는 합법적이라고 하였는데, 이는 해안선에서 10리까지는 내양으로, 그 밖은 외양으로 인식한 것이었다. 즉 "외해(外海)의 변안(邊岸)"은 내양의 경계선과 접하는 외양의 경계선이었다.

이 결과 이용직은 "부산항 안의 좌우 해면(海面)에는 어전(漁箭)이 빽빽이 들어차 있고, 어로요충(魚路要衝)은 오륙도의 바다길목에 해당하니 일본인의 휘라(揮羅)는 조도(朝島) 후양(後洋)으로 한계를 정할 것"94)을 요구하였다. 앞의 내용과 연결하여 판단하면 이용직이 언급한 조도(朝島) 후양(後洋)의 경계는 조도의 해안선으로부터 10리 밖의 경계를 지칭하는 것이 된다. 즉 조선후기의 내양은 육지의 해안선이 아니라 도서의 해안선으로부터 10리 밖까지 포괄하는 바다 공간이었던 것이다.

이용직이 빈(濱)을 해안선에 접한 바다 공간이 아니라 내양의 경계선과 접하는 외양의 바다 공간으로 판단한 근거는 조선후기 이래의 오랜 법치와 관습의 결과라 할 수 있다. 즉 조선후기 이래로 해안선에서 10리까지는 내양으로, 10리 이외는 외양으로 인식된 결과였다. 이를 수종과 관련해 판단하면 해안선으로부터 10리까지는 내양, 10리 밖으로부터 수종까지는 외양으로 인식되었으며, 내양은 전양(前洋)과 후양(後洋)으로 구성되었다고 하겠다. 내양을 구성하는 전양과 후양의 범위에 대하여는 1628년(인조 6)에 명나라로 파견된 동지(冬至) 서장관 신열도의 기록이 중요한 시사점을 준다.

신열도는 1628년(인조 6) 3월 15일에 서장관으로 임명되었다.95) 당시 명나라로 통하던 만주 사행로는 후금(後金) 때문에 막혀있었다. 이에 따라 명나라로 가는 사신들은 대동강에서 배를 타고 바닷길로 명나라에 들어가야 했다.96) 신열도 일행은 1628년 7월 29일에 대동강에서 4척의 배를 타고 출항하였다.97) 이후 10여일 후인 8월 12일

---

94) "港內左右海面 漁箭林立 魚路要衝 係是五六島海項 日本人揮羅 以朝島後洋定限"(『韓日漁業關系』, 국사편찬위원회, 2002, 63쪽).

95) "宋克訒爲冬至使 申悅道爲書狀官"(『인조실록』권18, 6년(1628) 3월 15일(병자)).

96) "冬至使宋克訒啓日 臣伏聞 自今赴京使臣 當於大同江乘船 永爲恒式云 陸路自平壤至石多山 則不過一日程 水路由大同江回轉于海口 則甚險且遠 今番登極使 登船於大同江十餘日後 始過鐵山云 臣行如或遲了數旬 則風高節晩 勢難發船 請依前例 乘船於石多山 不許"(『인조실록』권18, 6년(1628) 6월 22일(신해)).

97) "臣等乘船于浿江 查點一行員役及梢工水手 分屬各船 船凡四隻"(『懶齋先生文集』권3, 朝天時聞見事件啓, 崇禎 元年(1628) 7월 29일).

자와 13일자 기록에 다음과 같은 내용이 있다.

> "12일 경자. 맑음. 여명에 순풍을 타고 돛을 올리고 출발했다.
> 운종도(雲從島)를 지나 저녁에 피도(皮島)에 도착했다. 이날 400
> 리를 갔다. 도독진(都督鎭)으로부터 **5리쯤 못 미쳐 후양(後洋)**에
> 정박했다. 배에서 잤다. 13일 신축. 흐림. 모(毛) 도독의 진(鎭)
> **전양(前洋) 항구**로 옮겨 정박했다."98)

위에 의하면 신열도는 피도(皮島)의 모(毛) 도독진(都督鎭)으로부터
5리쯤 떨어진 바다 공간을 후양(後洋)이라고 표현하였고 이곳에서
모(毛) 도독진(都督鎭)에 더 가까운 바다 공간을 전양(前洋)이라고 표
현하였다. 이를 해안선과 관련하여 생각해보면 해안선으로부터 5리
까지는 전양(前洋), 5리 이후는 후양(後洋)으로 표현된 것이라 할 수
있다.

신열도가 표현한 전양 또는 후양 역시 이용직이 표현한 외해(外海)
와 마찬가지로 조선후기 이래의 오랜 법치와 관습의 결과라 할 수
있다. 그러므로 신열도와 이용직의 언급을 종합한다면 해안선에서 5
리까지는 전양, 5리에서 10리까지는 후양이었고 이 바다공간이 내
양으로 인식되었다고 할 수 있다. 또한 10리부터 수종(水宗)까지 즉
수평선까지는 외양으로 인식되었다고 할 수 있다. 이를 해안선 및
수평선과 관련하여 정리하면 다음과 같다.

---

98) "十二日庚子晴 黎明乘順風 掛席而行 過雲從島夕抵皮島 是日行四百里 未及都督鎭五里許 止泊于後洋
宿舟中 十三日辛丑陰 移泊于毛鎭前洋港口"(『懶齋先生文集』권3, 朝天時聞見事件啓, 崇禎 元年(1628)
8월 12일;13일).

<도 6> 내왕과 외양의 경계와 범위

위의 내양과 외양의 경계와 범위는 부산 어민 즉 일반 어민들의 수종(水宗) 인식을 기초로 한 것이다. 그런데 앞에서 언급하였듯이 조선후기에는 봉수군들이 인식하는 수종이 또 있었다. 수종의 거리에 따라 당연히 외양의 범위도 달라진다. 따라서 조선후기 내양과 외양의 경계와 범위를 보다 깊이 이해하기 위해서는 봉수군들이 인식하는 수종을 검토할 필요가 있다.

라) 외양(外洋)의 범위와 경계

고려 말 왜구가 바다의 제해권을 장악했을 때는 봉수가 유명무실했다. 하지만 조선건국을 전후하여 조선수군이 제해권을 장악하면서 봉수제도가 다시 기능을 발휘하기 시작했다. 이에 따라 조선건국 이후 봉수는 급격히 증가하였다. 조선이 건국된 1392년으로부터 62년이 지난 『세종실록』지리지(1454년) 단계에서 569개소였던 봉수의 숫자는 76년 후인『신증동국여지승람』(1530년) 단계가 되면 742개소로 격증하였다.[99] 조선시대의 봉수는 경(京) 봉수, 내지(內地) 봉수 그리고 연변(沿邊) 봉수로 대별되었는데[100] 대다수는 연변 봉수였다. 예컨대 개항 전의 봉수대 750개 중에서 절반이 넘는 410개가 연

---

99) 김주홍, 이수창, 김성준(2002) 「경상지역의 봉수 2」,『실학사상연구』23, p.39.
100) 김주홍(2004) 「한국 연변봉수의 형식분류고 1」,『역사실학연구』27, p.101.

변 봉수였다.[101] 해안가를 따라 거의 15리마다 하나씩 배치된 연변 봉수에는 24시간 봉수군이 배치되었다. 연변 봉수군의 주요 임무는 바로 바다의 수종(水宗)을 넘어 내양으로 들어오는 외적들을 감시하거나 또는 내양을 넘어 외양으로 나가는 어선이나 상선, 병선 등을 감시하는 일이었다.

조선후기 해안가의 요충지에는 거의 모두 해방(海防) 시설과 연변 봉수대가 있었다. 예컨대 경상도의 경우, 낙동강을 경계로 하여 왼쪽에는 경상좌도수군절도사 휘하의 수군진보(水軍鎭堡)가 설치되었고, 오른쪽에는 경상우도수군절도사 휘하의 수군진보가 설치되었다. 경상좌도수군절도사에게는 다대포를 위시하여 서평포, 두모포, 부산포, 개운포, 포이포 등의 포구에 수군이 배치되었다. 반면 경상우도수군절도사에게는 가덕도를 위시하여 안골포, 제포, 옥포, 조라포, 지세포, 율포, 가배량 등의 포구에 수군이 배치되었다.[102] 수군이 배치된 포구 주변의 산에는 연변 봉수대가 함께 설치되었는데, 봉수대의 높이는 산의 어디에 설치되는가에 따라 달라졌다.

수군진보 주변의 산들은 비록 일정한 높이는 아니지만 대체로 100m-500m 사이가 대다수였다. 예컨대 경상도 부산 지역의 경우 다대포 응봉 봉수대의 응봉은 234m였고, 동래 황령산 봉수의 황령산은 427m였으며, 해운대 간비오 봉수대의 간비오는 147m, 기장 남산봉수대의 남산은 228m였다. 연변봉수는 산의 정상 부분에 설치되기도 했지만 정상 아랫부분 또는 중간쯤에 설치되기도 하였다. 참고로 조선시대 부산지역에 소재했던 연변 봉수의 실제 높이를 정리하면 다음과 같았다.

---

101) 김용욱(2003) 「조선조 후기의 봉수제도」, 『법학연구』52, 부산대학교, p.19.

102) 『大典會通』兵典, 外官職, 慶尙道.

연번	봉수명칭	높이(m)	소재지
1	석성(石城) 봉수	322.3	사하구 감천동 경계 감마산
2	응봉(鷹峰) 봉수	178.5	사하구 두송산 정상
3	구봉(龜峰) 봉수	408	동구 초량동
4	오해야항(吾海也項) 봉수	미상	미상
5	황령산(荒嶺山) 봉수	310	부산진구 황령산
6	간비오(干飛烏) 봉수	147.9	해운대구 간비오산
7	남산(南山) 봉수	225	기장군 죽성리
8	임을랑포(林乙郞浦) 봉수	53.5	기장군 문동리
9	아이(阿爾) 봉수	120	기장군 효암리
10	계명산(鷄鳴山) 봉수	580	금정구 계명봉 중턱
11	연대산(煙臺山) 봉수	459	강서구 연대봉
12	성화예산(省火禮山) 봉수	277.8	강서구 생곡동

봉수대가 설치된 산의 높이를 알면, 봉수군과 수종 사이의 거리는 직각삼각형의 높이 구하기 공식에 의하여 구할 수 있다. 봉수군의 시야에 들어오는 수종과 지구반지름은 직각으로 만나고, 또한 지구는 둥글기에 지구반지름은 어디서나 같다. 이를 직각삼각형의 높이 구하기 공식인 밑변의 제곱(a^2) 더하기 높이의 제곱(b^2)은 빗변의 제곱(c^2)과 같다는 공식($a^2+b^2=c^2$)에 대입하면 봉수군과 수종 사이의 거리는 지구반지름 더하기 산의 높이의 제곱에서 지구반지름의 제곱을 뺀 값의 제곱이 된다. 이를 수식으로 나타나면 다음과 같다.

---

103) <표 3>은 김주홍 이수창 김성준(2002) 「경상지역의 봉수 2」, 『실학사상연구』23, 2002, p.51의 <표 2> 부산지역의 봉수현황 일람표를 전재한 것이다.

$$d^2=(r+h)^2-r^2$$

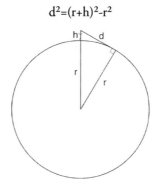

<도 7> 봉수군과 수종 사이의 거리 (d는 봉수군과 수종 사이의 거리,
r은 지구반지름, h는 산의 높이 // 지구반지름은 6,370km로 계산)

이 같은 수식으로 계산할 경우, 봉수대의 높이가 100m일 경우 봉
수대에서 수종까지는 대략 35km, 200m일 경우는 대략 50km, 300m
일 경우는 대략 61km, 400m일 경우 대략 71km정도가 된다. 각각의
높이에 따른 보다 정확한 거리를 표로 나타내 보면 다음과 같다.

<표 4> 봉수대 높이에 따른 수종까지의 거리

봉수대 높이(m)	수종까지의 거리(m)
2m	5,048m (약 5km)
10m	11,287m (약 11km)
100m	35,693m (약 35km)
200m	50,478m (약 50km)
300m	61,823m (약 61km)
400m	71,387m (약 71km)

하지만 이것은 어디까지나 수학적인 계산일뿐이고 실제로는 봉수
군의 시력, 날씨상태, 바람, 햇빛의 강도 등등 수많은 변수가 있다.
온갖 변수를 고려한다면 실제 봉수군과 수종과의 거리는 계산보다

는 줄어들 것이라 생각되지만 그렇다고 하더라도 역사자료를 통해 볼 때 그 차이는 그리 크지 않다고 생각된다.

예컨대 영조 33년 10월 11일 묘시(오전 5-7시)에 기장의 남산 봉수군이 관측한 수종(水宗) 외양(外洋)의 배 두 척 사례를 살펴보면 다음과 같았다. 기장의 남산봉수대는 228m 높이의 정상에서 약간 아랫부분인 224m 높이에 설치된 봉수대이다. 따라서 이곳의 봉수군과 수종 사이의 거리는 대략 50여 km로 계산된다. 이 거리는 당시의 사람들이 관측한 거리와 아주 유사하다.

당시 수종 외양에 맴돌던 정체불명의 배 두 척을 조사하기 위해 별차(別差)가 무지포에 파견되었는데, 별차는 그 두 척의 배가 무지포구로부터 100여리 쯤 되는 곳에 떠있다고 보고하였다.[104] 100여리 쯤 되는 거리는 대략 40-50km 정도라고 판단할 수 있다. 224m 높이의 남산 봉수대에서 관측한 수종과의 거리가 대략 50여 km 정도라면, 그 아래인 무지포에서 수종까지의 실제 거리는 50여 km 보다 짧아야 하는데, 별차는 그 거리를 거의 정확하게 계산해서 보고했던 것이다.

그 당시 별차는 무지포구로부터 수종 외양에 떠있는 배까지 거리를 실측해서 보고한 것이 아니었다. 단지 수종 외양에 떠있다는 사실 하나만 가지고 그 거리가 100여리 쯤 된다고 보고했다. 이는 그 당시 봉수대가 설치된 지역에서는 해안선으로부터 수종까지의 거리가 얼마쯤 된다는 사실을 당시 사람들이 경험적으로 알고 있었기에 가능했다고 생각된다.

조선후기 해안선에서 수종까지의 거리는 엄밀하게 말하면 해안가

---

104) "別差手本內 今日申時 馳到機張武知浦 則未辨船二隻 浮留於浦口百餘里許"(『典客司日記』英祖 33년(1757) 11월 5일).

의 봉수대가 설치된 높이에 따라 달라졌지만, 그 높이가 대체로 200m 내외라고 생각한다면 해안선에서 수종까지의 거리는 대략 50km 쯤 즉 100여리 쯤 되었을 것으로 판단된다.

앞에서 고찰한 대로 조선후기에 영해로 간주된 내양은 해안선에서 10리까지의 바다 공간이었다. 그 밖으로부터 수종에까지 이르는 바다 공간은 외양이었다. 이를 봉수군과 관련해 판단하면 내양 밖 즉 10리 밖에서부터 100여리에 이르는 바다 공간은 외양이었다. 이 토록 넓은 외양을 감시하기 위하여 조선시대에 수많은 봉수대를 설치하였던 것이다. 그 이유는 가능한 먼 거리의 외양에서 외국의 선박을 관측하여 그 선박이 내양으로 들어오지 못하게 대비하기 위해서였다. 이와 관련하여 1757년(영조 33)의 다음 사례는 수종과 관련된 봉수군의 역할 및 수군의 역할을 잘 보여준다.

1757년(영조 33) 10월 11일 묘시(오전 5-7시)에 정체불명의 배 두 척이 수종(水宗) 외양(外洋)에서 맴돌고 있는 것을 기장의 남산봉수군이 발견하여 기장현에 보고하였다. 이에 기장현에서는 주사대장(舟師代將) 오수(吳璲)로 하여금 여러 척의 소선(小船)을 이끌고 가서 정체불명의 배 두 척을 조사하게 하였다. 이에 따라 주사대장 오수가 정체불명의 배 두 척을 조사한 후, 예인하여 무지포 전양(前洋)에 정박시켰는데, 그때 시간은 신시(오후 3-5시)였다.[105] 남산봉수군이 발견한 시점으로부터 대략 10시간쯤 지난 후였다.

조선후기의 법 규정으로 볼 때, 기장의 주사대장 오수는 수종 외양에서 맴도는 정체불명의 배를 조사, 예인하기 위해 내양과 외양이

---

105) "機張縣三公兄文狀內 昨日未辨船二隻 今日卯時 自水宗外洋 眼力纔及處 逗留是如 烽軍進告據 使舟師代將吳璲 多定小船曳入之意 申飭爲有於 (중략) 十一日申時 本縣舟師代將及哨探將領曳 縣境武知浦前洋止泊乙仍于"(『典客司日記』英祖 33년(1757) 11월 5일).

접하는 경계선까지 즉 해안선으로부터 10리까지 출동했다고 보아야 한다. 만약 정체불명의 배가 불온한 목적으로 왔다면 내양으로 들어오지 못하게 해야 하기 때문이었다.

이것이 가능하려면 기장의 주사대장 오수가 해안선의 포구에 배치된 수군을 거느리고 10리까지 가는 시간이 수종 외양에 있던 정체불명의 배가 10리 이내로 들어오는 시간보다 짧아야 했다. 결국 그것은 기장의 봉수군이 가능한 먼 거리의 외양에서 정체불명의 배를 관측할수록 보다 수월한 일이었다. 따라서 조선시대에 봉수군이 관측한 100여리의 수종은 내양을 방어하기 위한 조선수군의 출동에 필요한 최소한의 시간을 확보하기 위한 거리였다고 할 수 있다.

마) 맺음말

내양과 외양에 관련된 조선후기의 법 규정 중에서 최초의 사례는 1698년(숙종 24)에 편찬된 『수교집록(受敎輯錄)』에 수록된 규정이었다. 그것은 "전선(戰船)과 병선(兵船)을 외양(外洋)으로 출송하는 경우 처벌할 수 있는 해당 형률이 없으니, 군인을 100리 밖으로 보내 군역(軍役)을 빠지게 한 지휘관은 곤장 100대를 때리고 충군(充軍)한다는 형률에 의거하여 정배(定配)한다."는 숙종의 수교(受敎)였다. 이 수교에 의하여 조선 수군의 활동영역은 내양에 한정되었다. 이 수교는 1677년(숙종 3)에 승전(承傳)하였는데, 당시에 숙종이 이런 수교를 명령한 직접적인 배경에는 청나라의 봉금(封禁) 정책이 있었다. 조선 사람들이 만주의 봉금 지역으로 넘어가는 통로에는 압록강 또는 두만강 같은 강뿐만 아니라 황해의 바다 길도 포함되었기 때문이었다.

1677년(숙종 3)의 수교 이후 전선과 병선을 외양으로 출송하는 것에 대한 처벌규정이 강화되는 것에 반비례하여 청나라의 어선 또는 선박이 내양으로 들어오는 것에 대한 방어규정 역시 강화되어 갔다. 이런 추세는 1680년을 전후로 청나라의 해금(海禁) 정책이 이완되면서 청나라의 어선이 대거 조선의 내양으로 들어옴에 따라 더욱 격화되었다. 전선과 병선을 외양으로 출송하지 못하게 하는 수교가 1677년(숙종 3)에 공포된 이후, 전선과 병선은 물론 어선과 상선 등도 외양으로 나가지 못했다.

이 같은 법 규제가 집행되려면 외양과 내양의 경계선이 객관적으로 분명해야 가능하다. 하지만 외양과 내양의 경계에 대하여는 법규정에 명시되지 않았다. 이는 외양과 내양의 경계가 비록 법에 규정되지 않아도 수군, 어민, 상인 등에게 관습적으로 자명하였기 때문에 가능한 일이었다. 조선후기의 관습으로는 해안선에서 5리까지는 전양, 5리에서 10리까지는 후양이었고 이 바다공간이 내양으로 인식되었으며 동시에 해양 영토로 인식되었다. 반면 내양 바깥인 10리부터 수종(水宗) 즉 수평선까지는 외양으로 인식되었다. 특히 조선후기의 내양은 육지의 해안선이 아니라 도서의 해안선으로부터 10리 밖까지 포괄하는 바다 공간이었다.

한편 대체로 200m 내외인 봉수대에서 수종까지의 거리는 대략 50km 쯤 즉 100여리 쯤 되었다. 이토록 넓은 외양을 감시하기 위하여 조선시대에 수많은 봉수대를 설치하였다. 그 이유는 가능한 먼 거리의 외양에서 외국의 선박을 관측하여 그 선박이 내양으로 들어오지 못하게 대비하기 위해서였다. 즉 조선시대에 봉수군이 관측한 100여리의 수종은 내양을 방어하기 위한 조선수군의 출동에 필요한 최소한의 시간을 확보하기 위한 거리였던 것이다.

제 2 장

조선시대 해양정책

1) 조선 초기 해도정책

가) 머리말

현재 고려 말, 조선 초 중앙정부의 해도정책을 소개하는 대부분의 논문이나 개설서에서는 공도정책(空島政策)이라는 용어가 통설처럼 쓰이고 있다. 공도정책이란 '섬을 비워버리는 정책'이란 뜻이다. 공도정책을 시행한 이유는 고려 말과 조선 초의 왜구 그리고 섬으로 도망간 유랑민들의 반란을 우려했기 때문이라고 한다. 그래서 삼국시대와 고려시대에 여러 섬에 설치되었던 읍치가 고려 말과 조선 초에 대거 폐지되었으며 주민들은 내륙으로 소개되었고 더 이상의 거주는 금지되었다고 한다. 그렇지만 과중한 부역과 세금을 피하려는 백성들은 도서지역으로 몰래 들어가 거주하고 국가에서는 이들을 쇄환하는 악순환이 조선전기 내내 반복되었다고 한다.

실제로 고려 말과 조선시대에 몇몇 섬들을 대상으로 '공도'가 시행된 적이 있었다. 그러나 당시의 공도는 거의가 왜구 때문이었다.

공도는 왜구의 노략질로부터 도서 주민들의 재산과 생명을 보호하기 위한 비상조치였던 것이다. 그런데도 '공도'에 '정책'을 붙여 '공도정책'이라고 하게 되면, 왜구의 침략성이나 약탈성 보다는 도서와 해양을 포기하고 내륙으로 후퇴한 중앙정부의 무책임이나 비겁함, 또는 안목 없음 등이 부각될 수밖에 없다.

과거 왜구를 연구하던 일본인학자들의 태도는 가능한 왜구의 침략성이나 약탈성을 축소 또는 희석시키려는 것이었다.[106] 공도정책이라는 용어도 고려 말, 조선 초 왜구의 침략성이나 약탈성을 축소 내지 희석시킨다는 면에서 일본인 학자들의 태도와 일맥상통한다. 그런데도 '공도정책'이라는 용어가 엄밀한 연구사적 검토나 비판도 없이 통설처럼 사용되는 것은 심각한 문제가 아닐 수 없다. 더더욱 문제가 되는 것은 '공도정책'이라는 용어가 계속해서 확대, 재생산된다는 사실이다. 예컨대 현재 한국의 도서 및 해양에 관해 가장 심도 있고 폭넓은 연구를 해온 곳이 목포대학교의 도서문화연구원인데, 이 연구원에서 발간되는 『도서문화』에 게재된 관련 논문들은 대체로 조선시대의 공도정책을 당연한 사실로 받아들이고 있다.[107] 전문 연구원에서 이런 실정이므로 그 외 대중서나 관련서적들이 조선시대의 공도정책을 당연한 사실로 답습하고 있는 것은 의아할 것도 없다고 하겠다.

다행스러운 것은 이제 조선시대사 연구자들도 도서, 해양에 대하여 큰 관심을 갖기 시작하였으며, 공도정책에 대하여도 비판적인 시

---

106) 예컨대 왜구의 구성원 중에는 일본인뿐만 아니라 고려인 또는 중국인들도 많이 있었다거나, 왜구는 약탈보다는 해양교류 또는 해상무역을 주도했다는 식의 논리들이 그렇다.

107) 『도서문화』는 전라도의 무수한 섬들을 중심으로 한국의 도서, 해양에 관한 역사적, 문화적 연구성과를 집대성하고 있는 명실상부한 한국의 도서, 해양 문화연구의 보고이다. 비록 공도정책에 관한 인식에서 문제가 있다고 해도, 그것은 궁극적으로 일본학자들의 책임이라고 하겠다. 그런 의민에서 도서문화연구원의 그간의 노고와 업적이 평가 절하되어서는 안 될 것이다.

각을 갖기 시작했다는 사실이다. 예컨대 2005년에는, 공도정책이라는 용어를 폐기해야 한다는 의견이 논문으로 제출되기도 하였다.[108]

본 논문은 우선 그간 통설화한 '공도정책'이라는 용어가 누구에 의해 어떻게 사용되기 시작하였는지 그리고 그러한 용어의 근거가 무엇인지를 비판적으로 검토했다. 이어서 조선 건국주체세력의 실제 도서인식 또는 해양인식이 어떠했는지, 그들이 추진한 해양 정책의 실상은 어떠했는지를 검토했다. 이를 통해 공도정책이라는 용어로 말미암아 왜곡된 조선시대 해도 정책의 실상을 밝혀 보고자 했다.

나) 공도정책의 근거에 대한 검토

공도정책이라는 용어는 일본인 학자들이 사용하기 시작하였다. 그것은 곧 일본인 학자들이 고려 말, 조선초기의 해도정책을 공도정책으로 규정했다는 의미이다. 예컨대 일본의 저명한 한일관계사 연구자인 장절자(長節子)는 1979년에 발표한 논문에서 이런 언급을 하였다. 본 논문은 공도정책에 대한 일본인 학자들의 입장을 가장 잘 보여주고 있으므로 약간 길기는 하지만 관련 내용을 인용해 보면 다음과 같다.

> "(중략) 고려 말기부터 조선시대의 해도정책을 돌이켜볼 필요가 있다. 고려 말기에 왜구의 노략질을 피해, 도서 및 연해지방의 주민을 내륙부로 소개한 사실은 잘 알려져 있으므로 여기에서 상술하지는 않는다. 하지만 조선에 들어와서의 도서, 연해 대책에서도 무인화정책이 보인다. 조선정부의 도서, 연해정책은 왜구의 피해로부터 주민을 지키는 것 및 주민이 왜구에 호응하

---

108) 김호동(2005) 「조선초기 울릉도, 독도에 대한 '空島政策' 재검토」, 『민족문화논총』 32.

는 것을 방지하는 것, 또한 주민이 과역을 피하기 위해 해도로 도망하는 행위를 막는 것을 목적으로 하였다. 그것을 위해 도서, 연안지역 안 해방, 교통의 요충지에 해당하는 특정지역에는 진을 설치하여 주민의 보호감독을 하는 경우도 있었지만, 손이 미치지 않는 대부분의 지역은 입거를 금지하는 정책을 취했다.

(중략) 진도, 거제도, 남해도, 창선도 등과 같이, 섬에 잠입한 기왕의 사실을 인정하고 방위조치를 강구했던 것은 경지가 풍족했던 극히 일부의 큰 섬들에 관해서뿐이었다. 다른 일반의 섬들에 관해서는 입거를 금하는 공도정책이 처음부터 끝까지 시행되었다. 공도정책을 철저하게 하기 위한 조치는 조선 초기 이래 자주 보인다. 예컨대 성종 5년(1475)에 제멋대로 무인절도에 출입하는 어로자(漁撈者)를 관할수령이나 만호로 하여금 '출경외지율(出境外之律)'로 단속하게 한 것 등이 그 예이다. 또한 다음에 든 성종 21년(1490) 11월의 전라도관찰사 등에게 내린 교서도 그 한 예이다.

下書全羅道觀察使朴安性 兵馬節度使辛鑄 右道水軍節度使田霖 左道水軍節度使朴嚴曰 本道沿海居民 規避徭役 潛入海島 資魚鹽爲生 以船爲家 出沒海上 乘便作賊 自先王朝 悉令刷還 毋得居住 然所在守令 不之檢察 稍稍逃還 甚不可 水賊畢捕後 窮搜刷還 如有仍前冒居者 抵罪

즉 연해 거주민이 여러 섬으로 잠입하는 것은 선왕조 이래 금지되었고, 위반자는 모두 쇄환되었지만 수령이 단속을 소홀히 하였기 때문에 해도로 도환(逃還)하는 자들이 나타나고 있어서, 여기에서도 단속을 강화하라 명령하고 있다. 그러나 여기에서 주목해야 하는 것은 해도잠입자가 '어염을 자본으로 생활하고, 배를 집으로 하여 해상에 출몰해 편한 기회를 이용해 해적질을 한다.'는 언급이다. 이것은 해도잠입의 금령이 어민 그 외의 해상활동, 말하자면 비농민의 해도진출규제에 역점을 두었던 것임을 알 수 있다. 이것은 처음에는 비합법이었던 진도, 거제도, 남해도, 창선도 등에서의 농경활동이 전술한 것처럼 비교적 관용적으로 추인되었던 사정과는 대조를 이루는 것이다. 그러나 해도잠입자의 쇄출은 상당히 성가셨다. 세조 7년(1461) 8월, 전라도민으로서 해도에 도망해 들어간 자들을 쇄출할지를 두고 논의가 있었는데, 도진무 심회는 다음과 같이 논의하고 있다.

澮等啓 沿海之民 逃入諸島 或有釣魚煮鹽爲業者 或有耕稼爲生者 或有
往來興販者 聞下推刷之令 則挈家深入無人之島 稍弛則還來 或有長往不返
者 實非細故 宜速刷還 今若明明言刷還 則彼必驚惑深竄 宜出其不意搜捕

즉 그들 해도잠입자는 농사짓는 백성도 있었지만, 어업과 제
염을 하는 자, 혹은 여기저기 왕래하며 장사로 생활을 꾸려나가
던 자 등으로 대체로 정주성이 없고 단속의 소문이 있으면 집을
없애고 다시 육지로부터 멀리 떨어진 무인도로 옮겨 행방을 감
추었으며, 단속이 완화되면 또 돌아왔다고 한다. 이 기사도 역
시 조선정부가 쇄출을 서두르고 있던 해도잠입자의 생태를 잘
전하고 있고, 공도정책이 어떤 자의 단속을 대상으로 하고 있었
던가를 잘 알 수 있다. 이러한 공도정책에서 지금 한 가지 중요
한 것은 본토 해변민에 대한 대책이다. 왜구의 습격이 있을 때,
제일 먼저 피해를 입는 것은 그들이었기에 정부에서는 왜구 방
비의 일환으로 연해민의 가옥을 철거하고 해변거주를 금지하는
노력을 했다. 예를 들어 예종 원년(1469) 대마도와의 관계가 긴
장되자 왜변을 우려하여 전라도병마절도사 허종으로 하여금 관
내의 연해민을 내륙으로 옮기거나 보루를 지어 지키는 등의 조
치를 취하게 했고, 또 경상도에서는 성종 21년(1490)에 어업과
제염 등을 업으로 하는 자가 해변에 거처를 이루는 것을 금지하
는 조치를 취했지만, 어느 경우도 그다지 성공하지 않았기 때문
에 성종 24년(1493)에는 연해 5리의 범위를 제한해 그 가운데
사람의 거주를 허가하지 않도록 하는 것이 의논되었다. 이런 조
치는 왜구의 피해에서 변방민을 지키는 것이 제1의 목적이었지
만, 조금 더 변민의 해도잠입을 사전에 막고 동시에 해도잠입자
의 육지로의 발이 닿는 것을 끊어 공도정책의 유지를 용이하게
하려는 것도 큰 목적이었다. 이렇게 보면 공도정책은 해상활동
자에 대한 조선정부의 기본적인 자세를 보여주는 것으로서 해
양정책 및 변경정책의 기본이었던 것이 분명히 이해된다. 이것
으로써 조선정권의 기본적 성격의 하나를 읽는 것도 불가능하
지 않을 것이다. 이상의 내용들을 염두에 둔다면, 조선 남부의
다도해에서는, 예전부터 고려시대까지 사람들이 거주하고 있던
섬들이 조선정부의 공도정책에 의해서 무인도가 된 것은 지극
히 당연한 것이었다."[109]

1979년에 발표된 장절자의 이 논문은 조선 세종 대에 대마도의 요청으로 일본에 개방했다는 이른바 고초도(孤草島)를 연구한 것이었다. 장절자는 고초도를 거문도로 비정하면서, 이전에는 유인도였던 고초도가 세종 당시 무인도가 된 이유를 조선초기의 공도정책에서 찾았던 것이다. 조선초기의 해도정책을 공도정책으로 인식하는 것은 장절자만이 아니라 일본인 학자들 사이에 널리 퍼졌으며 그 인식이 많은 한국인 학자들에게도 공유되고 있는 실정이다.

장절자가 조선초기의 해도정책을 공도정책으로 규정하면서서 제시한 근거는 크게 두 가지였다. 하나는 '고려 말기에 왜구의 노략질을 피해, 도서 및 연해지방의 주민을 내륙부로 소개한 사실은 잘 알려져 있으므로 여기에서 상술하지는 않는다.'고 한 언급인데, 여기에 대하여 장절자는 1913년에 발표된 진전좌우길(津田左右吉)의 「왜구지도(倭寇地圖)에 대하여」라는 논문을 근거로 제시했다.

진전좌우길의 이 논문은 왜구에게 약탈당한 고려 말, 조선 초의 지명을 조사 정리한 것이었다.[110] 진전좌우길은 고려 말, 조선 초에 왜구에게 약탈당한 지역들을 종합 정리하는 정도에서 그치고 그 지역들이 약탈당한 이유를 중앙정부의 공도정책 때문이라고까지 언명하지는 않았는데, 정작 장절자는 도서 및 연해지방의 주민을 내륙부로 소개한 결과 그 지역들이 약탈당했다는 식으로 해석한 것이었다. 이것은 장절자가 진전좌우길의 논문을 왜곡했다기 보다는 진전좌우길의 논문에 그렇게 해석될 여지가 있었기에 가능했다고 생각된다.

진전좌우길의 논문에서 그렇게 해석될 여지는 고려정부가 비록

---

109) 長節子(1979)「孤草島釣魚硏究-孤草島の位置を中心として」, 朝鮮學報91. 이 논문은 2002년에 간행된 『中世國境海域の倭と朝鮮』(吉川弘文館)에도 그대로 전재되어 있다.

110) 津田左右吉(1913)(倭寇地圖に就いて」, 『朝鮮歷史地理』2, 南滿洲鐵道株式會社.

왜구 때문이기는 하지만 어쨌든 도서지역에 설치되었던 읍치를 자발적으로 내륙으로 이동한 사례들뿐이다. 진전좌우길은 그런 사례로서 남해현, 거제현을 들었다. 따라서 장절자는 고려 말에 중앙정부에서 도서지역에 설치되었던 읍치를 내륙으로 옮긴 것을 공도정책의 중요한 근거로 생각한 것이라 하겠다.

읍치 이동 이외에 장절자가 조선 초기 공도정책의 근거로 제시한 것은 '공도정책을 철저하게 하기 위한 조치는 조선 초기 이래 자주 보인다.'고 언급한 후 그 사례로 든 몇 차례의 쇄출이다. 요컨대 장절자가 조선초기의 해도정책을 공도정책이라 부른 근거는 도서지역에 설치되었던 읍치의 변동과 도서주민의 쇄출 이 두 가지에 있었던 것이다. 조선초기의 해도정책을 공도정책으로 인식하는 사람들의 근거도 이 두 가지에서 벗어나지 않는다.

따라서 조선초기의 해도정책이 명실상부한 공도정책인지를 검증하려면 이 두 가지의 근거를 재검토할 필요가 있다. 만약 조선초기의 중앙정부에서 이 두 가지를 공식적인 국가정책으로 입안하고 시행하였다면 당시의 해도정책을 공도정책이라 인정할 수 있다. 하지만 그렇지 않다면 공도정책이라는 용어는 다시 생각되어야 한다.

고려 말에는 왜구의 침략으로 말미암아 도서지역뿐만 아니라 연근해 지역에서도 읍치변동이 많았다.[111] 따라서 모든 읍치변동을 검토하기보다는 경상도 지역의 도서에 설치되었던 읍치의 변동을 사례로 살펴보고자 한다.

고려 시대 경상도의 도서지역에 설치되었던 군현으로는 거제도의 거제현, 남해도의 남해현, 그리고 창선도의 창선현 이렇게 3개가 있

---

111) 이존희(1992) 『조선시대 지방행정제도연구』, 일지사.

었다. 이 3개의 현은 고려 말에 모두 육지로 옮겨가거나 폐지되었다. 관련 기록을 살펴보면 다음과 같다.

가 : 거제도의 읍치이동에 관한 기록

가-1 : (중략) 고려 원종 12년(1271)에 왜구로 말미암아 토지를 잃고 거창의 가조현에 옮겨 살았다. 충렬왕 때 관성에 합쳤다가 곧 복구하였다.[112)

가-2 : (중략) 고려 원종 12년(1271) 신미<원나라 至元 8년> 왜구로 말미암아 토지를 잃고 거창의 가조현에 옮겨 살았다. 조선 태종 갑오(1414, 태종 14) 거창에 합하여 제창현(濟昌縣)이라 하였다. 을미(1415, 태종 15) 다시 나누어 거창현으로 했다가 세종 4년(1422) 임인에 다시 옛 거제도로 돌아가게 하고 4품 이상으로 지현사에 충당했다.[113)

가-3 : (중략) 고려 원종 12년(1271)에 왜구로 말미암아 토지를 잃고 거창의 가조현에 옮겨 살았다. 충렬왕 때 관성에 합쳤다가 곧 혁파하였다. 조선 태종 14년(1414) 거창에 합하여 제창현이라 하였다가 곧 혁파하였다. 세종 14년(1432)에[114) 다시 옛 거제도로 돌아가게 하고 지현사로 삼았다고 다시 현으로 고쳤다.[115)

---

112) 『고려사』 지리지, 경상도, 거제현조
"巨濟縣(중략) 元宗十二年 因倭失土 僑寓居昌縣之加祚縣 忠烈王時 倂于管城 尋復舊"

113) 『세종실록』 지리지, 경상도 거제현조
"巨濟縣(중략) 元宗十二年辛未<元 至元八年> 因倭失土 僑寓居昌之加祚縣 本朝太宗甲子 合于居昌 號濟昌縣 乙未 復析爲居昌縣 今上四年壬寅 復還舊島 以四品以上 充知縣事"

114) 『세종실록』 지리지에서는 세종 4년이라고 하였는데, 이곳에서는 세종 14년이라고 하였다. 『세종실록』을 통해 확인하면 세종 4년이 맞으므로 『동국여지승람』의 기록은 오류라고 하겠다.

115) 『동국여지승람』 경상도, 거제현, 건치연혁조
"建置沿革(중략) 元宗十二年 因倭失土 僑寓居昌縣之加祚縣 忠烈王時 倂于管城尋罷 本朝太宗十四年 倂于居昌 號濟昌縣 又尋罷 世宗十四年 復還舊島 爲知縣事 後改縣令"

나 : 남해도의 읍치이동에 관한 기록

나-1 : (중략) 고려 공민왕 7년(1358)에 왜구로 말미암아 토지를 잃고 진주의 임내 대야천부곡(大也川部曲)에 옮겨 살았다.[116]

나-2 : (중략) 남해현은 본래 바다 가운데의 섬으로 신라 신문왕이 처음으로 전야산군(轉也山郡)을 두었다가 경덕왕이 남해군으로 고쳤고 고려 현종 무오년에 현령을 두었다. 공민왕 무술(공민왕 7년, 1358)에 왜구로 말미암아 토지를 잃고 진지의 임내 대야천부곡에 옮겨 살았다. 조선 태종 갑오(태종 14년, 1414)에 하동에 합하여 하남현으로 일컫다가, 을미(태종 15년, 1415)에 다시 하동현을 설치하고 진주 임내인 금양부곡(金陽部曲)을 남해에 붙여서 해양현(海陽縣)으로 일컬었으며, 정유년(태종 17, 1417에) 금양을 도로 진주로 붙이고 다시 남해현으로 삼았다가, 기해년(세종 1년, 1419)에 곤명현에 합하였다.[117]

나-3 : 정이오의 기문에, "남해현은 바다 중에 있는 섬으로서 진도 거제와 함께 솥발처럼 우뚝하다. 토지는 비옥하고 물산이 풍부하여 국가에 도움 되는 것이 적지 않았다. 하지만 그곳이 왜국과 가까워 경인년(충정왕 2년, 1350)부터 왜구의 침략을 입기 시작하여 혹 잡혀가기도 하고 혹 이사하기도 하여 속현인 평산과 난포가 쓸쓸히 사람이 없었다. 8년이 지난 정유년(공민왕 6년, 1357) 바다에서 육지로 나와 진양의 선천에 야처하였다. 토지도 지키지 못하고 공물과 세금도 바치지 못하니 판도에 기재된 재물과 세금이 나오는 곳이 모두 초

---

116) 『고려사』 지리지, 경상도, 남해현조
　　"南海縣(중략) 恭愍王七年 因倭失土 僑寓晉州任內大也川部曲"

117) 『세종실록』 지리지, 경상도, 곤명군조
　　"南海縣 本海中島 新羅神文王初 置轉也山郡 景德王改爲南海郡 縣宗戊午 置縣令官 恭愍王戊戌 因倭寇失土 僑寓于晉州任內大也川部曲 本朝太宗甲午 合于河東 稱河南縣 乙未 復置河東 以晉州任內金陽部曲 屬于南海 丁酉 以金陽還屬晉州 復爲南海縣 己亥 合于昆明"

야의 사슴 놀이터가 되고 왜구의 소굴이 된지 46년이나 되었다.(중
략) 주상(태조 이성계)이 즉위한 4년(태조 4년, 1395)에 우수(雨岫)
임덕수(任德秀)를 구라량 만호로 삼고 아울러 현령을 겸하게 하였다.
임덕수는 부임하여 계획을 베풀고 은혜를 베풀어 이로운 사업을 일
으키고 민폐를 없앴다. 이에 군무가 정비되니 또한 민사도 발전했다.
그러나 지역이 좁고 험하니 사람들은 옛날 살던 곳을 생각하였다.
임덕수는 그 말을 듣고 여러 사람들과 협의한 다음 도관찰출척사 최
유경에게 사유를 갖추어 조정에 알리기를 요청하였다. 이웃 고을 하
동, 사천, 명주, 고성, 진해 등 다섯 고을 사람들을 사역하여 옛 현의
외딴 섬 중에 성을 쌓았다. 돌을 포개어 견고하게 하고 해자를 파서
못을 만들었다. 2월에 일을 시작해서 3월에 준공하니 남해현의 백성
들이 모두 돌아와서 그 밭을 갈고 그 집을 꾸미면서 낮에는 일하고 밤
에는 쉬며 즐기고 화락하였다. 물고기, 소금, 벼 등의 이익이 장차
지난날의 부유함을 회복하였다."[118]

다 : 창선도의 읍치이동에 관한 기록

다-1 : (중략) 본래 신라 유질부곡(有疾部曲)이었다. 고려 때에 지금
의 이름으로 고쳤으며 올려서 현으로 하고 진주에 소속시켰다. 충선
왕이 즉위한 후 왕의 이름을 휘하여 흥선(興善)으로 고쳤다. 후에 왜
구로 말미암아 인물이 모두 없어져 직촌이 되었다.[119]

---

118) 『동국여지승람』 경상도, 남해현, 성곽조
  "鄭以吾記 南海爲縣 在海島之中 與所謂珍島巨濟羅岫 其地沃以膏 其生物碩且蕃 國家之資馬者 不貲
  矣 然其境襄 與倭島密邇 自庚寅之歲 始被倭寇 或廃或徙 縣之屬縣平山蘭浦 蕭然無人 越八年丁酉
  出海而陸就晉陽之鎭川面野處 不能守土地修貢賦 版籍所載 財賦所出 皆棄於草野麇場鞠爲倭寇之淵
  藪者 垂四十有六(중략) 上卽位之四年 擧雨岫任侯德秀 爲仇羅梁萬戸兼令是縣 侯旣至 設計推思 興
  利除弊 戎務旣修 民事亦擧 然地狹而險 人思舊土 侯乃聞之 與衆協某 請於都觀察黜步士崔公有慶 具
  事聞于朝 以隣境河泗冥固鎭五郡之人 城諸古縣絶島之中 累石爲固 因塹爲池 始事於二月 而告畢三月
  之吉 南民悉還 田其田 廬其廬 晝作夜息 怡怡熙熙 魚鹽禾稻之利 將以復前日之富"

다-2 : (중략) 흥선도는 본래 고려의 유질부곡(有疾部曲)이었는데 뒤에 창선현으로 고쳐 진주 임내에 붙였다가 충선왕 초에 왕의 이름을 휘하여 흥선으로 고쳤다. 왜적으로 말미암아 인물이 모두 없어져 지금은 직촌이 되었다. 수로로 10리 이다.<백성들이 왕래하면서 농사를 짓는다.>[120]

다-3 : (중략) 흥선도는 진주 남쪽 바다 가운데에 있으며 목장이 있다.[121]

위의 기록으로 본다면 거제현은 원종 12년(1271), 남해현은 공민왕 7년(1358)에 읍치가 출륙되었고 창선현은 고려 말에 폐현되어 아예 진주의 직촌이 되었다. 거제현이 출륙한 이유는 왜구보다는 삼별초 항쟁 때문이었다.[122] 이에 비해 남해현이 출륙한 것이나 창선현이 폐현된 것은 분명 왜구 때문이었다.

그런데 이런 사실에서 확인할 수 있는 것은 도서지역의 읍치가 출륙된 이유가 꼭 왜구 때문만은 아니라는 점, 그리고 출륙이 특정한 시점에서 모든 섬을 대상으로 공포된 정부정책이라기 보다는 왜구를 피하기 위한 긴급조치로서 특정한 섬을 대상으로 하는 개별적 성격이 강했다는 점이다. 즉 도서지역의 읍치가 출륙되었다는 사실이 바로 모든 섬의 거주민을 소개시키는 공도정책이었다고 하기는 어렵다.

---

119) 『고려사』 지리지, 진주목조
　　"彰善島<本新羅有疾部曲 高麗更今名 陞爲縣 屬于州 忠宣王卽位 避王嫌名 改爲興善 後因倭寇 人物俱亡 爲直村"

120) 『세종실록』 지리지, 경상도, 진주목조
　　"興善島 本高麗有疾部曲 後改爲彰善縣 屬晉州任內 忠宣王初 避王嫌名 改爲興善 因倭人物全亡 今爲直村 水路十里<人民來往農作>"

121) 『동국여지승람』 경상도, 진주목, 산천조
　　"興善島<在州南海中 有牧場>"

122) 최영호(2002) 「13세기 말 거제현의 出陸 배경에 대한 검토」, 『석당논총』 31.

고려 말의 공도정책이 조선시대에도 계승되었다면 출륙한 읍치는 다시 되돌아가지 말아야 하고 섬에서의 거주도 금지되어야 한다. 그런데 위의 기록에서 확인할 수 있는 사실은 남해현의 읍치는 태조 4년(1396)에, 거제도의 읍치는 세종 4년(1422)에 복구되었고 창선현은 비록 폐현되었지만 진주의 직촌이 되었다는 사실이다. 이런 점에서 거제도, 남해도, 창선도는 물론 진도의 읍치변동은 조선 초기 공도정책의 근거가 아니라 오히려 해도개척정책의 근거가 될 수 있다.[123]

이런 난점 때문인지 장절자는 '진도, 거제도, 남해도, 창선도 등과 같이 섬에 잠입한 기왕의 사실을 인정하고 방위조치를 강구했던 것은 경지가 풍족했던 극히 일부의 큰 섬들에 관해서 뿐'이라고 하였다. 요컨대 이들 섬에 들어간 주민들은 국가의 공도정책을 어기고 잠입했으며 국가에서는 어쩔 수 없이 예외적으로 추인해주었다는 것이다. 이것은 절대 역사적 사실로 인정하기 어렵다.

예컨대 위의 사례에서 나타나듯이, 출륙했던 남해현에 읍치가 복구된 것은 국가권력의 주도에 의해서였다. 즉 태조 4년(1395)에 구라량의 만호로 부임한 임덕수는 출륙한 남해현 주민들의 민원에 따라 이들을 다시 섬으로 돌아가게 해 달라고 당시의 도관찰출척사 최유경에게 공식으로 요청하였다. 최유경은 이런 요청을 중앙정부에 보고하였으며, 중앙정부에서는 이를 허락했던 것이다. 만약 당시 중앙정부의 해도정책이 명실상부한 공도정책이었다면 이런 요청을 구라량 만호와 도관찰출척사가 중앙정부에 할 수도 없고, 또 그런 요청이 제기되었다고 해도 중앙정부에서 허락하지 않았을 것이다. 하지만 구라량 만호와 도관찰출척사는 공식적으로 요청하였고 중앙정

---

123) 진도 읍치의 경우도 충정왕 2년(1350)에 출륙되었지만 태종 14년(1414) 2월 26일에 섬으로 돌아갔다.

부는 허락했다.

공도정책 때문이 아니라 왜구 때문에 출륙했던 남해현의 주민들은 국가의 공식적인 허락 하에 고향 섬으로 다시 돌아갔던 것이다. 이런 상황은 기본적으로 거제도, 진도에서도 마찬가지였다. 그러므로 거제도, 남해도, 창선도 등의 읍치변동을 공도정책의 근거라고 할 수는 없는 것이다.

도서지역의 읍치변동과 함께 조선 초기 공도정책의 근거로서 장절자는 몇 차례 있었던 도서주민 쇄출을 들었다. 구체적으로 장절자는 세조 7년(1461) 8월 계유, 성종 5년(1474) 11월 경술, 성종 21년(1485) 11월 계묘의 사례를 들었다. 이런 사례들이 실제 공도정책의 연장선상에서 시행된 것인지 확인하기 위해서는 구체적인 검토가 필요하다.

세조 7년 8월 계유의 사례는 장절자가 언급한 대로 '전라도민으로서 해도에 도망해 들어간 자들을 쇄출할 지를 두고' 있었던 논의이다. 이런 논의가 나오게 된 배경은 다음과 같았다. 대마도의 왜인 오라여모(吾羅汝毛) 등 9명이 6월 초2일에 路人을 받아 전라도의 고초도에 출어했는데, 바람을 만나 서쪽으로 3백리쯤 되는 해도에 닿았다가 조선어민과 시비가 붙어 오라여모 등이 살해되었다. 살아남은 표아시라(表阿時羅) 등 3명은 경상도 거제도의 지세포 만호에게 도망하여 사건을 전달하고 대마도로 돌아가겠다고 하였다. 이것을 지세포 만호가 경상우도 처치사에게 보고하였고 처치사는 다시 중앙정부에 보고하였던 것이다. 이에 세조는 조정 중신들로 하여금 대책을 논의하게 하였는데, 결론은 표아시라 등을 한양으로 불로 위로하고 범인을 색출해 잡는다는 것이었다.[124]

당시 중앙정부에서는 여진족을 정벌하고 평안도, 함경도 지역에 사민을 추진하던 중이었다. 또한 사민을 위해 전국적인 호적사업을 벌이고 있었다. 호적에 등재되기를 두려워하는 많은 백성들이 해도로 잠입하였는데, 이런 와중에 조선 어민과 대마도 어민 사이에 살인사건이 벌어진 것이었다. 이 같은 상황에서 중앙정부는 살인 사건이 발생했던 전라도 지역의 도서잠입자들을 쇄출하게 했던 것이다. 직접적인 이유는 살인사건 조사를 위해서지만 실제로는 호적사업의 원활한 추진과 함께 대마도와의 긴장완화를 위해서였다. 이 결과 전라도 도서지역의 주민들이 대거 쇄출되었으며, 심지어 진도의 주민들까지 다시 출륙되기에 이르렀다.[125]

이 사례에서 주목할 것은 당시의 도서주민 쇄출이라는 것이 조선의 모든 섬 주민들을 대상으로 한 것이 아니라 살인사건이 발생했던 전라도 지역의 도서에만 제한되었다는 점이다. 또한 시간이 지나 상황이 안정되자 도서주민들을 다시 섬으로 돌려보냈다는 점인데, 예컨대 진도 주민들은 쇄환된 지 얼마 지나지 않아 다시 되돌아갔다.[126] 이런 점에서 위의 사례는 공도정책이라기 보다는 일시적이고 제한적인 소개조치라고 해야 한다.

당시 중앙관료들의 쇄환논의도 결코 공도정책이라고 보기 어렵다. 실록에 의하면 처음에는 '가까운 섬의 주민들은 성명을 기록하고 호패를 주어 그대로 살도록' 결정했는데, 신숙주가 주장하여 모두 쇄출하여 본고장으로 돌아가게 했다고 한다.[127] 또한 진도 주민들을 되돌려 보낼 때, 한명회는 '진도군을 혁파하는 것은 안 됩니다. 왜적

124) 『세조실록』 25, 7년 7월 28일조.
125) 『세조실록』 26, 7년 10월 4일조.
126) 『세조실록』 27, 8년 1월 11일조.
127) 『세조실록』 25, 7년 8월 9일조.

은 능히 곧바로 들어오지 못하고 반드시 가까운 섬에 정박하고 휴식하면서 엿본 뒤에 들어와 노략질합니다. 만약 진도를 혁파하여 목장을 만든다면 이것은 변경울타리를 없애고 적의 통로를 열어주는 셈입니다. 비록 말을 키운다고 해도 끝내 우리 것이 될 수 없습니다.'[128]라고 했다. 세조가 한명회의 말을 듣고 진도 주민들을 되돌려 보냈는데, 이런 점에서 보더라도 공도정책이 당시 중앙정부의 확고한 도서정책이었다고 단언할 수는 없는 것이다.

성종 5년(1474) 11월 경술의 사례와 성종 21년(1485) 11월 계묘의 사례도 세조 7년(1461) 8월 계유의 사례와 크게 다르지 않다. 둘 다 전라도 해역에서 일어났던 조선과 대마도 어민 사이의 살인 사건 또는 약탈 사건이 발단이었으며 사건을 조사하는 과정에서 전라도 도서지역 주민들의 쇄출이 있었다.

그런데 장절자가 조선 초기 공도정책의 근거로 제시한 세 차례의 쇄출은 모두 전라도의 도서 지역이라는 공통점이 있었다. 이것은 우연의 일치가 아니었다. 조선 초기 전라도 해역에서 조선과 대마도 어민 사이의 무력 충돌과 도서 주민 쇄출이 반복된 이유는 고초도 어장이 대마도에 개방되어 있었기 때문이다.

고려 말까지만 해도 대마도 인들은 왜구들의 약탈로 살아갔다. 하지만 조선건국을 전후하여 수군과 관련된 전술과 무기 등이 개발되면서 조선 수군력이 강화되자[129] 약탈이 어렵게 되었다. 게다가 고려 말 조선 초에 있었던 몇 차례의 대마도 정벌 이후[130] 대마도 왜

---

128) 『세조실록』 27, 8년 1월 11일조.

129) 임용한(2005) 「고려후기 수군 개혁과 전술변화」, 『군사』54.

130) 이은규(1974) 「15세기 초 한일교섭사 연구」 『호서사학』3
손홍렬(1978) 「麗末鮮初의 對馬島征伐」, 『호서사학』6.

구는 급속도로 위축되었다.

대마도 인들은 약탈로 살아가기 어렵게 되자 장사와 어업으로 전환하게 되었는데, 이 과정에서 전라도의 고초도 어장개방을 요청하여 세종 23년(1441)에 허락을 받았다. 세종은 왜구를 근절하기 위해서는 대마도 인들의 최소한의 생존조건을 충족시켜야 한다고 판단하고 이들에게 무상으로 곡식을 원조하고 한일 무역 중개권을 주는 이외에 고초도어장도 개방해 주었던 것이다.[131] 세종은 고초도 어장을 개방하면서, 대마도 어민들이 고초도에서 고기를 잡으려면 대마도주의 허가증 이외에 거제도 지세포 만호의 허가증도 교부받도록 했다. 조선 초기에는 이렇게 허락을 받고 고초도에 가서 고기를 잡는 대마도 어민들이 무수히 많았는데, 이 과정에서 조선 어민과 대마도 어민 사이에 충돌이 빈발했던 것이다. 따라서 조선 초기 전라도 도서지역의 주민들을 소개한 가장 큰 이유는 공도정책 때문이 아니라 조선 어민과 대마도 어민 사이의 무력충돌을 방지하기 위해서였던 것이다.

그럼에도 불구하고 장절자는 고초도 어장개방이라는 특수한 상황에서 나타났던 몇 차례의 전라도 도서주민 쇄출을 공도정책으로 일반화시켰다. 게다가 장절자는 '공도정책은 해상 활동자에 대한 조선 정부의 기본적인 자세를 보여주는 것으로서 해양정책 및 변경정책의 기본이었던 것이 분명히 이해된다. 이것으로써 조선정권의 기본적 성격의 하나를 읽는 것도 불가능하지 않을 것이다.'고 하여 조선 정권의 기본성격을 반해양으로까지 확대, 해석했다. 조선정권의 기

---

131) 조선초기 고초도 어장의 개방에 대하여는
　　長節子(2002)『中世國境海域の倭と朝鮮』, 吉川弘文館.
　　부경대 해양문화연구소(2007)『조선전기 해양개척과 대마도』, 국학자료원.

본성격이 실제 반해양인지 확인하려면 조선건국 주체세력의 해양인식과 해도 정책을 검토해볼 필요가 있다.

다) 조선건국 주체세력의 해양인식과 해도정책

조선왕조는 1392년 7월 17일에 태조 이성계가 개경의 수창궁에서 왕위에 오름으로써 건국되었지만, 실제는 1388년의 위화도 회군이 건국의 출발점이었다. 회군 이후 실권을 장악한 이성계는 조준, 정도전 등의 신진사대부들을 내세워 각종 개혁정책을 추진했다.[132] 특히 대사헌에 발탁된 조준은 당시의 여론을 주도하며 고려 말의 개혁정책을 주도했다.[133] 조준은 정도전과 달리 태종 이후에도 계속 권력 중심부에 있었으므로 그의 사상과 정책은 그대로 조선초기의 국가정책으로 지속되었다.

1388년 5월 22일, 위화도에서 회군한 이성계는 6월 1일 개경에 도착하여 우왕과 최영을 생포하고 실권을 장악했다. 이성계는 곧바로 조준을 발탁하여 지밀직사사겸대사헌으로 삼았다. 이성계의 후원을 얻은 조준은 대사헌의 자격으로 토지제도와 정치제도에 대한 개혁안을 연이어 올렸다. 당시 이성계는 크고 작은 모든 일들을 조준에게 물어서 행하였다고 한다.[134] 따라서 조준이 사헌부의 이름으로 올린 각종 개혁안이나 시무책들은 그의 개인적 생각이 아니라 이성계를 비롯한 조선건국 주체세력들의 생각을 대변한다고 할 수 있다.

---

132) 김당택(2005) 「이성계의 위화도회군과 제도개혁」, 『전남사학』24.

133) 장득진(1984) 「趙浚의 정치활동과 그 사상」, 『사학연구』 38.

134) 『태종실록』 권9, 5년 6월 27일조
"太上王仗義回軍 執退棄弊 欲大革積弊 一新庶政 雅聞浚重望 召與論事大悅 擢知密直司事兼司憲府大司憲 事無大小 悉以咨之"

조준은 대사헌이 된 직후인 1388년 7월에 사전개혁을 요구하는 제1차 전제개혁안을 올렸다. 이어 8월에는 국정전반의 개혁안을 담은 시무책을 올렸는데, 그 중의 한 부분이 수군, 어염, 목축, 도서, 연안 등에 관련된 개혁안이었다. 조준은 수군, 어염, 목축, 도서, 연안 등에 관하여 다음과 같은 언급을 하였다.

"제도의 어염과 목축의 번식은 국가에서 없어서는 안 될 것입니다. 우리 태조(고려 건국시조 왕건 태조)께서 아직 신라와 백제를 평정하지 못했을 때 먼저 수군을 다스려 친히 누선을 타고 금성을 쳐서 장악함으로써 여러 섬의 이권이 모두 국가에 소속되었습니다. 그 재력에 힘입어 드디어 삼한을 통일할 수 있었습니다.

압록강 이남은 거의가 모두 산이고 비옥한 토지는 바다에 인접한 곳에 있습니다. 그런데 비옥한 들판에 있는 수 천리의 논밭이 왜구에게 함락되어 황폐해져서 갈대숲이 하늘에 닿았습니다. 이에 국가에서는 어염과 목축의 이익을 잃었고, 또 기름진 들판에 있는 좋은 논밭의 수입을 잃어버렸습니다. 원하건대 중국 한나라에서 백성을 모집하여 변방에 채워 흉노를 막은 고사를 따라서, 망읍(亡邑)의 황무지를 개간하는 자에게는 20년을 기한하여 그 밭의 전세를 받지 말고, 그 백성을 부역시키지 말며, 수군만호에 전속시켜 성보를 수축하고, 노약자를 불러 모으며, 먼 곳까지 척후를 두고 봉화를 신중히 하며, 평소에 일이 없을 때는 농사짓고, 고기 잡고, 소금 굽고, 철공질하여 먹고 살며, 때때로 배를 만들다가, 왜구가 오면 들을 비우고 성보 안으로 들어가고, 수군을 시켜 치게 하소서. 합포에서 의주에 이르기까지 모두 이렇게 하면 몇 해가 되지 않아서 流亡했던 사람들이 모두 고향 고을로 되돌아와 변경주군이 충실하게 되고 제도(諸島)가 점차로 차게 될 것입니다. 그렇게 되면 전함이 많아져 수군은 익숙해지고, 왜구는 도망가 변방 고을은 편안해지며 조운이 편리해 창고가 채워질 것입니다."[135]

위의 시무책을 아무리 뜯어보아도 공도정책과 유사한 인식이나 정책은 보이지 않는다. 오히려 해양진출, 도서개발에 대한 강력한 의지를 읽을 수 있을 뿐이다. 예컨대 조준은 고려의 왕건 태조가 삼한을 통일할 수 있었던 배경은 '강력한 수군'과 '전라도 도서지역에서 산출되는 재력'이었다고 언급하였다. 이런 언급은 바로 당시의 피폐한 국가상황을 극복하기 위해서는 강력한 수군 건설과 함께 연근해 및 도서지역의 개발이 필요하다는 인식과 직결되어 있었다. 그래서 조준은 '망읍(亡邑)의 황무지를 개간하는 자에게는 20년을 기한하여 그 밭의 전세를 받지 말고, 그 백성을 부역시키지 말며, 수군만호에 전속시켜 성보를 수축하고, 노약자를 불러 모으며, 먼 곳까지 척후를 두고 봉화를 신중히 하며, 평소에 일이 없을 때는 농사짓고, 고기 잡고, 소금 굽고, 철공질하여 먹고 살며, 때때로 배를 만들다가, 왜구가 오면 들을 비우고 성보 안으로 들어가고, 수군을 시켜 치게' 하자는 대안을 제시하였던 것이다. 조준은 그렇게 한다면 '몇 해가 되지 않아서 유망했던 사람들이 모두 고향 고을로 되돌아와 변경주군이 충실하게 되고 제도가 점차로 차게 될 것'이라고 낙관적으로 예측하였다.

'제도가 점차로 차게 될 것'이라는 조준의 예측은 절대로 공도정책과 연관시킬 수 없다. 오히려 조준이 제시한 정책은 제도를 적극 개발함으로써 어염과 목축의 이익을 극대화하여 국가를 부강하게

---

135) 『고려사절요』권33, 신우 14년 8월
"大司憲趙浚陳時務曰(중략) 諸道魚鹽畜牧之蕃 國家之不可無者也 我神聖之未平新羅百濟也 先治水軍 親駕樓船 下錦城而有之 諸島之利 皆屬國家 資其財力 遂一三韓 自鴨綠以南 大抵皆山 肥膏之田 在於瀕海 沃野數千里之稻田 陷于倭奴 蕪葭際天 國家旣失魚鹽畜牧之利 又失沃野良田之入 願用漢氏募民實塞下 防匈奴之故事 許於亡邑荒地開墾者 限二十年 不稅其田 不役其民 專屬水軍萬戶府 修立城堡 屯聚老弱 遠斥候 謹烽火 居無事時 耕耘魚鹽鹽冶而食 以時造船 寇至 淸野入堡 而水軍擊之 自合浦以至義州 皆如此 則不出數年 流亡盡還其鄕邑 而邊境州郡旣實 諸島漸次而充 戰艦多而水軍習 海寇遁而邊郡寧 漕轉易而倉廩實矣"

하자는 해양진출정책 또는 도서개발정책이라고 할 수 있다. 이 같은 조준의 인식과 정책은 바로 이성계를 비롯한 조선건국 주체세력들의 해양인식이며 해도정책이었던 것이다.

실제 조준이 수군, 어염, 목축, 도서, 연안과 관련하여 시무책에서 제시했던 각종 정책들은 그대로 고려 말, 조선 초의 국가 정책으로 시행되었다. 즉 수군과 관련하여서는 무기와 전술이 개발되고[136] 수군을 우대하기 위한 제도도 나타났다.[137] 또한 연근해지역의 묵은 땅을 개간하거나 도서지역으로 새로 옮겨서 사는 사람들에게는 세금과 부역을 면제하기도 하였다. 예컨대 거제도 주민들이 섬으로 돌아가자 첫해의 전세는 전부 면제하고 그 다음해에는 반만 거두고 3년 후에야 전부 거두게 하였다.[138] 『경국대전』에는 '해택은 첫 해에는 면세하고 다음 해에는 반을 수세한다.'[139]고 하였는데, 이것도 연근해지역의 개발을 장려하기 위한 제도였다고 할 수 있다. 이런 노력의 결과 고려 말인 공양왕 1년(1389)에 경기도, 충청도, 경상도, 전라도, 황해도, 강원도의 6도를 양전했을 때 96만여 결에 불과했던 토지가 17년 후인 태종 6년(1406)에 6도를 양전했을 때는 120여만 결이나 되었다. 17년 사이에 늘어난 30여만 결은 대부분이 왜구 때문에 황폐화 되었던 바닷가의 전답을 다시 개간한 것이었다.[140]

고려 말의 왜구는 도서지역과 해안가는 물론 내륙 깊숙한 곳까지

136) 임용한(2005)「고려후기 수군 개혁과 전술변화」, 『군사』54.

137) 노영구(1995)「조선초기 水軍과 海領職의 변화」『한국사론』33.

138) 『세종실록』권21, 5년 8월 2일조.

139) 『경국대전』호전, 收稅條
　　"海澤 初年免稅 次年半收"

140) 『태종실록』권11, 6년 5월 3일
　　"議政府上諸島量田之數 除東西北面不行改量外 京畿忠淸慶尙全羅豊海江原六道 原田凡九十六萬餘結 及改量 得剩田三十餘萬結 前朝之季 田制大毁 洪武己巳 改量六道田附籍 然其時委寇方熾 瀕海皆陳荒 及是開墾日增 地無遺利 故改量之"

도 노략질하였다. 이 결과 고려의 도서지역과 해안지역은 거의 무인지경이 되다시피 하였다. 『고려사절요』에는 왜구 때문에 '바다에서 50리, 혹은 30-40리 떨어진 곳이라야 백성들이 겨우 편안히 살 수 있다.'[141]는 증언까지도 있다.

이것은 고려의 도서지역은 물론 해안에서 내륙으로 50리 정도는 거의 왜구에게 약탈되었음을 반증한다. 한반도의 지형적 특성상 전답은 넓은 평지가 발달한 해안가 가까이에 많았다. 그러므로 해안가로부터 50리 정도의 사이에는 비옥한 전답이 많이 있었다. 조준이 시무소에서 수군강화, 해양진출, 연근해 및 도서개발을 강조했던 것은 바로 이 같은 한반도의 지형적 특성을 십분 고려한 것이었다. 만약 조준이 공도정책을 주장했다면 수군보다는 육군을 강화해야 하고, 연근해나 도서지역을 개간하는 사람들에게는 벌을 주어야 마땅했다.

하지만 실제 조준이 주장한 것이나 고려 말, 조선 초의 국가시책은 수군강화였으며 연근해와 도서지역 개발이었다. 이 결과 조준이 예측했던 일들, 즉 '뿔뿔이 흩어져 도망갔던 백성들이 모두 고향 고을로 되돌아왔으며 변방 고을이 충실하게 되고 또 여러 섬들도 점차로 차게 되었으며, 전함이 많아져 수군은 익숙해지고, 왜구가 도망가 변방 고을은 편안해지며 조운이 편리해 창고가 채워지는' 상황이 조선건국 후 전개되기 시작하였다. 바로 이런 배경에서 고려 말에 96만여 결에 불과하던 토지가 태종 6년(1406)에 120여만 결로 폭증할 수 있었다. 120여만 결은 96만여 결에 비해 대략 4분의 1이 늘어난 것인데 이것은 바로 조선건국 주체세력들의 적극적인 해양진출

---

141) 『고려사절요』권29, 공민왕 19, 5월
　　 "去海五十里 或三四十里 民方有寧居者 朕詢其故 言倭奴所擾"

로 가능했다고 보아야 한다.

게다가 세종 1년(1419) 6월의 이른바 기해동정 즉 이종무 장군의 대마도 정벌까지 성공적으로 수행되자 왜구는 급격히 줄어들었다. 예컨대 고려 말에는 몇 백 척 단위로 준동하던 왜구가 조선건국이후에는 몇 십 척 단위로 줄었고 기해동정 이후에는 몇 척 단위로 줄었다. 몇 척 단위로 준동하는 왜구는 더 이상 조선정부에 군사적인 위협이 되지 못하였다. 결국 고려 말, 조선 초의 중앙정부는 해안과 바다로의 진출, 수군력의 강화, 대마도 정벌 등 적극적인 해양개척을 통해 왜구에게 빼앗겼던 바다의 제해권을 되찾아올 수 있었던 것이다.

라) 해도 조사와 연근해 개발

고려 말, 조선 초의 해양개척과 연근해 개발을 위해서는 수군강화뿐만 아니라 도서지역의 지리정보도 필요했다. 조선초기의 중앙정부에서는 통치상의 필요에서 전국적인 지리정보를 파악하고자 큰 노력을 기울였다. 그 결과가 조선 초기에 작성된 지리지에 잘 나타나 있다.[142]

조선 초기를 대표하는 지리지에는 『경상도지리지』, 『고려사』 지리지, 『세종실록』 지리지, 『경상도속찬지리지』, 『동국여지승람』 등이 있다. 『경상도지리지』는 세종 7년(1425), 『고려사』 지리지는 문종 1년(1451), 『세종실록』 지리지는 단종 2년(1454), 『경상도속찬지리지』는 예종 1년(1469), 『동국여지승람』은 성종 12년(1481)에 편찬되었다. 이들 지리지에 수록된 도서지역 및 연근해지역 관련 기록은 조선건국부터 성종 연간에 이르는 동안 중앙정부의 해도인식 또는

---

142) 서인한(2002) 『조선초기 지리지 연구』, 혜안.

해도정책과 직결되었다.

세종 7년(1425)에 작성된 『경상도지리지』에는 도서지역과 관련하여 어떤 정보를 기록할 지에 대한 지침이 있었다. 그 지침은 중앙에서 하달된 지침과 경상도 감영에서 다시 증보한 지침의 두 가지였다. 중앙에서 하달된 지침은 "해중 제도는 수륙의 원근, 섬에 들어가 농사짓는 인물의 유무"[143]를 기록하라는 것이었다. 경상도 감영에서 증보한 지침은 "제도는 육지와의 수로거리, 도중에 이전 사람들의 거주와 농사의 유무"[144]를 기록하도록 했다.

이 같은 지침에 따라 『경상도지리지』에 수록된 도서는 군현으로 회복된 거제도를 제외한 12개로서, 영해의 축산도, 동래의 소도, 양산의 대저도, 동평현의 절영도, 김해의 가덕도와 명지도 그리고 마도, 진해의 궤의도, 진주의 흥선도, 곤남의 남해도, 고성의 박도, 사천의 구량도였다.[145] 이 12개의 섬 중에서 사람이 들어가 사는 섬은 양산의 대저도[146], 곤남의 남해도[147] 두 곳이었다. 그 외 사람들이 상주하지는 않지만 왕래하면서 농사를 짓는 섬으로 김해의 마도[148], 진해의 괘의도[149], 진주의 흥선도[150], 고성의 박도[151], 사천의 구량

143) 『慶尙道地理志』序
　　"海中諸島 水陸之遠近 入島農業人物之有無"

144) 『慶尙道地理志』總論
　　"諸島 陸地相去水路息數 及島中在前人民接居農作有無 開寫事"

145) 『慶尙道地理志』總論.

146) 『慶尙道地理志』總論
　　"梁山大渚島 陸地相去水路一百六十步 國農所人民入居"

147) 『慶尙道地理志』總論
　　"昆南南海島 陸地相去水路一里二百四十步 人民入居農作"

148) 『慶尙道地理志』總論
　　"馬島 陸地相去水路一百五十步 人民來往耕作"

149) 『慶尙道地理志』總論
　　"鎭海几矣島 陸地相去水路三里 人民來往耕作"

150) 『慶尙道地理志』總論

도152)가 있었다. 결국 당시 경상도에서 공식 조사된 도서가 12곳이었고 그 중 2곳에서는 사람이 상주하였고 5곳에서는 사람들이 왕래하면서 농사를 짓고 있었던 것이다.

만약 당시 중앙정부의 도서정책이 공도정책이었다면 섬에 상주하던 주민들은 쇄환되고 왕래하면서 농사짓던 사람들은 금지되었을 것이다. 사실여부를 확인하기 위해서는 『세종실록』지리지를 확인할 필요가 있다. 왜냐하면 단종 2년(1454)에 완성된 『세종실록』 지리지는 『경상도지리지』 등 8도에서 작성된 지리지를 바탕으로 작성되었으며 시간차이도 근 30년이 나기 때문에 그 사이의 변화내용이 나타날 수 있기 때문이다.

『세종실록』 지리지에 수록된 경상도 지역의 도서는 12개로서 『경상도지리지』와 같다. 다만 『세종실록』 지리지에는 영해의 축산도가 수록되지 않고 대신 동래의 모등변도가 추가되어 12개가 되었는데, 사람들이 상주하는 섬 2개와 출입하며 농사짓는 섬 5개는 동일하다.153) 이것은 『경상도지리지』 등 8도의 지리지를 통해 중앙정보에서 해도의 정보를 파악했지만, 그 정보를 이용해 공도를 시행하지 않았음을 의미한다. 그것은 결국 당시에 공도정책이 없었다는 뜻과 다를 것이 없다. 중앙정부에서 도서지역의 정보를 파악한 이유는 공도를 위해서가 아니라 연근해지역의 기초정보를 확보하기 위해서였다. 목적은 관방을 강화하고 어염과 같은 수산업을 발전시키기 위해서였다.

"晉州興善島 陸地相去水路十里 人民來往農作"

151) 『慶尙道地理志』總論
"固城樸島 陸地相去水路四十里 仇良梁營田 船軍來往耕作"

152) 『慶尙道地理志』總論
"泗川仇良島 陸地相去水路一里三百四十步 人民來往耕作"

153) 『세종실록』지리지, 경상도조.

조선정부에서는『경상도지리지』를 비롯한 8도 지리지를 수합하여 세종 14년(1432)에『신찬팔도지리지』를 편찬하였다.『경상도지리지』에는 해도에 대한 정보뿐만 아니라 연근해지역의 산업과 직결되는 염부, 염정도 함께 수록되었다. 따라서『신찬팔도지리지』를 통하여 중앙정부는 전국의 해도 현황 및 어염업 상황도 파악할 수 있었다. 이런 기초조사를 바탕으로 어업과 염업 등을 통한 연근해 개발이 진행되었다. 즉 세종 19년(1437) 이후 정부에서는 관염제(官鹽制)를 추진하기도 하고[154], 전국에 경차관을 파견하여 어량을 조사하기도 하였는데,[155] 이것은 결과적으로 연근해 개발로 연결되었다. 예컨대 경상도 지역의 염소를 볼 경우,『세종실록』지리지에 수록된 염소는 40개소에 불과했지만 그로부터 15년 후에 작성된『경상도속찬지리지』에는 무려 106개의 염소가 수록되었다.[156] 이것은 곧 어염업의 발전과 인구의 증가를 통한 연근해 개발이라고 할 수 있다. 조선 초기 연근해 지역의 개발과 도서지역과의 관계는『경상도속찬지리지』의 해도 관련 기록을 통해 더욱 분명하게 파악할 수 있다.

　앞에서 살펴본 대로, 세종 7년(1425)에 편찬된『경상도지리지』에는 12개의 섬이 수록되었고 그로부터 약 30년쯤 후에 작성된『세종실록』지리지에도 경상도의 섬 12개가 수록되었다. 이것은『세종실록』지리지가 기왕의『경상도지리지』내용을 기초정보로 활용했기 때문일 것이다.

　하지만『경상도지리지』보다 44년 후인 예종 1년(1469)에 작성된『경상도속찬지리지』에는 수록된 해도의 수가 100여개 이상으로 격

---

154) 권영국 (1998) 「조선 초 鹽業政策과 생산체제」, 『사학연구』 55-56.

155) 『세종실록』권77, 19년 5월 1일조.

156) 한임선(2007) 「조선초기의 염업발전과 대마왜인」『조선전기 해양개척과 대마도』,국학자료원, p.105.

중하였다. 이것은 그 동안 해도 및 연근해 지역이 개척되면서 도서 지역에 대한 정보가 늘어났기 때문이다. 정보가 늘어남에 따라『경상도속찬지리지』에는 해도에 대하여 보다 구체적인 정보를 싣게 되었다.

『경상도속찬지리지』의 편찬 사목에 의하면 해도는 "본읍의 어느 방면에 있는지, 수로는 몇 리인지, 육지에서 본읍까지는 몇 리인지, 사방 둘레와 동서 또는 남북의 거리는 몇 리인지. 전답은 몇 결인지, 민가는 있는지 없는지"157)에 관한 사항들을 수록하도록 하였다. 이 같은 사목에 의해『경상도속찬지리지』에 수록된 해도는 기장현의 2개, 동래현의 1개, 영해의 1개, 진주의 1개, 김해의 2개, 창원의 1개, 남해의 1개, 사천의 4개, 고성의 53개, 거제의 24개158), 진해의 4개, 칠원의 2개, 웅천의 10개 등 총 107개이다.

『경상도속찬지리지』는『경상도지리지』에 비해 단순히 수록된 섬의 수가 12개에서 107개로 늘었다는 점만 보여주는 것이 아니라 사람이 상주하거나 왕래하면서 농사짓는 섬의 수도 대폭 늘었음을 알려준다. 즉 사람이 상주하는 섬은 진주의 흥선도159), 남해의 남해도160), 고성의 자이도161)와 종해도162) 등 4곳이었고 왕래하면서 농

---

157) 『경상도속찬지리지』地理志續纂異事目
    "海島 在本邑某方 水路幾里 自陸地去本邑幾里 四面周回 相距幾里 田畓幾結 民家有無"
158) 거제의 경우 海島 내용 중에 글자가 마멸되어 보이지 않는 곳이 절반정도이다. 따라서 거제의 경우 실제 수록된 섬의 수는 50개가 넘을 것으로 판단된다.
159) 『경상도속찬지리지』진주목
    "海島 州南興善縣(중략) 畓六十七結八十六負七束 民家十七戶"
160) 『경상도속찬지리지』남해
    "海島 本縣本海島(중략) 田畓一千三百二十三結八十七負六束 民戶七百三十八"
161) 『경상도속찬지리지』고성현
    "海島(중략) 自伊島(중략) 田二結五十六負一束 畓十負八束 倭楮田四十負一束 民家二??"
162) 『경상도속찬지리지』고성현
    "海島(중략) 終海島(중략) 田三結六負一束 畓五十四負四束 民家三"

사짓는 섬은 영해의 축산도163), 창원의 저도164), 사천의 제수도165)와 구량도166) 및 저도167), 고성의 적화도168)와 상박도169) 그리고 죽도170), 진해의 대궤의도171)와 대주도172), 웅천의 연도173)와 수도174) 등 12곳이었다. 『경상도지리지』의 경우 사람들이 상주하는 섬이 2곳이었고 왕래하면서 농사짓는 섬이 5곳이었던 것에 비하면 각각 2곳에서 4곳, 5곳에서 12곳으로 100% 이상 늘어난 숫자이다.

이 같은 추세는 비단 경상도만의 현상은 아니었다. 전라도의 경우, 『세종실록』 지리지에 등재된 섬의 수가 27개인데 비해 성종 12년(1481)에 작성된 『동국여지승람』에는 무려 234개의 섬이 수록되었다.175)

163) 『경상도속찬지리지』영해도호부
  "海島 丑山島(중략) 箭竹林二結六十負 無民家"

164) 『경상도속찬지리지』창원
  "海島 猪島(중략) 田五十六負二束 無民家

165) 『경상도속찬지리지』사천
  "海島 縣南除水島(중략) 民家無 田畓十三結九負四束"

166) 『경상도속찬지리지』사천
  "海島(중략) 仇良島(중략) 民家無 田畓九結七十爻八束"

167) 『경상도속찬지리지』사천)
  "海島(중략) 楮島(중략) 民家無 田一結六十九負八束"

168) 『경상도속찬지리지』고성현
  "海島(중략) 赤火島(중략) 田一結二負二束"

169) 『경상도속찬지리지』고성현
  "海島(중략) 上撲島(중략) 田六十三負三束 畓三十一負五束"

170) 『경상도속찬지리지』고성현
  "海島(중략) 竹島(중략) 田十四負八束"

171) 『경상도속찬지리지』진해
  "海島(중략) 大几矣島(중략) 田一結六十八負七束 無民家"

172) 『경상도속찬지리지』진해
  "海島(중략) 大酒島(중략) 田八負一束 無民家"

173) 『경상도속찬지리지』웅천
  "海島(중략) 椽島(중략) 田十七負"

174) 『경상도속찬지리지』웅천
  "海島(중략) 水島(중략) 田三十二負"

조선 초기 중앙정부에서 편찬한 지리지에 등재되는 경상도, 전라도 지역의 해도 수가 계속해서 늘어났을 뿐만 아니라 사람들이 거주하는 섬의 수도 늘었다는 사실은 당시 중앙정부의 해도정책이 공도정책과 무관하다는 사실을 반영한다. 만약 당시 중앙정부의 해도정책이 공공연한 공도정책이었다면 중앙정부는 해도거주민들을 적극적으로 쇄출했을 것이다. 하지만 『경상도지리지』부터 『동국여지승람』이 편찬되던 시기에 중앙정부서 파악한 해도주민들을 일괄적으로 쇄환하지 않았다. 오히려 사람들이 상주하거나 왕래면서 농사짓는 섬이 계속해서 늘어났는데, 이것은 당시 중앙정부의 해도정책이 연근해 개발에 있었음을 의미한다. 그런 의미에서 조선 초기 중앙정부의 해도정책을 공도정책으로 파악하는 것은 전혀 역사적 사실이 아니라고 하겠다.

마) 맺음말

공도정책이란 용어는 일본인 학자들이 사용하기 시작하였다. 일본인 학자들은 고려 말, 조선 초기에 있었던 몇몇 섬들에서 있었던 읍치출륙과 주민쇄환을 공도정책의 근거로 제시하였다. 하지만 고려 말, 조선 초에 있었던 읍치출륙이나 주민쇄환은 중앙정부의 '공도정책'에 따른 공도가 아니었다. 그것은 거의가 왜구의 약탈로부터 주민들의 재산과 생명을 보호하기 위한 긴급조치로서의 성격을 가지고 있었다. 그럼에도 불구하고 일본인 학자들이 조선시대의 해도정책을 공도정책이라 부른 이유는 가능한 왜구의 침략성이나 약탈성을 축소 또는 희석시키기 위해서였다.

---

175) 김경옥(2004) 『조선후기 島嶼研究』, 혜안, pp.60-62.

고려 말 위화도 회군을 통해 국가권력을 장악한 조선건국 주체세력들은 적극적인 해양진출정책을 추진했다. 그것은 당시의 개혁이론가였던 조준의 상소문에서도 명확하게 드러난다. 조준은 당시의 피폐한 국가상황을 극복하기 위해 강력한 수군 건설과 함께 어염업 진흥, 연근해 개발 등을 역설했다. 그것을 위해 조준은 亡邑의 황무지를 개간하는 자에게는 20년을 기한하여 그 밭의 전세를 받지 말고, 그 백성을 부역시키지 말며, 수군만호에 전속시켜 성보를 수축하고, 노약자를 불러 모으며, 먼 곳까지 척후를 두고 봉화를 신중히 하며, 평소에 일이 없을 때는 농사짓고, 고기 잡고, 소금 굽고, 철공질하여 먹고 살며, 때때로 배를 만들다가, 왜구가 오면 들을 비우고 성보 안으로 들어가고, 수군을 시켜 치게 하자는 대안을 제시하였다. 그 결과 몇 해가 되지 않아서 유망했던 사람들이 모두 연근해 지역의 고향 고을로 되돌아와 변경주군이 충실하게 되고 제도가 점차로 차게 되었으며 연근해 지역의 토지도 개간될 수 있었다.

이와 함께 조선 초기 중앙정부에서는 도서지역의 지리정보에 대한 필요와 통치상의 필요에서 전국적인 지리정보를 파악하고자 큰 노력을 기울였다. 그 결과 조선 초기에 수많은 전국 지리지가 편찬되었는데, 이들 지리지에 등재되는 경상도, 전라도 지역의 해도 수는 계속해서 늘어났다. 뿐만 아니라 사람들이 거주하는 섬의 수도 늘어났다. 이런 사실은 당시 중앙정부의 해도정책이 공도정책과 무관하다는 사실을 반영한다. 결론적으로 조선초기의 해도정책은 공도정책이 아니라 적극적인 진출정책 또는 개발정책이었다.

2) 조선 초기 동북아 평화체제와 이예

가) 머리말

임진왜란 당시 영의정으로서 전시 정국을 이끈 서애 유성룡은 전쟁이 끝난 후『징비록』을 저술했다. 이 책은 "지난 일의 잘못을 징계하여 훗날의 환난을 조심하기 위한"[176] 목적에서 저술되었다. 즉 조선이 임진왜란을 막지 못한 원인 및 임진왜란 중의 패전 원인 등을 규명함으로써 다시는 임진왜란 같은 참화를 반복하지 않고자 하는 목적에서 저술된 책이 바로『징비록』이었다.

『징비록』은 서애 유성룡이 이 책을 저술한 동기를 밝힌 자서에 뒤이어 임진왜란 직전의 양국관계부터 시작된다. 서애 유성룡은『징비록』에서 조선건국 이후부터 임진왜란 직전까지 200년에 걸친 조선과 일본 양국 관계를 다루었다. 그 이유는 서애 유성룡이 임진왜란의 원인 중에서도 가장 중요한 원인을 200년에 걸친 양국관계에서 찾았기 때문이었다.

조선건국부터 임진왜란 직전까지 200년 가까이 조선과 일본 사이에는 비록 이런저런 분란이 있기는 했지만 임진왜란 같은 대규모 전쟁이 일어나지는 않았다. 그렇다면 200년에 걸친 양국관계에서 무엇이 임진왜란 같은 대규모 전쟁을 막았고, 또 무엇이 임진왜란 같은 대규모 전쟁을 유발했을까? 서애 유성룡은『징비록』에서 그것에 대하여 이런 견해를 밝혔다.

---

176) "詩曰 予其懲而毖後患 此懲毖錄所以作也"(柳成龍,『懲毖錄』自序).

"**만력 병술년(선조 19, 1586) 무렵에** 일본국 사신 귤강광(橘康廣)이 그의 국왕 평수길의 서신을 가지고 우리나라에 왔다. 당초에 일본국왕 원씨(源氏)가 홍무 초기에 나라를 세워 우리나라와 인교를 수호한 때부터 거의 200년이 되었는데, 그 처음에는 우리나라에서도 또한 사신을 보내어 경조(慶弔)의 예절을 차렸으니, 문충공 신숙주가 서장관으로 왕래한 것이 곧 그 한 가지 전례이다. **신숙주가 죽음에 임하였을 때 성종께서 말하고 싶은 바를 물으시자, 이에 신숙주가 대답하여 말하기를, '원컨대, 우리나라는 일본과 실화(失和)하지 말아야 합니다.' 하였다.** 성종은 그 말에 감동하여 부제학 이형원과 서장관 김흔에게 명령하여 화목한 관계를 닦고자 하였다. 그들이 대마도에 이르렀는데, 바람과 파도가 일어나자 놀라고 두려워하여 사신들은 병을 얻게 되었다. 그들은 성종에게 상서하여 그 같은 상황을 아뢰었다. 성종은 서계와 예물을 대마도 도주에게 주고 그냥 돌아오라고 명령하였다. 이로부터 조선은 일본에 사신을 다시 보내지 않았고, 매번 일본 사신이 조선에 오면 전예에 따라 그들을 접대할 뿐이었다.

이에 이르러 **평수길이 원씨를 대신하여 일본국왕이** 되었다. 평수길에 관하여, 어떤 사람이 말하기를, '원래 그는 중국 사람으로서 왜국에 흘러 들어가 나무 장사로 생업을 삼았다. 어느 날 일본국왕이 밖으로 나갔다가 길에서 그를 만났는데, 그 사람된 품을 이상히 여겨 불러서 군대에 편입시켰더니 용력이 있고 전투를 잘하여 전공을 쌓아 대관에 이르러 권력을 잡게 되었고 마침내 원씨의 자리를 빼앗아 왕이 되었다.' 하였다. 또 어떤 사람은 말하기를, '원씨가 다른 사람에게 죽음을 당하니 평수길이 또 그 사람을 죽이고 나라를 빼앗았다.'고도 하였다. 평수길은 무력으로 여러 섬을 평정하여 국내의 66주를 통일하고는 마침내 외국을 침략할 뜻을 품었다. 이에 말하기를, '**우리 사신은 매번 조선에 가는데 조선의 사신은 오지 않으니 이것은 우리 일본을 무시하는 처사이다.**'라고 하였다. 평수길은 귤강광을 우리나라에 보내 통신사를 보내줄 것을 요구했는데, 그 언사가 대단히 거만해서 '이제 천하가 짐의 손아귀에 들어올 것이다.'라는 말까지 있었다. 대개 원씨가 망한지는 이미 10여년이나 되었는데,

여러 섬의 왜인들이 해마다 우리나라를 왕래하였으나, 제나라의 엄중한 금령을 두려워하여 이런 사실을 외국에 누설시키지 않았기에 우리 조정에서는 알지 못했던 것이다. (중략) 어명으로 사신 보낼 만한 사람을 가리게 하였는데, 대신이 첨지 황윤길과 사성 김성일을 추천하였으므로 이들을 상사와 부사로 삼고, 전적 허성을 서장관으로 삼아 **경인년(선조 23, 1590) 3월**에 마침내 평의지 등과 함께 일본으로 떠나게 하였다."[177]

위에 의하면 조선은 건국 직후부터 성종 때까지는 일본에 통신사를 보냈다. 그러나 성종 때 이형원과 김흔이 대마도까지 갔다가 병이 들어 그냥 돌아온 후부터 임진왜란 직전인 경인년(선조 23, 1590)까지는 일본에 통신사를 보내지 않았다. 다시 말해 성종 이후 연산군, 중종, 인종, 명종의 4왕은 단 한 차례도 일본에 통신사를 보내지 않았고, 선조 역시 즉위 23년이 되기 전까지는 한 차례도 일본에 통신사를 보내지 않았던 것이다.

이렇게 성종 때부터 선조 23년까지 통신사를 보내지 않은 기간을 계산하면 100년이 넘는다. 조선전기 200년 역사에서 절반에 해당하는 100년은 통신사를 보내지 않았던 것이다. 그 같은 상황은 조선의 입장에서는 일본에 대한 정확한 정보 부재를 가져왔고, 일본의 입장에서는 조선에 대한 불만을 가져왔다. 이런 상황이 쌓여서 조선과 일본 양국 관계가 실화하게 되어 임진왜란으로까지 이어졌다는 것이 서애 유성룡의 생각이었던 것이다.

한편 서애 유성룡이 『징비록』에서 "그 처음에는 우리나라에서도 또한 사신을 보내어 경조의 예절을 차렸으니, 문충공 신숙주가 서장관으로 왕래한 것이 곧 그 한 가지 전례이다."라고 언급한 내용은

---

177) 柳成龍, 『懲毖錄』 권1.

세종 25년 2월 21일에 신숙주가 서장관 자격으로 정사 변효문, 부사 윤인보와 함께 아시카가 막부에 통신사로 갔던 일을 지칭한다. 서장관 자격으로 일본에 다녀온 후, 신숙주는 일본을 비롯한 동아시아 해양 국가에 관심을 기울였고, 그 결과 성종 2년(1471)에 왕명을 받아 『해동제국기』를 저술했다. 신숙주는 『해동제국기』를 저술하고 4년 후인 성종 6년(1475)에 세상을 떠났는데, 그때 성종에게 유언으로 당부한 말이 "우리나라는 일본과 실화하지 말아야 합니다."였다.

신숙주는 세종, 문종, 단종, 세조, 예종, 성종의 6대에 걸쳐 정치, 외교 방면에서 탁월한 활약을 보인 경세가였다. 그런 신숙주의 마지막 유언이 바로 "우리나라는 일본과 실화하지 말아야 합니다."였다는 것은 당시 조선과 일본의 화호가 조선과 일본 두 나라 뿐만 아니라 동북아시아 차원에서도 매우 중요했기 때문이었다. 조선과 일본이 실화하게 되면 그 여파가 곧바로 동북아시아 전체에 퍼질 수 있기 때문이었다. 이런 사실을 잘 아는 신숙주는 죽음을 앞둔 상황에서도 조선과 일본의 화호를 역설하였던 것이다.

신숙주가 강조한 것처럼 조선과 일본이 실화하지 않기 위해서는 무엇보다도 양국 사이에 평화와 우호 관계가 형성되어야 했다. 그러기 위해서는 사신을 자주 교환하여야 했다. 하지만 조선은 세종 25년(1443) 2월 21일에 변효문, 윤인보, 신숙주를 삼사로 하는 통신사를 파견한 후 성종 6년(1475) 6월 21일에 신숙주가 세상을 떠날 때까지[178] 30여년이 되도록 사실상 일본에 통신사를 파견하지 못했다. 왜냐하면 세조 5년(1460) 8월에 23일에 송처검, 이종실, 이근을 정사, 부사, 서장관으로 삼아[179] 일본에 파견했지만, 이들은 대마도에

---

178) 『성종실록』 권56, 6년(1475) 6월 21일(무술).
179) 『세조실록』 권17, 5년(1459) 8월 23일(임신).

서 풍랑을 만나 행방불명됨으로써[180] 결과적으로 실패한 통신사가 되었고, 이후 신숙주가 세상을 떠날 때까지 통신사를 보내지 않았기 때문이다. 따라서 신숙주의 입장에서 보면 자신이 서장관으로 참여했던 세종 25년(1443)의 통신사가 마지막이 된 셈이었다. 그 이후 30여년에 걸쳐 사실상 통신사가 끊어진 상황이 지속되면서 자칫 일본과의 실화를 가져올까 우려한 신숙주는 "우리나라는 일본과 실화하지 말아야 합니다."는 유언을 남겼는데, 이는 속히 통신사를 파견하라는 요구였다.

신숙주의 유언에 따라 성종은 일본에 통신사를 보내기로 결정하고 신숙주 사후 1개월 후인 7월 16일에 통신사의 정사에 배명후, 부사에 이명숭, 서장관에 채수를 임명했다.[181] 하지만 이들은 일본에 내란이 발발함으로써 파견되지 못했다. 결국 4년 후인 성종 10년(1479) 4월 1일에 정사 이형원, 부사 이계동, 서장관 김흔을 일본에 통신사로 파견했지만[182], 이들은 대마도까지 갔다가 병이 들어 그냥 되돌아왔던 것이다. 이런 사실로 보면 신숙주가 참여했던 세종 25년(1443)의 통신사를 끝으로 임진왜란이 발발하기 직전까지 150년 가까이 통신사가 일본에 파견되지 못하였고, 그 결과가 조선과 일본의 실화 및 임진왜란으로 이어졌다고 할 수 있다.

---

180) 『세조실록』 권19, 6년(1460) 1월 31일(신사).

181) 『성종실록』 권57, 6년(1475) 7월 16일(계해).

182) 『성종실록』 권103, 10년(1479) 4월 1일(정해).

나) 통신사와 이예

기왕의 연구에 의하면 조선이 건국된 후부터 임진왜란 직전까지 200년에 걸쳐 총 19회의 통신사가 파견되었다. 구체적으로 보면 태조 대에 1회, 정종 대에 2회, 태종 대에 5회, 세종 대에 7회, 세조 대에 1회, 성종 대에 2회, 선조 대에 1회였다. 19회 중에서 절반이 넘은 12회가 태종과 세종 대에 파견되었던 것이다. 반면 문종, 단종, 예종, 연산군, 중종, 인종, 명종 대에는 단 한차례의 통신사도 파견되지 않았다. 그나마 세조 대의 1회, 성종 대의 2회는 실패한 통신사였다. 요컨대 조선전기 통신사는 태종과 세종 대에 집중되었으며 그 중에서도 7회를 기록한 세종 대가 압도적이었다. 이는 세종 대에 조선과 일본 사이에 활발한 외교 교류가 있었음을 의미하는데, 세종 대의 외교 교류를 실무적으로 주도한 주인공이 바로 충숙공 이예였다.

예컨대 충숙공 이예는 세종 대의 7차례 통신사 사행 중에 삼사의 일원으로서 4차례나 참여하였는데, 이는 조선왕조 500년에 걸쳐 전무후무한 기록이었다. 조선시대 5백년에 걸쳐 통신사 사행은 조선전기의 19차례와 조선후기의 12차례 합 31차례였다. 이 31차례의 통신사 사행에 삼사의 자격으로 두 번 이상 참여한 경우는 충숙공 이예의 네 차례와 윤인보의 두 차례가 유일한데, 이 중에서도 충숙공 이예의 네 차례는 압도적이라 할 만하다.

<표 5> 조선왕조 500년의 통신사 사행과 삼사[183]

번호	연도	삼사		
		정사	부사	서장관
1	태조 1(1392) 11	승려 각추	?	?
2	정종 1(1398) 12	박돈지	?	?
3	정종 2(1399) 8	최운사	?	?
4	태종 2(1402) 7	조관	?	?
5	태종 4(1404) 10	여의손	?	?
6	태종 6(1406) 12	윤명	?	?
7	태종 10(1410) 2	양수	?	?
8	태종 13(1413) 2	박분	?	?
9	세종 2(1420) ?	송희경	?	?
10	세종 4(1422) 12	박화중	**이예(1)**	?
11	세종 6(1424) 2	박안신	**이예(2)**	오경지
12	세종 10(1428) 12	박서생	**이예(3)**	?
13	세종 14(1432) 7	**이예(4)**	김구경	김극유
14	세종 21(1439) 7	고득종	**윤인보(1)**	?
15	세종 25(1443) 2	변호문	**윤인보(2)**	**신숙주**
16	세조 5(1460) 8	송처검	이종실	이근
17	성종 6(1475) 8	배맹후	이영승	채수
18	성종 10(1479) 4	이형원	이계동	김흔
19	선조 23(1590) 3	황윤길	김성일	허성
20	선조 40(1607)	여우길	경섬	정호관
21	광해군 9(1617)	오윤겸	박재	이경직
22	인조 2(1624)	정립	강홍중	신계영
23	인조 14(1636)	임광	김세렴	황호
24	인조 21(1643)	윤순지	조경	신유
25	효종 6(1655)	조형	유창	남용익
26	숙종 8(1682)	윤지완	이언간	박경후
27	숙종 37(1711)	조태억	임수간	이방언
28	숙종 45(1719)	홍치중	황선	이명언
29	영조 24(1748)	홍계희	남태기	조명채
30	영조 40(1764)	조엄	이인배	김상익
31	순조 11(1811)	김이교	김면구	?

위의 <표 5>에서 보이듯 충숙공 이예는 세종 4년(1422) 12월의
통신사 사행 때 부사로 참여한 이래 세종 6년(1424) 2월의 통신사

183) <표 5>는 손승철(2006)『조선통신사, 일본과 통하다』, 동아시아, p.64와 p.179 및 조선왕조실록
을 참조하여 작성하였다.

사행 때 부사, 세종 10년(1428) 12월의 통신사 사행 때 부사 그리고 세종 14년(1432) 7월의 통신사 사행 때 정사로 참여하였다. 이와 같은 사실은 세종 4년부터 세종 14년의 10년에 걸친 대일 외교는 사실상 충숙공 이예에 의해 주도되었음을 알려준다. 세종 14년 이후 충숙공 이예는 더 이상 통신사 사행에 참여하지는 않았지만 최고의 일본 전문가로서 대일 외교에서 강력한 영향력을 행사하였다. 그렇게 된 이유는 충숙공 이예의 출신 자체를 비롯하여 일생 전반이 운명적으로 일본과 관계되었기 때문인데, 그와 관련된 내용이 『세종실록』의 졸기에 이렇게 압축되어 있다.

"동지중추원사 이예가 세상을 떠났다. 이예는 울산군의 아전이었었는데, 홍무 병자년(태조 5, 1396) 12월에 왜적 비구노고(非舊老古) 등이 3천 명의 군사를 거느리고 항복을 청하거늘, 경상도 감사가 지울산군사 이은을 시켜 관에서 접대를 맡아보게 하고, 사실을 갖추어서 조정에 알렸다. 조정의 의논이 분분하여 오랫동안 결정짓지 못하고 있는데, 동래의 어느 중이 왜적에게 이르기를, '관군이 바다와 육지에서 양쪽으로 공격하려고 한다.' 하니, 왜적이 그 말을 믿고 노하여 지울산군사 이은과 전판사 위충을 사로잡아 가지고 돌아갔다. 울산의 여러 아전들은 모두 도망하여 숨었는데, 이예가 기관 박준과 더불어 관아에서 쓰는 은으로 만든 술그릇을 가지고 왜적의 뒷배를 타고 바다 가운데까지 뒤쫓아 가서 지울산군사 이은과 같은 배에 타기를 청하니, 적이 그 정성에 감동하여서 이를 허락하였다. 대마도에 이르러서 적들이 지울산군사 이은 등을 죽이려고 의논하였는데, 이예가 지울산군사 이은에게 들고나는 데에 여전히 아전의 예절을 지키기를 더욱 깎듯이 하였다. 보는 자들이 말하기를, '이 사람은 진짜 조선의 관리이다. 이를 죽이는 것은 좋지 못한 일이다.' 하였고, 이예도 또한 그 은그릇으로 비구로고 등에게 뇌물을 주어서 죽음을 면하고 대마도의 화전포(和田浦)에 유치되었는데,

거기 있은 지 1달 만에 비밀히 배를 준비하여서 도망하여 돌아올 계획을 하려던 중에, 때마침 나라에서 통신사 박인귀를 보내어 화해하게 되어서, 이듬해 2월에 지울산군사 이은과 함께 돌아왔다. 나라에서 이를 가상히 여기어 이예에게 아전의 역을 면제시키고 벼슬을 주었다.

당초에 예가 8세 때에 모친이 왜적에게 포로가 되었었는데, 경진년(태종 즉위년, 1400)에 조정에 청하고, 회례사 윤명을 따라서 일본의 삼도에 들어가 어머니를 찾았는데, 집집마다 수색하였으나 마침내 찾지 못하였다. 처음에 대마도에 가니 도주 영감(靈鑑)이 사건으로서 윤명을 잡아 두고 보내지 않으니, 예가 대신하여 예물을 받아 가지고 드디어 일기도에 있던 지좌전(志佐殿)과 통하여 사로잡힌 사람들을 돌려보내 달라고 청하고, 또 도적을 금하게 하였다. 신사년(태종 1, 1401) 겨울에는 예물을 가지고 일기도로 가는데, 대마도에 이른즉, 마침 영감은 귀양가고 섬 안이 소란하여서 타고 간 배를 잃어버리고서, 가까스로 일기도에 도달하여 포로 된 50인을 찾아서 왜인 나군(羅君)의 배를 빌어 싣고 돌아왔는데, 그 공으로 좌군 부사직에 제수되고, 나군에게 쌀 3백 섬을 주었다. 이때부터 경인년(태종 10, 1410)까지 10년 동안에 해마다 통신사가 되어 삼도에 왕래하면서 포로 5백여 명을 찾아 왔다. 여러 번 벼슬이 옮겨서 호군이 되었으며, 병신년(태종 16, 1416)에 유구국에 사신으로 가서 또 40여 인을 찾아 왔고, 임인년(세종 4, 1422)과 갑진년(세종 6, 1424)에는 회례사 박희중과 박안신의 부사가 되어 일본에 들어가서 전후에 찾아 온 사람이 70여 인이어서 대호군에 올랐다. 계축년(세종 15, 1433)에 또 일본에 다녀와서 그 공로로 상호군에 가자 되고, 드디어 첨지중추원사에 임명되었다. 계해년(세종 25, 1443)에는 왜적이 변방에 도적질하여 사람과 물건을 약탈해 갔으므로 나라에서 사람을 보내서 찾아오려 하니, 이예가 자청하여 대마도체찰사가 되어 포로 7인과 도절직한 왜인 14인을 찾아서 왔으므로, 동지중추원사에 승진되었다. 왜국에 사명으로 가기가 무릇 40여 차례였으며, 향년이 73세이었다. 아들은 이종실이었다."184)

위에서 나타나듯이 충숙공 이예는 공민왕 22년(1373)에 태어났고, 8살 때인 우왕 6년(1380)에는 왜적에게 어머니를 포로로 잡히는 참화를 겪기도 하였다. 조선 건국 후, 충숙공 이예는 25세 되던 태조 6년(1397) 1월 3일에 지울산군사 이은을 구출하기 위해 왜적을 따라 대마도에까지 갔다가[185] 50여일 만인 2월 27일에 지울산군사 이은과 함께 귀국하였다.[186] 울산 출신인 충숙공 이예의 일생은 이처럼 처음부터 운명적으로 일본과 연결되었다.

이후 충숙공 이예는 28세 되던 태종 즉위년(1400)부터 38세 되던 태종 10년(1410)까지 매년 일본의 삼도에 들어가 어머니를 찾으면서 일본 전문가의 반열에 올랐다. 이 같은 경륜과 경험을 바탕으로 충숙공 이예는 세종에게 최고의 일본 전문가로 인정받아 세종대의 통신사 사행은 물론 외교 실무를 주도하게 되었다. 이 결과 충숙공 이예는 세종 대의 7차례 통신사 사행에서 4차례나 삼사의 자격으로 참여하였을 뿐만 아니라, 수십 차례나 대마도에 다녀옴으로써 평생에 걸쳐 40여 차례의 사행을 다녀올 수 있었다. 충숙공 이예의 수십 차례 일본 사행은 작게는 조선과 일본과의 평화체제 구축에 기여하였을 뿐만 아니라 크게는 동북아 평화 체제의 구축에 지대한 공헌을 하였는데, 그것은 궁극적으로 고려 말 조선 초에 동북아 평화를 위협하던 왜구 문제를 평화적으로 해결하였기 때문이다.

---

184) 『세종실록』 권107, 27년(1445) 2월 23일(정묘).

185) 『태조실록』 권11, 6년(1397) 1월 3일(병진).

186) 『태조실록』 권11, 6년(1397) 2월 27일(경숙).

다) 조선초기 동북아 평화체제와 이예

왜구는 삼국시대부터 고려시대를 거쳐 조선시대까지 한국의 전통시대 내내 존재했다. 이 중에서도 고려 말 조선 초의 약 170년 동안에 왜구가 많았다. 기왕의 연구에 따르면 1223년부터 1392년까지 169년간 529회의 왜구가 있었다고 한다.

고려 말 조선 초 중에서도 특히 왜구가 많았던 시기는 고려 충정왕 2년(1350)부터 조선이 건국되는 1392년의 40여 년 동안이었다. 『고려사절요』에 의하면 충정왕 2년에 왜구가 고성, 죽림, 거제 등에서 노략질하였는데 이때부터 왜구가 일어나기 시작하였다고 한다. 1350년부터 1392년까지 40여 년간 있었던 왜구의 숫자는 연구자에 조금씩 다르게 나타난다. 나종우의 『한국 중세 대일교섭사 연구』에서는 495회, 이현종의 『조선 전기 대일교섭사 연구』에서는 484회, 다나카 다케오의 『왜구』에서는 313회의 왜구가 있었던 것으로 기록하고 있다.[187] 연구자에 따라 편차가 있기는 하지만 40여 년간 대략 400회 정도의 왜구가 있었다고 보면 매년 10번 정도의 왜구의 침략이 있었던 셈이 된다. 거칠게 계산하면 40년 동안 우리나라는 거의 매달 한 번 꼴로 왜구의 침략을 당했다는 말이 된다.

설상가상 고려 말의 왜구는 규모나 조직 면에서 단순한 해적 수준을 넘어섰다. 고려 말의 왜구는 많은 경우 400~500척의 대 선단으로 이루어졌으며 그 수는 수만 명이나 되었다. 왜구를 이끄는 지휘관들은 말을 타고 갑옷까지 갖춘 정규군 장교들이었다.

1350년 즉 14세기 중반에 왜구가 갑자기 창궐하기 시작한 이유는 일본이 남북조로 분열되어 격심한 전란을 겪었기 때문이다. 고려 정

---

187) 손승철(2006)『조선통신사, 일본과 통하다』, 동아시아, p.27.

부에서는 왜구를 진압하기 위해 전함을 건조하고 수군을 강화하기도 하였지만 외교적 노력을 기울이기도 하였다. 즉 일본에 항의사절을 파견해 일본에서 자체적으로 왜구를 통제해 줄 것을 요청했던 것이다. 예컨대 고려 우왕 1년(1375) 2월에 나홍유를 일본에 파견한 것 등이 그것이었다. 그때 일본에서는 왜구가 창궐하게 된 원인을 이렇게 해명하였다.

> "나홍유가 일본에서 돌아왔는데, 일본에서는 스님 양유(良柔)를 파견하여 답례하였다. (중략) 그때 일본의 스님 주좌(周佐)가 편지를 보내 말하기를, '지금 일본의 서해도 일대와 구주에는 난신들이 할거 하고 있으면서 이미 20여 년이나 공납을 바치지 않았습니다. 일본 서쪽 바닷가의 우매한 백성들이 틈을 엿보아 귀국을 침공하는 것은 우리가 하는 것이 아닙니다. 그러므로 조정에서 장수를 보내 토벌하는데 그 지방에 깊이 들어가서 날마다 서로 싸우고 있습니다. 이제 큐슈를 거의 평정하였으니, 하늘과 해에 맹세하면서 해적들의 노략질을 금지할 것을 약속합니다.(중략)' 하였다."[188]

이처럼 당시 왜구의 근거지는 일본의 서해도 일대와 큐슈 지역이었다. 특히 대마도, 일기도, 송포 등 세 곳의 왜구가 심하였다. 이곳의 왜구는 남북조 시대의 전란에서 패배한 북 큐슈의 무사단과 재지 세력인 송포당 등 조직무장집단 그리고 전쟁으로 인해 곤궁에 빠진 비조직적 영세민 등으로 구성되어 있었다.[189]

이들 중에서도 왜구의 소굴은 대마도였다. 대마도가 왜구의 소굴이 된 이유는 남북조의 전란 때문이기도 하지만 보다 더 근본적인

---

188) 『고려사』열전 46, 신우(辛禑) 2년 10월.

189) 하우봉(1995) 「일본과의 관계」, 『한국사』22, 국사편찬위원회, p.373.

이유는 인구 압력으로 인한 생활난 때문이었다. 대마도는 고래로 산이 많고 토지가 척박하여 해산물을 채취하여 판매하는 것으로써 생계를 꾸렸다. 예컨대 대마도에 관한 최초의 기록인 중국의 『삼국지』에서는 대마도를 "산이 험하고 깊은 숲이 많으며, 도로는 짐승들이 다니는 좁은 길과 같다. 1천여 호가 있으며, 좋은 밭이 없고 해산물을 먹으며 스스로 산다. 배를 타고 남북으로 다니며 장사한다."고 묘사했다. 『삼국지』는 약 3세기경의 책으로 당시 대마도에 1천여 호가 있었다고 하면 인구가 약 4~5천명쯤 되었을 것으로 추정된다. 3세기의 대마도는 4~5천 명 정도의 인구도 자체적으로 먹고 살기 힘들어 남북으로 돌아다니며 장사를 했다는 것이다. 당시 대마도 사람들은 해산물을 판매하여 식량을 구입, 충당했을 듯하다.

이처럼 자체적으로 식량을 해결할 수 없는 대마도에서는 인구가 늘어나면 늘어날수록 인구 압력이 가중될 수밖에 없었다. 대마도의 인구는 17세기에 19,857명이었다고 한다.[190] 이 수는 3세기에 비해 약 4배 정도 늘어난 수인데, 이 당시 대마도 사람들은 어업활동과 무역활동은 물론 조선으로부터 식량을 원조 받아야 생활을 유지할 수 있었다. 요컨대 전통시대의 대마도는 수천 명 정도의 인구를 유지하기 위해서도 외부로부터의 식량유입이 필수적이었던 것이다.

그런데 고려 말, 조선 초의 대마도에는 수천 명 정도가 아니라 수만 명 정도의 인구가 있었다. 심지어 17세기보다 훨씬 더 많은 인구가 있었던 것으로 보인다. 신숙주가 지은 『해동제국기』에 의하면, 15세기의 대마도에는 8,800여 호가 있었다고 한다. 호당 인구가 4~5명이라고 가정한다면 당시의 대마도에는 3만에서 4만 정도의 인구

---

190) 長節子(2002) 『中世國境海域の倭と朝鮮』, 吉川弘文館, p.12.

가 있었다는 계산이 나온다. 이 숫자는 17세기에 비해 거의 배 이상의 인구가 되는 셈이다. 2009년 5월말을 기준으로 했을 때 대마도의 인구가 36,371명이므로 15세기에 그 정도의 인구가 대마도에 있었다는 것은 어마어마한 숫자라 할 수 있다.

대마도의 인구가 15세기에 비해 17세기에 대폭 감소했다는 것은 몇 가지 문제를 내포하고 있다. 첫째는 15세기와 16세기에 기후와 같은 자연환경이 악화됨으로써 17세기의 대마도 인구가 감소했다는 측면이다.[191] 하지만 이보다 더 중요한 것은 고려 말에 창궐하던 왜구가 조선 건국을 전후하여 대거 진압됨으로써 약탈에 의한 식량유입 및 인구증가가 격감했다는 사실이다. 이는 달리 말하면 고려 말, 조선 초에는 약탈에 의한 식량 유입 및 인구 증가가 대마도의 인구가 격증했다는 의미이다.

고려 말의 왜구는 도서지역과 해안가는 물론 내륙 깊숙한 곳까지도 노략질했다. 이 결과 고려의 도서지역과 해안지역은 거의 무인지경이 되다시피 하였다. 『고려사절요』에는 왜구 때문에 "바다에서 50리, 혹은 30~40리 떨어진 곳이라야 백성들이 겨우 편안히 살 수 있다."는 증언까지도 있다.

이것은 고려의 도서지역은 물론 해안에서 내륙으로 50리 정도는 거의 왜구에게 약탈되었음을 반증한다. 한반도의 지형적 특성상 논과 밭은 넓은 평지가 발달한 해안가 가까이에 많았다. 그러므로 해안가로부터 50리 정도의 사이에는 비옥한 전답이 많았다. 예컨대 고려 말인 공양왕 1년(1389)에 경기도, 충청도, 경상도, 전라도, 황해도, 강원도의 6도를 양전했을 때 96만여 결(結)이었는데, 그로부터

---

191) 蔣持重裕(2002) 「해양사회로서의 대마」. 『도서문화』20.

17년 후인 조선 태종 6년(1406)에 6도를 양전했을 때는 30여만 결이 증가한 126만 결이었다. 17년 사이에 늘어난 30여만 결은 대부분이 왜구 때문에 황폐화 되었던 바닷가의 전답을 다시 개간한 것이었다.192) 이렇게 보면 고려 말에 126만 결이었던 6도의 전답이 왜구 때문에 96만여 결로 줄었다가 다시 126만 결로 회복된 것이라 하겠다. 왜구 때문에 줄어든 해안가의 전답은 전체 전답 중에서 대략 4분의 1정도 수준이었다. 이렇게 많은 전답이 왜구에게 약탈되었다는 것은 고려의 피해가 그만큼 컸으며, 동시에 대마도를 비롯한 왜구의 약탈이 그만큼 대규모였음을 보여주기도 한다. 정확한 수량을 파악할 수는 없지만 막대한 약탈 곡물과 피랍 인구가 대마도를 비롯한 일본 각지에 유입되었을 것이다. 이런 배경에서 대마도의 인구가 폭증했을 것이 틀림없다.

하지만 왜구의 약탈은 조선건국을 전후하여 격감하였다. 그것은 조선의 해안방어강화, 대마도 정벌 같은 군사적 요인과 일본의 남북조 통일이라는 정치적 요인 기타 조선과 일본 사이에 교린체제의 성립이라는 외교적 요인 등이 복합적으로 작용함으로써 성취되었다.

대마도를 비롯한 일본 각지의 왜구들이 약탈자에서 어부 또는 교역자로 전환되는 과정에는 몇 번의 계기가 있었다. 첫 번째 계기는 조선 태종 4년(1404) 7월부터 일본의 아시카가 막부 장군을 '일본국왕'으로 인정함으로써 양국의 중앙 정부 간에 공식적으로 국교가 체결된 일이었다. 일본의 아시카가 막부 장군은 1392년에 남북조를 통일한 후, 1403년에 명나라로부터 '일본국왕'에 임명됨으로써 동아시아의 중국적 세계질서에 편입되었다. 그 직후에 아시카가 막부 장군

---

192) 『태종실록』권 11, 태종 6년 5월 3일.

은 조선에 사신을 보내 국교수립을 요청하였다. 이에 호응하여 조선에서 아시카가 막부의 장군을 '일본국왕'으로 인정한 것은 동아시아의 중국적 세계질서 속에서 막부 장군이 조선국왕과 대등한 외교 대상자임을 확인한 것이었다. 이로써 조선과 일본 사이에는 이른바 상호 대등한 교린체제가 성립되었다. 이는 통일신라가 멸망한 이후 끊어졌던 한일 간의 외교관계가 550여 년 만에 회복된 역사적인 사건이었다.193) 이 교린체제는 조선이 멸망할 때까지 거의 500년간 지속되었다.

그런데 태종 4년에 성립된 교린체제는 몇 가지 문제점을 가지고 있었다. 첫 번째는 일본의 무역선 또는 사행선들이 합법적으로 조선의 모든 포구에 기항하게 됨으로써 생기는 문제였다. 또 하나는 여전히 왜구가 준동한다는 문제였다. 첫 번째 문제와 두 번째 문제는 상호 연계되어 조선에 어려움을 가중시켰다. 왜냐하면 무역선과 왜구가 구별되지 않았을 뿐만 아니라 무역선을 가장한 왜구가 많았기 때문이었다. 그것은 일본의 막부체제상 막부장군이 지방의 영주들을 조선국왕처럼 중앙집권적으로 지배, 통제하지 못함으로써 더욱 악화되었다. 이런 문제를 해결하기 위해 태종 7년(1407) 7월에 왜선의 기항지를 내이포와 부산포로 한정시켰다.

그런데 이 조치는 대마도의 경제는 물론 외교에도 커다란 타격을 주었다. 예컨대 세종 6년(1424) 12월 17일자의 실록기사에 의하면, 당시 대마도 사람들은 "전에는 물고기와 소금을 매매할 때, 각 포에 통행할 것을 허락하였는데 지금은 내이포와 부산포 이외에는 통행하지 못하게 한다."고 불만을 토로하였다. 이는 기항 포소가 제한됨

---

193) 하우봉(1995) 「일본과의 관계」, 『한국사』22, 국사편찬위원회, p.371.

으로써 어염 무역에서 크나큰 어려움을 겪게 된 대마도 사람들의 현실을 반영하는 것이었다.

대마도는 태종 4년 7월에 조선과 아시카가 막부 사에서 국교가 재개된 후 공식적으로 조일간의 교린체제 속에 편입되었다. 그것은 공식적으로 왜구의 약탈행위를 중지해야 한다는 뜻이었다. 만약 대마도 사람들이 이전처럼 왜구의 약탈행위를 계속한다면 그것은 조선왕조와 아시카가 막부 양쪽에 저항하는 것이 되기 때문이었다.

대마도의 왜구가 약탈행위를 중지하고 그 대신 할 수 있는 일은 대마도에서 생산되는 소금과 물고기를 판매하는 것이었다. 예컨대 태종 4년 7월의 실록 기사에 의하면 "흥리왜선이 연속하여 나와서 경상도에 이르는데, 일시에 혹은 수십 척이 된다."고 하였는데, 이 흥리왜선은 '소금과 물고기'를 가지고 와서 '쌀 또는 콩으로 바꾸어 가는' 대마도의 배들이었다.

태종 7년(1407) 이전에 대마도의 흥리왜선이 조선의 아무 포구나 마음대로 들어간 것은 고려 말 이래로 왜구가 장악했던 조선 바다의 제해권을 당시까지도 조선해군이 되찾아 오지 못했기 때문이었다. 그런 상황이었으므로 태종 4년에 공식적으로 일본과 교린 체제를 성립시켰음에도 조선 정부에서는 바다를 횡행하는 일본 선박들을 통제할 수 없었던 것이다. 이에 따라 교린체제 성립 이후에도 대마도를 비롯한 일본 각지에서 온 왜선들은 바다를 횡행하며 합법적인 무역을 하는 한편 불법적인 약탈을 자행하고 있었다.

태종 7년 7월의 조치는 내이포와 부산포를 제외한 다른 곳의 포구 및 바다를 횡행하는 왜선들을 금지하겠다는 선포였다. 그것은 곧 조선 정부가 명실상부 조선의 바다 주권을 되찾겠다는 공포나 마찬가지였다. 반면 대마도 사람들을 비롯한 일본인들의 입장에서는 고려 말 이래 제멋대로 횡행하던 조선 바다에서 더 이상 활동할 수 없게 되었음을 의미했다.

당연히 대마도 사람들을 비롯한 일본인들은 태종 7년 7월의 조치를 아무런 저항 없이 수용하지는 않았다. 그들은 왜구로 돌변하여 노략질하기도 하고 조선의 조치를 무시하고 여전히 조선 바다를 횡행하기도 하였다. 자연히 조선바다를 횡행하는 왜선과 바다 주권을 되찾으려는 조선 수군 사이에 충돌이 잦아졌다.

마침내 세종 1년(1419) 6월에 당시 상왕으로 있던 태종은 이종무 장군을 보내 대마도를 정벌하게 했다 대마도 정벌은 227척의 병선과 17,285명의 병력이 동원된 조선시대 최대의 군사정벌이었다. 결과도 매우 성공적이었다. 정벌군은 100여 척의 적선을 소각하고 1,939채의 가옥을 불태웠으며 114명의 왜적을 참수하고 131명의 중국인 포로를 색출해오는 전과를 올렸다. 대마도 정벌은 명실상부 조선시대 최대의 군사작전이며 가장 성공한 군사작전이기도 했다.

대마도 정벌 이후 왜구의 노략질은 거의 소멸되었다. 그것은 조선의 군사력을 대마도 사람들을 비롯한 일본인들이 두려워했기 때문이었다. 더 이상 노략질을 하다가는 그 이상의 보복공격을 당할 것이라는 두려움이었다. 그래서 대마도 사람들을 비롯하여 노략질로 생활하던 일본인들은 조선과 일본 사이의 교린체제 속에서 생존을 모색해야 했다. 기왕의 노략질이나 불법적인 어업, 밀무역 대신에 명실상부하게 합법적인 어업, 무역을 통해 살 길을 찾아야 했다.

대마도 사람들은 세종을 상대로 수많은 요구를 해 왔다. 기왕의 내이포와 부산포 이외에 더 많은 포구를 개항해 달라 요구한 것은 물론 거제도의 땅을 달라고 요구하기도 하고, 남해안 전체 어장을 개방해 달라고 요구하기도 하였다. 세종은 처음에는 모두 거절하였지만 생활고에 찌든 대마도 사람들의 요구가 거세지자 어느 정도 양보하여 타협안을 냈다. 내이포와 부산포 이외에 하나의 포구를 더 개방하고 대마도에 생활원조를 하는 것 등이었다.

세종 8년(1425) 1월에 대마도 사람들이 "상선은 다만 내이포와 부산포 2곳에서만 정박하여 무역하도록 허락하였는데, 앞으로는 좌우도의 각 포구에도 마음대로 다니며 무역할 수 있도록 해달라."고 요청했다. 이에 세종은 울산 염포에서의 무역을 허락하였다. 경상도의 모든 포구에서 무역할 수 있게 해달라는 대마도 사람들의 요구를 완전히 무시하다가는 대마도 사람들이 극단적인 행동을 할까 우려하여 하나의 포구를 더 개방한 것이었다. 이에 따라 대마도 사람들은 내이포, 부산포 그리고 염포에서 자유롭게 무역할 수 있게 되었다.

이에 더하여 세종은 대마도 사람들에게 전라도의 고초도 어장을 개방하였다. 고초도는 현재의 거문도로 추정된다. 이곳의 어장에서 좋은 물고기들이 대량 어획되었기에 대마도 사람들은 고초도 어장 개방을 끈질기게 요구했다. 만약 들어주지 않으면 전쟁을 벌일지도 모른다는 협박도 서슴지 않았다. 당시 자타가 공인하던 최고의 일본 전문가 충숙공 이예는 평화를 위해서는 대마도 사람들의 생업을 안정시키기 위해 고초도 어장을 개방해야 한다고 주장하였는데, 관련 내용이 『세종실록』에 이렇게 실려 있다.

"첨지중추원사 이예가 아뢰기를, '종언칠(宗彦七), 종무직(宗茂直)이 보낸 왜인 등은 그들의 요구가 수용되지 않았음을 알고 마음 속으로 분원을 품고 말이 퍽 불손하였으니 그 마음을 측량하기 어렵습니다. 신의 망령된 생각에는, 만약 욕망을 이루지 못하고 돌아가면 생명을 가벼이 여기고 죽고 사는 것을 돌보지 아니하는 무리들이 여러 도적들과 연결하여 포학을 자행하여 날뛰면 작은 연고가 아닐까 하옵니다. 또 통신사의 회환이 이미 가까웠습니다. 청하건대 종정성, 종언칠, 종무직 등에게 사신을 보내어 본토 왜인들의 모람한 상황을 일러주고 국가 대의로 타이르며, 인하여 술을 내려 주고, 또 **서여서도에 왕래하며 소원대로 고기를 잡도록 허락하여 그 생업을 유지**하게 하면, 대마도의 왜인들이 마음속으로 기쁘게 성복할 것입니다.' 하니, 예조에 내리었다."194)

　충숙공 이예의 건의에 따라, 세종은 고초도 어장 개방을 논의하기 위해 조정 중신들과 몇 차례 회의를 가졌다. 그때마다 찬반 의견이 팽팽하게 갈려 결정을 내리지 못했다. 하지만 대마도 사람들의 요청이 계속되자 세종은 23년(1441) 11월 22일에 마지막 중신 회의를 열었다. 그때도 찬반 의견이 팽팽하였다. 찬성 측은 영의정 황희, 좌찬성 하연, 우찬성 최사강, 병조판서 정연, 예조판서 김종서, 우참찬 이숙치 등이었다. 그들의 찬성논리는 다음과 같았다.

　　"비록 허락하지 않는다고 해도 대마도 사람들이 몰래 숨어 왕래하면서 그 이익을 취하여 다함이 없을 것이니 우리나라에서 비록 안다고 해도 어떻게 금하겠습니까? 만약 금하려고 하면 분명 변경에 틈이 생길 것이니, 차라리 허락하여 그 은혜를 베푸는 것만 같지 못합니다. 또 약속을 정하여 왕래를 조절함이 편리할 듯합니다. 거제도의 지세포는 바로 왜선이 왕래하는 요충지이니 지혜와 용맹이 있는 자를 골라서 만호로 삼고, 대마도 도주와 약속하기를, '너희들의 생활이 곤란하고 또 두세 번 청하기에 고초도에서 고기 잡는 것을 허락하고자 한다. 모름지기 배의 대소를 구분하여 통행증을 주어 왕래하게 하고, 지세포에 세금을 바치며, 만약 통행증이 없거나 또는 세금을 바치지 않으면, 논죄하여 세금을 징수하겠다.'고 함이 좋을 듯합니다."195)

194) 『세종실록』, 권88, 22년(1440) 3월 22일(갑자).

반대 측의 대표자는 우의정 신개였는데, 그의 반대 논리는 다음과 같았다.

"만약 이 청을 들어준다면 저들이 분명 고초도를 그들의 땅으로 만들고, 혹 와서 거주하는 자도 있을 것입니다. 그런데 오랜 세월이 지나면 우리나라에서 무슨 근거로 다투겠습니까? 생각하면 가히 한스럽습니다. 당연히 왜인에게 알리기를, '고초도는 우리나라 영토인데, 너희들이 어찌 감히 마음대로 왕래하며 고기를 잡겠는가?' 하여 마땅히 대의를 들어 깨우쳐 말할 것이오며, 가볍게 승낙해서는 안 됩니다. 저들이 비록 몰래 숨어서 왕래할 지라도 매번 고기 잡을 때를 당하여 병선을 나누어 보내 수색해 잡아 적선으로 논죄하면, 저들이 어찌 감히 왕래하며 그 위력을 범하겠습니까? 이렇게 하면 우리나라의 위엄이 크게 떨쳐져 저들이 감히 방자하지 못할 것이오니, 신은 허락하지 않는 것이 마땅하다고 생각하옵니다."[196]

세종은 찬성 측의 입장대로 고초도 어장을 개방하였다. 그러자 다음날 우의정 신개가 세종을 찾아와 울면서 고초도 어장개방을 취소하길 요구했다. 그럼에도 불구하고 세종은 고초도 어장개방을 철회하지 않았다.

세종은 당시 대마도의 상황이 심상치 않다고 판단했다. 그 판단은 당대 최고의 일본 전문가 이예의 판단에 입각했다. 세종은 영토, 영해를 개방할 수 없다는 원칙론에 집착하다가, 대마도 사람들을 극단적인 상황으로 내몰까 우려했던 것이다. 만약 극단적인 상황으로 내몰린 대마도 사람들이 '포학을 자행하며 날뛰게 되면' 그 피해와 비용도 결코 만만치 않을 것이기 때문이었다. 세종은 일찍이 "대마도

---

195) 『세종실록』권 94, 23년(1441) 11월 22일.
196) 『세종실록』권 94, 23년(1441) 11월 22일.

사람들이 만약 내가 쌀을 내린 것에 감사하여 변경을 소란하게 하지 않는다면 비록 해마다 천석이라도 줄 수 있다."197)고 한 적이 있었다. 세종은 일방적인 무력과 위협만으로는 대마도 문제를 해결할 수 없다고 생각하고 평화를 유지하기 위한 일정의 비용을 지불해야 한다고 판단했던 셈이다. 세종은 대마도와의 군사적 충돌이 우려되는 상황에서, 조선의 영토와 영해를 지키면서 동시에 충돌을 피하기 위해서는 고초도 어장을 개방하는 것이 최선이라고 판단했던 것이다. 이에 세종 23년(1441) 11월 22일에 고초도 어장을 개방하기로 확정했는데, 다만 개방하더라도 그곳이 조선의 영해와 영토임을 분명히 하고, 아울러 노략질의 위험을 없애기 위해 세금 부담 및 통행증 발급 등 만반의 대책을 세웠다. 『세종실록』에 의하면 이른바 고초도 釣魚 禁約이라 불리는 대책은 다음과 같이 대략 8개 조항으로 이루어졌다.

> "전년 겨울에 고도, 초도의 두 섬에서 물고기를 낚는 것을 정약할 때에,
> 1. 귀하가 보내는 사람은 병기를 휴대하지 못하며,
> 2. 그 선박의 척수와 크기의 대·중·소와 타고 온 사람의 수를 명백하게 갖추어 기록하여 증명서를 발급하고,
> 3. 경상도 거제 땅 지세포에 이르러 만호의 증명서를 고쳐 받고
> 4. 고도와 초도의 두 섬에 나아가 물고기를 낚다가 마친 뒤에는 지세포로 돌아와서 만호의 증명서를 반납하고
> 5. 이어 선세를 바치게 한 뒤에 떠나가게 할 것이며,
> 6. 만약 귀하의 증명서 없이 몰래 와서 낚시질하는 자는 적선의 예에 의거하여 체포할 것과,
> 7. 몰래 병기를 가지고 있거나 다른 곳으로 횡행한 자는 증명서의 있고 없음을 가리지 않고 8. 또한 적선의 예에 의거하여 론죄할 것을 이미 일찍이 약정하였다."198)

197) 『세종실록』권 39, 10년(1428) 2월 17일.

고초도 조어금약은 고려 말 조선 초에 약탈로 살아가던 왜구들 특히 대마도 사람들에게 생계를 보장함으로써 조선과 일본 사이 나아가 동북아에 평화를 가져오자는 취지에서 시작되었다. 이런 고초도 조어금약을 처음 주장한 사람은 충숙공 이예였고 이를 실천한 사람은 세종이었다. 따라서 고초도 조어금약은 충숙공 이예와 세종의 합작품이라 할 수 있다.

라) 맺음말

그런데 세종 25년(1443) 6월에 고초도 조어금약을 와해시킬 수 있는 사건이 발발했다. 제주도 공선을 서여서도에서 대마도와 일기도 출신의 왜구들이 공격하고 사람과 물자를 약탈했던 것이다.[199] 공선은 지방의 공물을 운반하는 선박이었는데, 이것을 공격한 것은 조선정부에 대한 공격이나 마찬가지였다. 만약 이런 사태를 방치하면 왜구가 공선과 사선을 무차별 공격하게 조장할 수 있었다. 이런 사태를 방지하고 또 고초도 조어금약의 와해를 방지하기 위해서는 철저한 응징이 필요했다. 하지만 자칫 잘못 응징하다가는 전쟁으로 비화할 가능성도 있었다. 세종과 조정 중신들은 응징과 전쟁 사이에서 심각한 고민에 빠졌다.

당시 충숙공 이예는 71살의 고령이었음에도 불구하고 스스로 대마도 체찰사에 자원해 이 문제를 해결하겠다고 나섰다. 응징은 응징대로 하고 전쟁은 전쟁대로 막을 수 있는 사람은 자타공인 충숙공이예 밖에 없었기 때문이다. 세종 25년(1443) 6월 22일자 기사에는

---

198) 『세종실록』권 97, 24년(1442) 8월 27일(갑인).

199) 『세종실록』권100, 25년(1443) 6월 10일(계사).

이런 사실이 절절하게 묘사되어 있다.

> "예조 참판 허후가 아뢰기를, '첨지중추원사 이예가 말하기를, 「신이 듣건대, 이제 대마도에 사신을 보내어 포로로 잡힌 사람들을 쇄환하고자 한다 하였습니다. 신은 어려서부터 늙기까지 이 섬에 출입하여 이 섬의 사람과 사정을 두루 알지 못하는 것이 없으니, 신이 가면 저 섬의 사람들이 기꺼이 만나볼 것이며, 누가 감히 사실을 숨기겠습니까. 다만 성상께서 신을 늙었다 하여 보내시지 않을까 두렵습니다. 신이 성상의 은혜를 지나치게 입었으므로 죽고 삶은 염려하지 않습니다. 이제 종사할 사람을 가려서 小臣을 보내도록 명하시면 피로된 사람들을 죄다 찾아서 돌아오겠습니다.」 했습니다.' 하였다.
>
> 임금이 말하기를, '이예는 전일의 공로도 작지 않은데, 이제 이 말을 들으니 매우 가상하다. 종사관은 경 등이 정부와 더불어 선택하여 아뢰라.' 하고, 드디어 이예에게 의복 일곱 벌과 사모를 하사하였다."[200]

충숙공 이예는 대마도 체찰사 자격으로 세종 25년(1443) 7월 17일에 하직하고 대마도로 출발했다. 대마도에 도착한 충숙공 이예는 대마도주 등을 설득하여 약탈에 참가한 왜구들을 모두 체포하게 하였고, 약탈된 물자와 포로들도 모두 되찾아 10월 24일에 귀국하였다.[201] 이로써 고초도 조어금약은 유지될 수 있었다. 충숙공 이예는 귀국 후 2년째 되던 세종 27년(1445) 2월 23일에 73살의 나이로 세상을 떠났는데, 고령도 고령이지만 2년 전의 대마도 사행이 하나의 원인이 되었을 것이다.

한편 충숙공 이예가 대마도에서 활약하던 중에, 지난 세종 25년

---

200) 『세종실록』 권100, 25년(1443) 6월 22일(을사).
201) 『세종실록』 권100, 25년(1443) 10월 24일(을사).

(1443) 2월 21일에 통신사로 갔던 정사 변효문, 부사 윤인보, 서장관 신숙주가 대마도에 도착해 충숙공 이예를 만났다. 이들이 협력하여 이른바 대마도주와 계해약조를 체결했는데, 그 내용은 조선 정부가 대마도 도주에게 매년 200석의 쌀과 콩을 무상으로 원조하고, 대마도 도주는 매년 50척의 세견선을 보낸다는 것이었다. 계해약조가 맺어짐으로써 조선과 일본 그리고 대마도 나아가 동북아에 평화체제가 정착되었고, 그 체제가 조선 후기까지 지속되었다. 이처럼 고초도 조어금약과 계해약조는 조선건국 후 조선과 대마도, 조선과 일본 나아가 동북아에 평화체제가 정착되었음을 상징하는데, 그 평화체제는 세종과 충숙공 이예의 합작으로 가능했던 것이다.

3) 고종 즉위 전후의 궁중공상과 명태

가) 머리말

조선후기 궁중 음식[202]에 사용된 식재료는 기본적으로 공납과 진상을[203] 통해 공급되었다. 공납은 중앙의 관서를 통해 공급되는 방식이었고, 진상은 지방관을 통해 직접 궁중의 각 전궁으로 공급되는 방식이었다. 지방의 특산물을 받아들여 궁중으로 공급하는 중앙의 관서가 이른바 공상을 담당하는 각사였다. 공상 각사는 대체로 궁중의 일상음식 재료들을 담당하였다. 이에 비해 지방관들이 궁중의 각 전궁에 직접 공급하는 특산물은 지방과 계절에 따라 서로 달랐다.

중앙의 공상각사 중에서 각종 해산물을 공상하던 관서는 사재감이었다. 『경국대전』에 의하면 사재감은 '어물, 육류, 식염, 소목, 거화'[204] 등을 관장한다고 하였다. 따라서 궁중에 공급되는 각종 해산물은 당연히 사재감에서 관장하였다. 아울러 조선후기의 진상품 중

---

202) 조선시대 궁중음식에 관한 연구는
　　김용숙(1987) 『조선조 궁중풍속연구』, 일지사
　　한복려(1997) 「조선왕조 궁중음식」, 『민족과 문화』6
　　한복려(2003) 『궁중음식과 서울음식』, 대원사
　　궁중음식연구원(2003) 『황혜성, 한복려, 정길자의 대를 이은 조선왕조 궁중음식』, 궁중음식연구원
　　신명호(2006) 「조선후기 궁중음식재료의 供上方法과 供上時期」, 『인문사회과학연구』6호
　　박주희(2008) 『조선후기 경상도 海産 진상품 연구』, 부경대학교 석사학위논문 참조.

203) 조선시대의 貢納制와 進上制度, 大同法 등에 관하여는
　　鄭亨愚(1958) 「大同法에 대한 一研究」, 『사학연구』2
　　田川孝三(1964) 『李朝貢納制の研究』, 東洋文庫 東京
　　劉元東(1964) 「李朝貢人資本의 研究」, 『아세아연구』16
　　韓榮國(1978) 「大同法의 實施」, 『한국사』13, 국사편찬위원회
　　鄭亨芝(1983) 「李朝後期의 貢人權」, 『梨大史苑』20
　　高錫珪(1985) 「16, 17세기 貢納制 改革의 방향」, 『한국사론』12
　　吳美一(1986) 「18,19세기 貢物政策의 변화와 貢人層의 변동」, 『한국사론』14
　　德成外志子(1987) 「朝鮮後期의 貢物貿納制」, 『역사학보』113
　　박현순(1997) 「16-17세기 貢納制 운영의 변화」, 『한국사론』38 참조.

204) "司宰監掌魚肉鹽燒木炬火等事" 『經國大典』吏典, 司宰監條.

해산물은『만기요람』,『공선정례』,『육전조례』등에 구체적인 내용이 전하고 있다. 그것은 이들 자료에 궁중 음식과 관련된 供上이 종합적으로 실려 있기 때문이다.

그런데 조선전기의『경국대전』은 물론 정조 대의『공선정례』나 순조대의『만기요람』에는 궁중 공상과 관련하여 명태는 전혀 언급되지 않고 있다. 이는 순조연간까지도 명태가 궁중 공상과 아무 관계가 없었기에 나타난 현상이었다. 하지만 고종 즉위 전후로 명태는 궁중 공상 품목이 되었으며, 그 결과 궁중 음식문화에 크나큰 변화를 가져왔다. 이 글에서는 조선후기에 명태가 궁중에 공상되기 시작한 시점과 배경 및 그 결과로서 나타난 궁중음식의 특징을 살펴봄으로써 명태에 관한 이해의 폭을 넓히고자 하였다.

나) 조선후기 궁중공상과 식재료

궁중음식과 직결된 공납이나 진상은 고종 이전까지 명태와 아무런 관련이 없었다. 즉 사재감이 공급하는 어물이나 지방관들이 바치는 진상품 중의 해산물에 명태가 포함되지 않았던 것이다.

예컨대 사재감에서 궁중에 공급하는 어육에는 대구어와 석수어, 청어 등만 있었고 명태는 없었다.[205] 또한 정조 연간의『공선정례』의 진상품 중 어육에도 대구어, 석수어, 수어, 문어, 청어, 훈어, 광어, 과어, 접어, 송어, 오징어, 가올어, 연어, 은구어, 금린어, 낙지, 동백어 등이 있었을 뿐[206], 명태는 없었다. 다음의 <표 1>에서 보듯이 조선후기 명태 산지로 유명한 함경도와 강원도에서 궁중에 올린

---

205)『六典條例』吏典, 司宰監條.

206) 신명호(2006)「조선후기 궁중음식재료의 供上方法과 供上時期」,『인문사회과학연구』6호,

삭선에도 명태는 들어있지 않았다.

<표-6> 정조 연간 함경도와 경상도의 진상품목-『공선정례』

경상도 삭선품목	강원도 삭선품목
加士里, 乾加兀魚, 乾廣魚, 乾大口魚, 乾小文魚, 乾柿子, 乾海蔘, 乾紅蛤, 藿耳, 貫目靑魚, 大口魚卵醢, 栢子, 粉藿, 生銀口魚, 生猪, 生竹伊, 生靑魚, 生雉, 石榴, 乾鰒短引, 鹽銀口魚, 柚子, 全鰒, 早藿, 早紅柿子, 薰古, 海衣, 胡桃, 黃栗	乾廣魚, 乾大口魚, 乾文魚, 乾餘項魚, 乾鰱魚, 乾銀魚, 乾海蔘, 乾紅蛤, 大口古之鹽, 半乾大口魚, 栢子, 粉藿, 生大口魚, 生松魚, 生松茸, 生鰱魚, 生銀魚, 生獐, 生雉, 鰱魚卵醢, 鹽松魚, 鹽鰱魚, 早藿, 淸蜜, 生紅蛤

이는 순조 연간의 『만기요람』에서도 마찬가지였다. 순조 8년 (1808)에 편찬된 『만기요람』의 맨 앞부분에는 당시의 왕실구성원인 대전, 중궁전, 왕대비전, 혜경궁, 가순궁을 위한 공상의 종류와 수량이 자세하게 기록되어 있다. 조선후기 궁중음식재료는 바로 이들 공상품이었다. 그러므로 공상품을 모두 분석하면 당시의 궁중음식재료의 종류를 확인할 수 있다.

『만기요람』에 의하면 각 전궁별 공상의 종류에는 축일공상(逐日供上), 소선(素膳), 삭선공상(逐朔供上), 월령(月令), 사삭일개(四朔一改), 년례(年例), 남염침장침저(藍染沈醬沈葅), 탄일표리물선의대(誕日節日表裏物膳衣襨), 삭선(朔膳), 진하(陳賀) 등이 있었다. 축일공상은 말 그대로 매일 공상되는 물품이었고 축삭공상과 월령은 매달 한 차례씩 공상되는 물품이었다. 소선은 장례나 제사 때의 고기를 뺀 음식물이었다. 사삭일개는 4개월에 한차례 공상되어 바뀌는 물품이었고 연례는 1년에 한차례 공상되는 물품이었다. 남염침장침저는 옷감을 물들이는데 필요한 물감과 김장에 필요한 소금 및 채소를 공상하는 것이었다. 탄일절일표리물선의대는 왕이나 왕비 등의 생일 또는 명절을 축하하기 위해 신료들에 의해 공상되는 옷감과 음식물 등이었다. 삭선은 매달 삭망에 공상되는 음식물이며, 진하는 국가나 왕실에 경사가 있을 때 이를 경축하기 위해 공상되는 물품들이었다. 이처럼 조선후기의 공상은 종류도 다양하고 진공되는 시기도 다양하였다.

<표 7> 『만기요람』의 각 전궁별 공상종류[207]

전궁	공상종류
대전	逐日供上, 素膳, 逐朔供上, 月令, 四朔一改, 年例, 藍染沈醬沈葅, 誕日節日表裡物膳衣襨, 朔膳, 陳賀
중궁전	逐日供上, 素膳, 逐朔供上, 月令, 四朔一改, 年例, 沈醬沈葅, 誕日節日表裡物膳衣襨, 朔膳, 陳賀, 阿只尙宮以下宣飯衣纏
왕대비전	逐日供上, 素膳, 逐朔供上, 月令, 四朔一改, 年例, 沈醬沈葅, 誕日節日表裡物膳衣襨, 朔膳, 陳賀, 阿只尙宮以下宣飯衣纏
혜경궁	逐日供上, 素膳, 逐朔供上, 月令, 四朔一改, 年例, 沈醬沈葅, 誕日節日表裡物膳衣襨, 朔膳, 陳賀, 阿只尙宮以下宣飯衣纏
가순궁	逐日供上, 素膳, 逐朔供上, 月令, 四朔一改, 年例, 沈醬沈葅, 誕日節日表裡物膳衣襨, 朔膳, 陳賀, 阿只尙宮以下宣飯衣纏

그렇지만 위에서 보듯이 대전, 중궁전, 왕대비전, 혜경궁, 가순궁에 진공되는 공상의 종류는 거의 비슷하였다. 다만 공상되는 물품의 수량이 각 전궁별로 조금씩 차이가 날 뿐이었다. 예컨대 월령의 생합일 경우 대전은 800개, 중궁전은 550개, 왕대비전은 480개, 혜경궁은 480개, 가순궁 430개였다. 이는 각 전궁에 공상되는 음식재료의 종류가 거의 같고 따라서 각 전궁별로 요리되는 궁중음식의 종류도 거의 같다는 의미라고 할 수 있다.

그런데 각 전궁별로 진공되는 공상품에는 음식재료는 물론 종이, 비단, 모자, 신발, 활 등의 특산품들도 들어 있었다. 이 중에서 궁중

207) 『萬機要覽』財用編 1, 供上條.

음식과 관련되는 공상품은 물론 음식재료였다. 대표적으로 대전에
공상된 음식재료만을 모두 추출해보면 다음과 같았다.

<표 8> 1년간 대전에 공상되는 음식재료의 종류[208]

공상종류	음식재료
축일공상	粳米, 稷米, 泡太, 芥子, 大口魚, 石首魚, 卵醢, 白蝦醢, 鹽, 洗淨鹽, 眞油, 汁眞油, 茶麥, 醋, 生薑, 黃角, 黃角汁眞油, 牛毛, 豆湯赤豆, 淸蜜, 生梨, 生栗, 大棗, 胡桃, 黃栗, 栢子, 乾梯, 眞瓜, 西果, 生雉, 生鮮
소선	黃大豆, 泡太, 粉藿, 早藿, 多士麻, 石茸, 甘苔, 藿耳, 細毛, 海衣, 昆布, 蔈古, 上末, 木麥末, 粘, 汁眞油, 實荏子, 全豉, 生薑
축삭공상	粉糠粳米, 黃蜜, 法油, 沈菜鹽
월령	生蛤, 生竹蛤, 海紅菜, 蕨菜, 辛甘菜, 黃石首魚, 木頭菜, 生烏賊魚, 靑蟹醢, 炙仇非石首魚, 蓴菜, 櫻桃, 大麥米, 靑瓜, 新眞末, 新粟米, 新稻米, 新黍米, 新稷米, 西瓜, 綠李, 冬瓜, 茄子, 眞瓜, 黃杏, 兒雉, 生榛子, 楸子, 積梨, 林檎, 新栢子, 蓮實, 銀口魚, 生錦鱗魚, 生松耳, 生蟹, 軟栗, 生小螺, 獼猴萄, 山葡萄, 生石首魚, 生石花, 海胖, 薯蕷, 生絡蹄, 銀杏, 冬白魚, 生獐
연례	粳米, 中米
람염침장침저	末醬, 法油
탄일절일표이 물선의대	生栗, 栢子, 生梨, 榛子, 紅柿, 西瓜, 石榴, 柚子, 木果, 淸蜜, 禳灾黃大豆, 長音菉豆, 芥子, 豆湯赤豆, 白米, 生雉, 生鮮, 薺菜, 黃芽, 靑芽, 菉豆長音, 生葱, 山葡萄正果, 生兎
삭선	朔膳物膳, 蔘菩, 乾秀魚, 臘肉
진하	生栗, 栢子, 生梨, 榛子, 紅柿, 西瓜, 物膳, 生雉, 生鮮, 山葡萄正果

---

208) 獼猴萄는 다래, 蔈古는 표고버섯, 茄子는 가지, 甘苔는 김의 일종, 芥子는 겨자, 粳米는 멥쌀, 乾秀
魚는 건 숭어, 乾柿는 곶감, 昆布는 다시마의 일종, 藿耳는 미역귀, 蕨菜는 고사리, 茶麥은 차 끓이
는 보리, 多士麻는 다시마, 大口魚는 대구, 大麥米는 보리쌀, 大棗는 대추, 冬瓜는 동아, 冬白魚는
동뱅어, 豆湯赤豆는 팥죽용 붉은 팥, 卵醢는 알젓, 臘肉은 납향용 고기, 蓮實은 연밥, 菉豆長音은
숙주나물, 綠李는 오얏, 林檎은 능금, 末醬은 말장, 木果는 모과, 木頭菜는 두릅, 木麥末은 메밀가
루, 白米는 쓸은 쌀, 栢子는 잣, 白蝦醢는 새우젓, 法油는 들기름, 粉藿은 분곽, 山葡萄는 머루, 山
葡萄正果는 머루정과, 蔘菩은 삼, 上末은 상말, 生葱은 생파, 生薑은 생강, 生錦鱗魚는 생쏘가리, 生
絡蹄는 생낙지, 生栗은 밤, 生梨는 배, 生石首魚는 생조기, 生石花는 생굴, 生鮮은 생선, 生小螺는
생소라, 生松耳는 생송이버섯, 生烏賊魚는 생오징어, 生獐은 노루, 生竹蛤은 깃맛, 生榛子는 생개암,
生雉는 꿩, 生兎는 토끼, 生蛤은 생합, 生蟹는 생게, 薯蕷는 마, 西瓜는 수박, 石榴는 석류, 石首魚
는 조기, 石茸은 석이버섯, 細毛는 참가사리, 洗淨鹽은 고운 소금, 蓴菜는 순채, 辛甘菜는 당귀 싹,
新稻米는 햅쌀, 新栢子는 햇잣, 新黍米는 햇찰기장쌀, 新粟米는 햇좁쌀, 新稷米는 햇메기장쌀, 新眞
末은 햇밀가루, 實荏子는 깨, 兒雉는 수꿩, 櫻桃는 앵두, 禳灾黃大豆는 기도용의 노란 콩, 軟栗은
풋밤, 鹽은 소금, 牛毛는 우무, 柚子는 유자, 銀口魚는 은어, 銀杏은 은행, 炙仇非石首魚는 구이용
조기, 長音菉豆는 숙주나물용 녹두, 積梨는 적리, 全豉는 메주, 粘은 점, 薺菜는 냉이나물, 早藿은

이론적으로 생각하면 조선후기 왕이나 왕비 등 왕실사람들의 상에 차려지는 궁중음식은 위에 나타나는 재료들을 이용하여 조리되었다고 할 수 있다. 물론 이것은 고기가 들어가는 일상음식, 고기가 빠지는 소선, 잔칫상 등등 조선후기의 각종 궁중음식상을 포괄한 것이다.

그런데 위의 내용은 1년간 진공되는 공상품의 수량과 종류를 총체적으로 정리한 것이므로[209] 구체적인 면에서는 한계를 가질 수밖에 없다. 즉 매일 이용된 궁중음식재료, 매달 이용된 궁중음식재료, 철마다 이용된 궁중음식재료가 구체적으로 어떠했는지는 위의 내용만 가지고는 파악할 수가 없는 것이다. 따라서 이런 내용을 확인하려면 『만기요람』에 "일일일삭수(一日一朔數) 견정례(見定例)"라고 언급된 것처럼 다른 자료를 확인해야 한다. 즉 매일 이용된 궁중음식재료는 『육전조례』에, 매달 이용된 음식재료는 『공선정례』 등에 구체적으로 나타난다. 예컨대 『육전조례』에 의하면 대전 축일공상에서 확인되는 음식재료의 종류와 양은 다음과 같았다.[210]

일찍 따서 말린 미역, 中米는 깨끗하게 쓸지 않은 쌀, 汁眞油는 즙용 참기름, 稷米는 메기장쌀, 眞瓜는 참외, 眞油은 참기름, 榛子는 개암, 靑瓜는 오이, 淸蜜은 꿀, 靑芽는 청아채, 靑蟹醢 게젓, 醋는 식초, 楸子는 가래, 沈菜鹽은 김장용 소금, 泡太는 두부용 콩, 海胖은 소내장, 海衣는 김, 海紅菜는 나문재, 胡桃는 호두, 紅柿는 홍시, 黃角은 황각, 黃角汁眞油는 황각용 참기름, 黃大豆는 황대두, 黃栗은 황률, 黃蜜은 밀, 黃石首魚는 참조기, 黃芽는 황아채, 黃杏은 살구이다.

209) "供上<年數 ○一日一朔數 見定例>"(『萬機要覽』1, 財用編).

210) 『六典條例』 戸曹, 前例房, 四殿宮元供上條

번호	음식재료	하루 수량	음식재료분류
1	粳米	6승	곡류
2	稷米	9홉	곡류
3	泡太	1두 2승	곡류
4	芥子	3홉	소금양념류
5	大口魚	2마리	어류
6	石首魚	9개	어류
7	卵醢	1승 5홉	소금양념류
8	白蝦醢	1승 5홉	소금양념류
9	鹽	3승	소금양념류
9(鹽)	洗淨鹽	1승	소금양념류(3일에 1번 進封)
10	汁眞油	1승 5홉	소금양념류
11	茶麥	3일에 2승	곡류
12	醋	1승 5홉	소금양념류
13	生薑	6냥	소금양념류
14	黃角	1근 2냥	해조패류(10.1-4.30 進封)
14(眞油)	黃角汁眞油	9작	소금양념류(10.1-4.30 進封)
15	牛毛	6냥 9전	해조패류(5.1-7.30 隔日進封)
15(醋)	醋	2홉 1작	소금양념류(5.1-7.30 隔日進封)
15(芥子)	芥子	3홉	소금양념류(5.1-7.30 隔日進封)
16	豆湯赤豆	2승	곡류
16(粳米)	粳米	2홉	곡류
17	淸蜜	3홉	소금양념류
18	生梨	15개	과일견과류(1개월간 20일 進封)
19	生栗	5승	과일견과류(1개월간 10일 進封)
20	大棗	5승	과일견과류(1개월간 10일 進封)
21	胡桃	5승	과일견과류(1개월간 3일 進封)
21(栗)	黃栗	5승	과일견과류(1개월간 3일 進封)
22	栢子	5승	과일견과류(1개월간 4일 進封)
23	乾柿	2첩	과일견과류
24	眞瓜	2개	과일견과류(6.1-9.30 進封)
25	西瓜	1개	과일견과류(6.1-9.30 進封)

위에서 나타나는 특징은 명색으로는 축일공상이라고 해도 그 중
에는 1년 내내 하루도 빠짐없이 공상되는 음식재료와 그렇지 않은

---

211) 供上되는 음식재료는 편의상 곡류, 육류, 어류, 해조패류, 채소나물류, 과일견과류, 소금양념류의
    7가지로 구분하였다.

음식재료가 뒤섞여 있다는 점이다.

예컨대 1년 내내 매일 공상되는 음식재료는 갱미, 직미 등의 곡류와 대구어, 석수어 등의 어류 그리고 염과 난해 등의 소금양념류였다. 갱미와 직미는 밥을 하는데 사용되고 대구어와 석수어는 반찬을 하는데 그리고 염과 난해는 양념용으로 이용되었을 것이다. 또한 위에는 나타나지 않지만 사옹원의 응사계에서는 대전에 매일 생치 3마리를 공상하였고 어부계에서는 수어 3마리를 공상하였다.212)

따라서 대전의 축일공상 중에서 명실상부하게 1년 내내 매일 공상된 음식재료는 곡류, 어류, 육류 및 소금양념류였다고 하겠다. 이것은 왕의 평상시 식생활이 밥을 주식으로 하고 어류와 육류를 기본 반찬으로 하였음을 의미한다.

이에 비해 1년 중 특정한 시기에만 공상된 황각, 우모, 진과, 서과 등은 제철음식으로서의 특징을 반영하는 것이라 할 수 있다. 여기에 지방에서 매달 올라오는 월령, 삭선 등의 음식재료도 제철음식으로서의 특징을 갖고 있었다고 할 수 있다.

게다가 위에서 나타나는 각종 공상품들은 어느 한 관서에서 일괄적으로 진공하는 것이 아니었다. 공상품은 중앙의 공상 각사를 비롯하여 8도의 관찰사, 병사, 수사 등 지방관들도 담당하였기 때문이다. 대체로 중앙의 공상 각사에서는 축일공상, 축삭공상, 소선 등을 담당하였고213) 지방관들은 월령, 삭선, 물선 등을 담당하였다.214) 그러므로 실제 궁중에서 매일 또는 매달 이용된 음식재료를 확인하려면 供上을 담당한 각종 주체 및 이들 주체에서 진공한 공상품의 종류와 진공시기 등을 고찰할 필요가 있다.

---

212) 『六典條例』 司饔院條.

213) 예컨대 『六典條例』에는 중앙 各司의 進供 내용이 逐日, 逐朔, 素膳 등으로 구분되어 있다.

214) 예컨대 『輿地圖書』, 『供膳定例』에는 지방관의 進貢 내용이 月令, 朔膳, 物膳 등으로 구분되어 있다.

조선시대 중앙의 각사 중에서 궁중음식과 직간접으로 관련되는 관서는 사옹원, 내자시, 내섬시, 사도시, 사재감, 내수사, 사온서, 의영고, 장원서, 사포서, 사축서, 내시부 등 12개였다. 이 관서들에서 궁중음식과 관련하여 수행한 업무는 다음과 같았다.

<표 10> 조선시대 공상과 관련된 중앙 각사

번호	관서명	업무내용
1	사옹원	왕의 식사 및 궐내 음식물의 공급 등의 일을 담당215)
2	내자시	闕內에 공급하는 쌀, 밀가루, 술, 장, 기름, 꿀, 채소, 과일 등 담당216)
3	내섬시	各宮, 各殿에 대한 供上을 담당217)
4	사도시	御用 창고의 米穀 및 闕內에 공급하는 醬 등의 물품을 담당218)
5	사재감	魚物, 肉類, 食鹽 등에 관한 일을 담당219)
6	내수사	闕內 需用의 米布 및 雜物, 奴婢 등에 관한 일을 담당220)
7	사온서	闕內에 술과 단술을 공급하는 일을 담당221)
8	의영고	기름, 꿀, 黃蠟, 素物, 胡椒 등의 물품을 담당222)
9	장원서	苑囿, 花草, 果物 등의 관리를 담당223)
10	사포서	園圃와 蔬菜에 관한 일을 담당224)
11	사축서	祭物아닌 여러 가지 짐승을 사육하는 일을 담당225)
12	내시부	闕內 飮食物의 監督 등의 일을 담당226)

215) "掌供御膳及闕內供饋等事" (『經國大典』 吏典, 司饔院條).
216) "掌內供米糆酒醬油蜜蔬果內宴織造等事" (『經國大典』 吏典, 內資寺條).
217) "掌各宮各殿供上二品以上酒及倭野人供饋織造等事" (『經國大典』 吏典, 內贍寺條).
218) "掌御廩米穀及內供醬等物" (『經國大典』 吏典, 司䆃寺條).
219) "掌魚肉鹽燒木炬火等事" (『經國大典』 吏典, 四宰監條).
220) "掌內用米布及雜物奴婢" (『經國大典』 吏典, 內需司條).
221) "掌供酒醴" (『經國大典』 吏典, 司醞署條).
222) "掌油密黃蠟素物胡椒等物" (『經國大典』 吏典, 義盈庫條).
223) "掌苑囿花果" (『經國大典』 吏典, 掌苑署條).
224) "掌園圃蔬菜" (『經國大典』 吏典, 司圃署條).
225) "掌司雜畜" (『經國大典』 吏典, 司畜署條).
226) "掌大內監膳傳命守門掃除之任" (『經國大典』 吏典, 內侍府條).

위의 관서 중에서 사온서, 사축서는 조선 후기에 폐지되었다. 그러므로 조선후기에 궁중의 供上과 관련되었던 부서는 10개였다. 그 중에서 내시부, 내수사, 사옹원, 장원서를 제외한[227] 6개의 관서가 궁중 공상과 직결되어 있었다. 그러므로 이 6개의 관서를 공상육사라고 통칭하였다. 六司에서 궁중에 공상하는 음식 재료는 <표 6>과 같았다.

<표 11> 공상육사의 진공품목

관서명	축일공상	축삭공상	소선
내자시[228]	菁根, 水芹, 萵苣薹, 苽子 白茄子, 蓑薹	沈菜鹽	實荏子
내섬시[229]	汁眞油, 醋, 豆湯跡豆, 清蜜, 茶麥, 黃角汁眞油 乾膾汁醋, 牛毛, 汁醋		汁眞油, 上末, 木麥末 粘
사도시[230]	粳米, 稷米, 泡太, 芥子 豆湯心粳米, 牛毛汁芥子 駝酪心粳米	粉糠粳米	黃大豆, 泡太
사재감[231]	大口魚, 石首魚, 卵醢 白蝦醢, 鹽		
의영고[232]	黃角	黃蜜, 法油	粉藿, 早藿, 昆布 多士麻, 石茸, 甘苔 藿耳, 細毛, 海衣
사포서[233]	生蔥, 水艾根, 蘿葍莖 苽子, 荏子葉, 茄子 蘿葍根, 水芹, 葵菜 萵苣菜, 長達里, 香菜 土卵莖, 冬瓜, 土卵 蔓菁根, 菉豆芽, 蔓菁芽 眞果, 西果, 生薑, 南瓜		生薑

---

227) 內侍府는 궁중음식을 감독하였고, 內需司는 왕의 사적인 기구였으며, 司饔院은 御膳을 요리하였고, 掌苑署는 궁중 내의 園圃를 담당하였다는 점에서 供上을 직접 담당한 관서라가 보다 간접적인 관계를 갖는 관서라고 할 수 있다. 다만 司饔院의 鷹師契와 漁夫契에서 매일 生雉와 秀魚를 進排한 사실을 기억할 필요가 있다.

공상육사에서 진공하는 공상품은 원칙적으로 조선에서 산출되는 음식재료였다. 그것은 조선후기에 대동법이 시행되면서 공인들을 통해 조달되었다고 해도 변하지 않았다. 사계절이 뚜렷했던 조선시대에는 이런 음식재료들이 철따라 또는 달에 따라 산출되었다.

그런데 음식재료는 산출된 이후 오래 보관할 수 있는 재료도 있고 그렇지 못한 재료도 있었다. 오래 보관할 수 없는 음식재료는 산출되는 즉시 소비하지 않으면 대부분 쓸 수 없었다. 그러므로 이런 음식재료는 특별히 공상하는 시기를 정해 놓았다.

공상육사의 공상품 중에서 진공시기가 정해진 것은 주로 축일공상의 음식재료였다. 그 중에서도 채소와 과일 등 보관상의 문제 그리고 제철음식이라는 측면이 강한 음식재료가 대상이었다. 진공시기가 정해지지 않은 축일공상의 음식재료는 말 그대로 매일매일 공상되었다. 공상육사에서 담당한 채소와 과일 등의 진공 시기는 <표 7>과 같았다.

<표 12> 공상육사의 진공시기[234]

관서명	진공시기	진공품목
내자시	立春-2월	菁根(무)
	3월	水芹(미나리)
	4월	萵苣薹(상추)
	5-6월	瓜子(오이)
	7-9월	白茄子(가지)
	10-立春	蓤薹(근대)

228) 『六典條例』 內資寺條
229) 『六典條例』 內贍寺條
230) 『六典條例』 司樂寺條
231) 『六典條例』 司宰監條
232) 『六典條例』 義盈庫條
233) 『六典條例』 司圃署條
234) 위의 월은 음력 기준이다. 왕과 왕세자에게는 生蔥(날파)을 4계절 내내 供上하였다.

내섬시	4월	乾艬汁醋
	5-7월	牛毛
	5-7월	汁醋
	10-4월	黃角汁眞油
사도시	5-7월	牛毛汁芥子
	10-1월	駝酪心粳米
의영고	10-4월	黃角
사포서	1월	蘿葍根(무뿌리), 菉豆芽(녹두나물), 蔓菁芽(순무싹)
	2월	水艾根(쑥뿌리), 水芹, 菉豆芽, 蔓菁芽, 蘿葍根
	3월	蘿葍莖(무줄기), 水芹, 葵菜(해바라기 나물)
	4월	水芹, 葵菜, 萵苣(상추), 長達里(장다리), 香菜
	5월	瓜子, 水芹, 葵菜, 萵苣, 長達里, 香菜
	6월	荏子葉(깻잎), 茄子, 土卵莖, 冬瓜, 瓜子, 蘿葍菜(무채), 西瓜, 眞瓜
	7월	土卵莖, 冬瓜, 瓜子, 蘿葍菜, 南瓜(호박), 西瓜, 眞瓜, 茄子
	8월	冬瓜, 瓜子, 蘿葍菜, 茄子, 西瓜, 眞瓜, 稺菁, 稺白菜(어린 배추)
	9월	蘿葍根, 蘿葍菜, 土卵, 西瓜, 沈菹菁根(김장무), 菁根
	10월	土卵, 蘿葍根, 蔓菁根(순무), 菁根
	11월	土卵, 蘿葍根, 蔓菁根, 菉豆芽, 蔓菁芽
	12월	卵, 蘿葍根, 蔓菁根, 菉豆芽, 蔓菁芽

다) 조선후기 해산물의 궁중공상

조선후기에 해산물은 지방관들의 월령, 삭선 등을 통해 궁중으로 진상되거나 중앙의 공상육사 중 '어물, 육류, 식염, 소목, 거화' 등의 공상을 담당한 사재감을 통해 궁중으로 공상되었다. 지방관들은 자신들의 지역에 월령이나 삭선으로 배당된 해산물을 매달 궁중으로 진상했다. 반면 사재감에서는 사재감에서 담당한 공상물품을 몇 가지 방식으로 궁중으로 공상했다.

우선 사재감에서는 대구어, 조기, 청어, 준치, 소어해, 백하해 등의 어물을 매일 또는 3일마다 공상했는데, 그 내용을 조금 더 구체적으로 살펴보면 다음의 <표 8>과 같았다.

<표 13> 사재감에서 궁중에 공상한 어물의 종류-『육전조례』

	1일마다 공상	3일마다 공상
대전, 중궁전	각각 대구어 2, 조기 9	
세자궁, 세자빈궁	각각 조기 6	각각 대구어 4
봉보부인	조기 3	대구어 1
아지	조기 2	대구어 1
상궁, 시녀, 유모, 보모	조기 2, 청어 1.5, 준치 0.5	
무수리	조기 1, 청어 1	
수모, 방자, 아지 몸종	조기 1, 청어 1	

위에서 보듯이 사재감은 이들 어물을 매일 또는 3일에 한 번씩 공상했으며, 이 어물이 왕과 왕비 또는 궁녀 등 궁중 사람들의 일상 식재료로 이용되었던 것이다. 사재감에서 공상하는 어물을 받는 대상자는 왕과 왕비, 세자궁, 세자빈궁 등 왕족들과 이 왕족들을 시중드는 상궁, 시녀, 유모, 보모, 무수리 등 일꾼으로 구분되었다.

궁중의 왕족과 일꾼이 받는 사재감의 어물은 신분이 다른 만큼 동일한 명목이 아니라 다른 명목으로 구분되었다. 즉 왕족들은 식생활에 필요한 공상으로 받았지만 일꾼들은 노동의 대가로 받았으며, 그 이름도 선반과 삭료로 불렸다. 선반이란 궁중 사람들 중에서 왕족들의 생활을 시중들기 위한 일꾼들 즉 봉보부인, 상궁, 시녀, 유모, 보모, 무수리, 수모, 방자, 아지 몸종 등에게 매일 지급되는 음식물이었으며, 삭료는 다달이 지급되는 월급이었다.

순조 8년(1808)에 간행된 『만기요람』의 '아지상궁이하 선반의전' 항목에 의하면 중미 566석 6두, 포태 279석 13두 4승 4홉, 대구 101마리 반, 준치 7,015개, 조기 47,203개, 청어 39,578개 등으로 기록되어 있는데[235] 이것은 당시의 궁중에 있던 '아지상궁이하'에게 1년

---

235) 『만기요람』재용편, 供上, 阿只尙宮以下宣飯衣襨.

동안 지급된 선반물종을 종합한 것이었다. 이에 의하면 아지, 상궁 등 궁중의 일꾼들이 받는 선반에는 대구, 준치, 조기, 청어 등 어물이 많았다. 이는 즉 아지, 상궁 등 궁중의 일꾼들에게 선반으로 지급되는 어물도 사재감에서 담당하였음을 뜻했다. 선반 뿐만 아니라 삭료 역시 사재감에서 담당하였다. 사재감은 공상과는 달리 선반과 삭료은 한 달에 한 번씩 납부하였다.[236]

그렇다면 사재감은 궁중에 공상하는 어물을 어떻게 확보하였을까? 그것은 바로 공납제도와 공인제도를 통해서였다. 조선전기에는 공납제도를 통해 각 지역에서 어물을 공급받았지만 조선후기 들어 대동법이 시행된 이후에는 공인들로부터 어물을 공급받았다. 조선시대 사재감이 어물을 공급받는 방식에 대하여는 다음 자료가 참조된다.

"이번 6월 13일에 약방에서 입진하기 위해 입시하였을 때, 부제조 김일경이 아뢰기를, '지난번 장령 서종하와 지평 심준이 계목으로 대감월령을 복구할 것을 허락받았습니다. 조종조에 각 사에서 진배할 때에는 사헌부 감찰을 보내 검찰하게 하였으며 그 이름을 대고(臺庫)라고 하였습니다. 지금 신이 사재감 제조를 겸하고 있는데 대고를 혁파한 지 지금 몇 년이 되어 원래 사헌부 감찰을 청하여 창고를 열고 닫거나 물품을 들이거나 내는 일이 없습니다. 대감월령도 또한 혁파된 것 중에 있으니, 대감월령을 복구하는 것은 폐단이 작지 않습니다. 대감월령을 복구할 것을 취소하시는 것이 어떻겠습니까?' 하였다. 제조 이태좌가 아뢰기를, '이른바 월령감찰이란 대개 곡절이 있습니다. 대동법을 시행하기 전에는 외읍에서 공상 등의 물품을 모두 각사에 곧바로 납부하였습니다. 그러므로 사헌부의 13 감찰이 각각 1사를 관장하여 규찰하고 받아들였는데, 그것을 대고라고 하였습니다. 그러나 사헌부는 가난하여 물력이 없는 곳이므로 감찰이 차출

236) "司宰監貢人等以爲 宣飯所需北魚 依例逐朔排納"(『승정원일기』고종 2년(1865) 1월 24일)

될 때, 옷이나 말 또는 거동 때의 천막 등을 의례 관장하는 각
사의 공인들에게서 거두었습니다. 이것은 오래된 관례였습니다.
대동법이 시행된 후 외방에서 곧바로 공납하는 일이 없어졌고,
혹 있어도 별로 폐단이 없으므로 각사의 월령감찰은 대고가 폐
지되면서 없어진 곳도 있고, 혹은 공인들이 잔약해져서 폐지한
곳도 있습니다. (중략)' 하였다."237)

대동법이 시행되기 이전 사재감에 월령감찰이 필요했던 이유는
사재감에서 지방의 어물을 직접 받을 때 폐단이 생기는 것을 방지하
기 위해서였다. 그리고 월령감찰이라는 이름에서 알 수 있듯이 사재
감은 매월 어물을 공급받았던 것이다. 대동법 시행 이후 비록 지방
대신 공인들이 사재감에 어물을 납부하는 것으로 바뀌었지만, 공인
들도 매월 납부하기는 마찬가지였다. 조선후기에 사재감은 공인들로
부터 매달 납부 받은 어물을 매일 또는 3일마다 공상하였고, 이에
더하여 궁녀 등의 선반이나 삭료에 필요한 어물은 매달 공급했던 것
이다.

사재감 등 공상육사 또는 지방관이 궁중의 각 전궁에 공상하는 음
식재료는 사옹원에서 받아들였다. 그것은 사옹원이 "왕의 식사 및
궐내 음식물의 공급 등의 일을 담당"238) 하였기 때문이었다.

경복궁이나 창덕궁의 경우 사옹원은 왕의 처소에서 멀지 않은 곳
에 위치했다. 예컨대 경복궁의 사옹원은 궐내각사가 밀집했던 경회루

---

237) "今六月十三日, 藥房入診入侍時, 副提調 金一鏡 所啓, 項日因掌令 徐宗廈 持平沈埈啓目, 臺監月令
復舊事蒙允矣, 祖宗朝各司進排時, 送臺監使之檢察, 名之曰臺庫, 卽今臣所帶提擧司幸監, 革罷臺庫今
已年久, 元無請臺監封閉出入之事, 則月令自在當罷之中, 而其爲弊, 則誠不貲矣, 月令復舊事還寢何
如, 提調李台佐日, 所謂月令監察蓋有曲折矣, 大同未設立前, 外邑供上等物種, 皆爲直納於各其司故,
十三監察各掌一司, 料檢奉納, 名之曰臺庫, 而憲府淸寒無物力之故, 監察差祭時, 衣籠馬及擧動時依
幕器具, 例爲責徵於所掌司貢人處, 此舊例矣, 大同設立之後, 外方直貢之事絶無而僅此, 別無大段料檢
之端, 各司中月令或因其罷臺庫而廢之者有之, 或因其貢人疲殘而廢之者有之"(『비변사등록』경종 3년
(1723) 6월 14일)

238) "掌供御膳及闕內供饋等事"(『經國大典』吏典, 司饔院條).

앞 지역의 승정원 앞에 있었다. 창덕궁의 사옹원은 희정당 앞쪽에 있었다. 이는 왕의 식사 및 궐내 음식물의 공급 등의 일을 효율적으로 수행하기 위해 사옹원을 왕의 처소 가까이에 위치시킨 결과였다.

『육전조례』에 의하면 사옹원에서는 공상육사 등에서 올리는 음식 재료들을 다음과 같은 절차를 거쳐 받아들였다.

> "매일 제조 1명이 일찍 본 사옹원으로 와서 입직낭청 및 설리내관과 개좌한다. 그 후에 각사의 진배관<사포서는 매일이고 사도시, 내자시, 내섬시, 사재감, 의영고는 3일에 한 번씩이다.>은 공상할 물종들을 봉진한다. 그러면 반감이 그것을 받들어 제조 앞으로 가지고 와서 낭청, 설리와 함께 간품한다."[239)]

위에서 주목되는 것은 음식재료를 간품할 때 사옹원의 제조와 낭청 뿐만 아니라 설리와 반감이 참여한다는 사실이다. 설리는 '옆에서 보조하여 돕는다.'는 몽고어로서[240)] 궁중 음식을 관리하는 내시였다. 설리가 궁중음식을 관리하므로 사옹원에서 음식재료를 받아들이는 과정에도 참여하는 것이었다.

반감은 사옹원에 소속된 궐내 차비였다. 사옹원에는 궁중 음식을 담당하는 수많은 남자 요리사들이 소속되었는데, 반감은 그 요리사들의 수장으로서 일종의 주방장이었다. 사옹원에서 만드는 궁중음식은 반감이 최종 책임을 졌으므로 반감이 음식재료를 받아들이는 과정에도 참여하는 것이었다. 이런 절차를 거쳐 합격된 음식재료들만이 궁중 요리사들에게 전해져서 요리될 수 있었다.

---

239) 『六典條例』 司饔院條.

240) 『譯註 經國大典』-註釋篇-, 한국정신문화연구원(1992).

라) 고종 즉위 전후 명태의 궁중공상

명태가 궁중의 식재료로 공급되기 시작한 계기는 사재감이 대구어 대신 명태를 궁중으로 공급하기 시작하면서부터였다. 이와 관련하여 『승정원일기』에 다음과 같은 기록이 보인다.

> "의정부에서 아뢰기를, '공인(貢人)과 시인(市人)들에게 폐단에 대한 소회를 물어서 의정부에 계하하였습니다. 그 소회를 가져다 보니, (중략) 사재감의 공인 등은 말하기를, 저희들의 공납품 중에 공상하는 선반물종 중의 대구어를 이미 북어로 대신 공납하고 있습니다. 그런데 요사이 황대구계에서 백대구로 대신 공납한 이후, 주방의 창고에 납입한다고 칭하면서 반드시 대구어를 많은 수량으로 공납하도록 책임 지워 반사, 호궤 등에 옮겨서 사용하고 있습니다. 이것은 저희들의 공납품 중에서 대구어를 공납하지 않게 한 것이 경헐한 것에서 연유하였습니다. 지금 이후로 저희들의 공납품으로 책납하지 않도록 하소서 라고 하였습니다. (중략) 대구어를 공납하지 않게 한 것이 경헐하다고 하여 마구 징수하는 것은 특히 말이 되지 않습니다. 이것은 주방을 어떻게 단속하느냐에 달려 있습니다. 만약 마구 징수하는 폐단이 있으면 해당 공인이 본 의정부에 와서 고발하도록 하소서.(하략)' 하였다."[241]

위의 내용은 사재감의 궁중 공상과 관련하여 중요한 사실을 알려주고 있다. 즉 사재감에서 공상하던 선반물종 중의 대구어가 어느 시점에서인가 북어로 대체되었다는 사실이다. 그 시점은 위의 기록

---

241) "議政府啓曰, 貢市人詢瘼所懷, 啓下本府矣° 取考其所懷, (중략) 司宰監貢人等以爲, 矣貢所供宣飯物種中, 大口魚, 旣以北魚代納, 而近自黃大口契, 以白大口代納之後, 稱以廚房庫入, 必以大口, 優數責納, 移用頒賜·犒饋等處, 此緣矣貢防口之經歇故也° 從今以後, 勿使矣貢責納, (중략) 以防口輕歇之致, 濫徵殆無紀極, 此在廚房操束之如何, 如有濫徵之弊, 該貢, 這這來告本府(하략)"『승정원일기』고종 1년(1864) 5월 1일조)

이 나타난 시점보다 그리 멀지 않은 때로 생각된다. 그렇다면 고종 즉위 전후에 사재감에서 궁중에 공상하던 선반물종 중의 대구어가 북어로 바뀌었다고 할 수 있다.

선반물종 중의 대구어가 북어로 대체된 이유는 위의 '대구어를 공납하지 않게 한 것이 경혈'하다는 기록을 볼 때, 대구어 값은 비싸고 북어 값은 저렴하기 때문이었을 것이다. 그것은 대구어 생산이 격감하고 대신 북어 생산이 격증한 결과라고 할 것이다.

그런데 사재감이 궁중에 공상하던 모든 대구어가 북어로 바뀐 것이 아니라, 위에서 나타난 대로 선반물종 중에 대구어가 북어로 바뀌었을 뿐이었다. 이는 기왕의 선반과 삭료에 쓰이던 대구어는 북어로 바뀌었지만, 그 외 왕족들의 식생활에 들어가던 대구어 공상은 그대로 유지되었음을 의미한다. 그렇게 바뀐 시점이 바로 고종 즉위 전후였던 것이다.

순조 8년(1808)에 간행된 『만기요람』의 '아지상궁이하 선반의전' 항목에 등장하는 어물에는 대구, 준치, 조기, 청어 등만 나타나고 명태는 없으므로,[242] 순조 당시까지는 명태가 궁녀들의 선반이나 삭료로 지급되지 않았던 것이 분명하다. 이런 사실은 고종 연간의 자료를 통해서도 확인된다. 예컨대 고종 3년(1869)의 자료인 『병인대전분료도』[243]에 의하면 순조 32(1832)에 상궁과 시녀에게 지급된 삭료는 각각 미 7두 5승, 태 6두, 찬물 대구어 10미였으며 철종 10년(1859)에 상궁과 시녀에게 지급된 삭료 역시 각각 미 7두 5승, 태 6두, 찬물 대구어 10미였다.

이러던 것이 고종 즉위 전후하여 사재감이 대구어 대신 북어를 선반물종으로 공납하게 되면서 상황이 바뀌게 된 것이었다. 그것은 결

---

242) 『만기요람』재용편, 供上. 阿只尙宮以下宣飯衣纏.

243) 『丙寅大殿分料圖』(장서각 도서분류 2-3169).

국 봉보부인에게 3일에 한번 대구어 1마리를 공납하던 것을 북어로 대체하였음을 의미했다. 선반 물종이 대구어에서 명태로 바뀌면서 삭료 또한 대구어에서 명태로 바뀌게 되었다. 그런 사정을 고종 32년(1895) 을미년 4월에 궁녀들에게 지급된 삭료를 지밀궁녀 중심으로 살펴보면 다음과 같았다.

<표 14> 고종 32년 궁녀에게 지급된 삭료의 물종과 수량[244]

지밀		쌀 7두 5승, 콩 6두, 북어 2태 10미
하상궁	온공상 :	쌀 18두, 북어 3태
	온방자 3 :	쌀 7두 5승, 콩 6두, 북어 2태 10미
안상궁	온공상 :	쌀 12두, 북어 3태
	온방자 2 :	쌀 7두 5승, 콩 6두, 북어 2태 10미
지상궁	온공상 :	쌀 12두, 북어 2태
	온방자 2 :	쌀 7두 5승, 콩 6두, 북어 2태 10미
하상궁	온공상 :	쌀 3두, 북어 10미
	반방자 :	쌀 7두 5승, 콩 6두, 북어 2태 10미
김상궁	온공상 :	쌀 7두 5승, 콩 6두, 북어 2태 10미
서상궁	온공상 :	쌀 12두, 북어 2태
	온방자 2 :	쌀 7두 5승, 콩 6두, 북어 2태 10미
신상궁	온공상 :	쌀 3두, 북어 10미
	반방자 :	쌀 7두 5승, 콩 6두, 북어 2태 10미
엄상궁	온공상 :	쌀 3두, 북어 1태
	온방자 :	쌀 3두, 북어 10미
	반방자 :	쌀 7두 5승, 콩 6두, 북어 2태 10미
최씨	온공상 :	쌀 4두, 콩 1두 5승, 북어 13미
오씨	반반공상 :	쌀 4두, 콩 1두 5승, 북어 13미
박씨	반반공상 :	쌀 4두, 콩 1두 5승, 북어 13미
천씨	반반공상 :	쌀 4두, 콩 1두 5승, 북어 13미
안씨	반반공상 :	쌀 7두 5승, 콩 6두, 북어 2태 10미
이씨	온공상 :	쌀 6두, 북어 1태
	온방자 :	쌀 3두, 북어 10미
	반방자 :	

위의 자료에 의하면 상궁과 시녀의 온공상이 '쌀 7두 5승, 콩 6두, 북어 2태 10미'로 나타나는데, 이것은 순조와 철종 연간에 상궁과 시녀에게 지급된 삭료 '쌀 7두 5승, 콩 6두, 찬물 대구어 10미'에 해당하는 것이다. 따라서 기왕의 찬물 대구어 10미가 고종 3년 이후에 북어 2태 10미 즉 50마리로 바뀌었음을 알 수 있다. 아울러 이 기록대로 한다면 기왕의 대구어 1마리는 북어 5마리의 비율로 환산되었음도 알 수 있다.

고종 32년(1895)인 을미년 4월에 궁녀들에게 지급된 삭료에서 기왕의 대구어가 북어로 바뀐 이유는 물론 고종 즉위 전후하여 사재감에서 궁중에 공상하던 선반 찬물 중에서 대구어를 북어로 바꾸어 공납한 결과였다. 당시 사재감의 공납인들이 대구어 대신 북어를 공납하려 했던 이유는 물론 대구어가 비쌌기 때문이었다. 그것은 대구어대신 북어를 공납한 결과를 두고, 사재감의 공납인들이 '이것은 저희들의 공납품 중에서 대구어를 공납하지 않게 한 것이 경헐한 것에서 연유하였습니다.'라고 했던 언급에서 잘 드러난다.

마) 맺음말

고종 2년(1865) 1월 24일에 의정부는 왕에게 다음과 같은 보고를 하였다.

> "의정부에서 아뢰기를, '공인과 시인들에게 폐단을 물어 본 결과를 의정부에 내리셨습니다. 그것을 취해 보니 (중략) 사재감의 공인들은 말하기를, 선반에 들어가는 북어는 의례 매달 납

---

244) 『고문서집성』13, 을미수월위시분뇨불긔, 한국정신문화연구원, 1994.

입하고 있으니 삭료를 줄 때 추가로 들어가는 물량을 또 납입하게 하는 폐단을 영구히 막아 주시고, 창고에 들이는 물품 역시 대전(代錢)으로 정해주시기를 바라는 일이었습니다. 북어 납입은 이미 매달 납입하고 있습니다. 그런데 지금 사재감에서는 공인들로 하여금 오래도록 북어를 저장하고 있게 하다가 반드시 값이 올랐을 때 거둬들이니 어찌 공인들의 큰 폐단이 아니겠습니까? 지금부터는 매달 납입하는 것은 본 물품으로 저장하였다가 납입하게 하소서. 대전으로 정해서 시행하게 되면 창고에 저장하는 것이 대전으로 되는 것이니 훗날의 폐단이 있을 듯합니다. 시행하지 마소서. (후략)' 하였다."[245]

이 기록은 고종 초의 궁중공상과 명태에 관련하여 중요한 시사를 주고 있다. 첫째 사재감의 공인들은 매달 한차례 궁녀들의 선반 물종인 북어를 사재감에 공납하였다는 사실이다. 사재감의 공인들은 북어를 현지 또는 시장을 통하여 조달하였으며, 이는 고종 즉위 전후 북어의 생산과 유통에 궁중까지 포함될 정도로 매우 활발하였음을 증명한다.

한편 사재감의 공인들이 북어를 매달 한차례 공납하였다는 점에서 궁중에 공상되던 북어는 바짝 말린 형태였을 것으로 판단할 수 있다. 함경도 또는 강원도 연안 바다에서 어획된 명태가 서울까지 유통되고 그것이 또 다달이 궁중에 공상되려면 무엇보다도 오랫동안 상하지 않아야 가능했다. 그러려면 바짝 말린 북어라야 가능했다. 이런 점에서 고종 즉위 전후 궁녀들이 북어를 선반이나 삭료로 받으면서 궁중에는 바짝 말린 북어를 이용한 다양한 요리가 등장했을 것

---

245) "議政府啓曰, 貢市人詢瘼所懷, 啓下本府矣。取見其所懷 (중략) 司宰監貢人等以爲, 宣飯所需北魚, 依例逐朔排納, 而分料挪移之弊, 永爲防塞, 庫入儲蓄, 亦以代錢定式事也。北魚進排, 旣有每朔應納, 則今其許久儲置, 必待騰踊時責出, 安得不爲貢弊之大者乎? 自今爲始, 逐朔所納, 以本色儲留責出, 以代錢定式施行, 庫蓄代錢, 有關後弊, 置之。"(『승정원일기』고종 2년(1865) 1월 24일)

으로 판단된다.

둘째 고종 초 사재감의 공인들은 궁중에 납입하는 북어를 현물 대신 돈으로 납부하기를 원했다는 사실이다. 이는 북어를 현물로 유통하던 사재감의 공인들이 현물 대신 돈으로 유통하는 추세가 점점 대세로 되었음을 증명하며 그것은 곧 북어를 매개로 한 상품유통경제의 발전을 반영한다고 하겠다.

셋째 사재감이 궁중에 공급하던 선반과 삭료가 대구어에서 북어로 바뀌면서 궁중 음식에도 북어가 등장하게 되었다는 사실이다. 이는 조선후기 들어 함경도와 강원도 연안 바다에서 대구어 대신 명태가 대량 어획되어 전국적으로 유통되던 결과가 마침내 고종 초에 이르러 궁중의 공상 품목에서도 명태가 대구어를 대신하는 데까지 이르렀음을 의미했다. 다만 북어는 궁녀들의 선반과 삭료에만 한정되었다는 점에서 고급 음식보다는 하급 음식으로 이용되었다고 하겠다.

조선시대 궁중음식 중에서 고급음식은 역시 왕, 왕비, 대비, 세자, 세자빈 등 왕족들의 음식이었으며, 왕족들의 음식에 들어가던 대구어는 매일 또는 3일마다 공상되었다. 이렇게 매일 또는 3일마나 공상되는 대구어는 바짝 말린 북어와는 달리 반건 아니면 염장으로 처리되었을 것으로 생각된다. 이런 점에서 대구어는 북어에 비해 상대적으로 싱싱할 뿐만 아니라 고급식재료였다. 조선후기 들어 함경도와 강원도 연안 바다에서 대구어 대신 명태가 대량 어획됨으로써 대구어가 비싸지고 명태가 저렴해지기는 했지만 품질 면에서는 여전히 대구어가 뛰어났다. 그러므로 다만 저렴하다는 이유만으로 명태나 북어가 대구어를 대신해 왕족들의 식재료로 될 수는 없었던 것이다. 이런 점에서 명태와 북어는 지방은 물론 궁중에서도 서민들을 위한 저렴한 음식이었다고 하겠다.

4) 『한국수산지』와 일본 어민

가) 머리말

『한국수산지』는 대한제국의 농상공부 수산국 명의로 간행되었다. 『한국수산지』는 총 4권으로 간행되었는데, 조사에서부터 완간까지 몇 년의 세월이 소요되었다. 농상공부 수산국은 1908년 2월부터 11월까지 10개월 간 대한제국의 수산 현황을 조사하였고 이 자료를 바탕으로 1908년 12월에『한국수산지』1권을 간행하였다.[246] 이어서 1910년에는 2권과 3권을, 1911년에는 마지막 4권을 간행하였다.

『한국수산지』는 비록 대한제국의 농상공부 수산국 명의로 간행되었지만 간행을 주도한 사람들은 당시 농상공부의 실권을 장악하고 있던 일본인 관리들이었다. 즉 농상공부 차관이자 통감부 참여관이던 목내중사랑(木內重四郞)의 주도하에 수산국 수산과장 엄원문일(庵原文一)이 주관하여 간행하였던 것이다. 1907년 수산과장에 취임한 암원문일은 '행정의 근본은 먼저 실정을 분명히 하고 그 시대에 맞추어 현재와 미래의 계획을 세우는 것'이라는 명분으로 대한제국의 수산 현황 조사를 추진했다. 암원문일은 대한제국의 바다를 14구역으로 나누고 각 구역마다 담당 조사원으로 하여금 조사하게 하였다. 1차 조사는 1908년 2월부터 11월까지 10개월간 진행되었다. 1차 조사된 내용을 암원문일이 총괄, 편집하여 간행한 것이『한국수산지』1권이었다. 2권과 3권 그리고 4권 역시 같은 방식으로 간행되었다.[247]

---

246) 『韓國水産誌』1권 (민속원, 2001), 1~8쪽.

247) 『한국수산지』의 간행 과정에 대하여는 朱剛玄(2001) 「21世紀 '海洋'의 時代'에『韓國水産誌』가 갖는 意味網」, 『韓國水産誌』4권, 민속원 참조.

『한국수산지』 간행을 주도한 암원문一은 '일본국 해안선의 총길이
는 약 8,000해리이며 그 수산액은 1억만 원을 웃도는데, 한국 해안
선의 총 길이는 약 6,000해리이지만 수산액은 6~7백만 원에 불과
하다.'고 하면서 한국의 수산액이 일본의 10분의 1에도 미치지 못하
는 이유를 '개발과 이용 방법을 알지 못하기 때문'과 함께 '행정상의
보호와 장려를 소홀히 한 때문'이라는 언급을 하였다. 이 언급에 당
시 일본인 관리들이 『한국수산지』 간행을 주도한 이유가 압축되어
있었다.

암원문일이 한해(韓海) 미개발의 원인으로 제시한 두 가지는 사실
상 한해에 진출한 일본 어민들의 이익에 걸림돌이 되는 것들이었다.
암원문일은 한해 개발이라는 명분으로 『한국수산지』를 간행하면서
일본 어민들에게 필요한 '개발과 이용 방법' 그리고 '행정상의 보호
와 장려'를 추진함으로써 일본 어민들의 이익을 극대화 하고자 했던
것이다. 예컨대 『한국수산지』 간행이 진행되던 1908년에 공포된 '어
업법'은 일본 어업자본의 진출을 용이하게 하고 조선인의 연안어업
발전을 억제하였는데,[248] '어업법' 공포의 명분이 바로 '행정상의 보
호와 장려'였던 것이다. 마찬가지로 한해의 '개발과 이용 방법' 역시
일본 어민에게 유리한 '개발과 이용 방법'이었다.

본 논문은 『한국수산지』를 통해 당시 한해에서 어업 하던 일본 어
민들의 어업형태를 고찰하고자 하였다. 즉 한해에 출어하던 일본 어
민들의 어선, 어구, 어법, 판로 등을 살펴봄으로써 일본 어민들의 한
해 어업을 구조적으로 이해하고 나아가 한해의 개발과 이용에서 일
본 어민들이 어떤 면에서 왜 유리했는지를 파악하고자 하였다.

---

248) 朴九秉(1983) 「漁業權制度와 沿岸漁場所有·利用形態의 變遷에 관한 硏究」, 『부산수대논문집』30.

개항기의 어업 또는 수산업에 관한 기왕의 연구는 주로 일본 어민의 조선어장 진출과정, 조선 어장에 건설된 일본어촌, 조선어장에서 형성된 독점자본주의 등에 집중되었다.[249] 반면 한해에 출어한 일본 어민들의 어업 형태 자체 즉 어선, 어구, 어법, 판로에 관한 연구는 상대적으로 미약했다. 본 논문은 일본 어민들이 한해에서 주로 어획했던 고래, 상어, 도미, 멸치, 삼치, 조기, 해삼, 전복 등 8종 수산물의 어업형태를 고찰함으로써 일본 어민의 한해 어업 실상을 밝히고 아울러 『한국수산지』 간행의 배경을 해명하고자 하였다.

나) 유용 수산물과 주요 어획물 8종

1876년 조선이 개항한 이후, 1883년 6월 22일 조선과 일본 사이에 '조일통상장정'이 체결됨으로써 일본 어민들은 전라도, 경상도, 강원도, 함경도 4도의 해빈에서 합법적으로 어업 할 수 있게 되었다.[250] 이후 1888년 6월에 체결된 '인천해면잠준일본어선포어액한규칙(仁川 海面暫准日本漁船捕魚額限規則)'으로 일본 어민들은 인천 부근의 바다에서 어업 할 수 있게 되었다.[251] 청일전쟁 후인 1900년 10월에, 대한제국 정부는 기왕의 전라도, 경상도, 강원도, 함경도의 4도 해빈

249) 개항기의 어업 또는 수산업에 관한 연구사 정리는
김수희(2010) 『근대 일본어민의 한국진출과 어업경영』, 경인문화사, pp.5-10 참조.
250) 韓日漁業史에서 朝日通商章程이 갖는 의미에 대하여는
朴九秉(1962) 「日本資本主義 勢力의 韓國水産業 侵入過程」, 『백경』3
朴九秉(1967) 「韓日近代漁業關係研究」, 『부산수대연보』7(1)
金玉卿(1967) 「開港後 漁業에 관한 一研究」, 『부산수대연보』7(1)
韓沽劤(1971) 「開港後 日本漁民의 浸透」, 『동양학』1
具良根1980) 「近代日本의 對韓通漁政策과 朝鮮漁村과의 關係」, 『인문과학연구』,조선대
李永鶴(2003) 「개항 이후 조선인 어업의 근대화 시도와 그 좌절」, 『성곡논총』34
장수호(2004) 「조선왕조말기 일본인에 허용한 입어와 어업합병」, 『수산연구』21 참조.
251) 朴九秉(1967) 「韓日近代漁業關係研究」, 『부산수대연보』7(1), pp.9-12.

이외에 새로 경기도 해빈을 일본 어민에게 개방하였다.252) 또한 러
일 전쟁 중인 1904년 6월 4일에 공포된 '한일량국인민어채조례'서
충청도, 황해도, 평안도 바다를 일본 어민에게 개방함으로써 조선 8
도의 모든 바다가 일본 어민에게 개방되었다. 1883년의 '조일통상장
정'에 의해 전라도, 경상도, 강원도, 함경도 4도의 해빈을 합법적 어
업 구역으로 확보했던 일본 어민은 21년 후인 1904년의 '한일량국
인민어채조례'에 의해 조선 8도의 해빈 모두를 합법적 어업 구역으
로 확보했던 것이다. 이를 표로 정리하면 다음과 같다.

<표 15> 개항 후 일본 어민의 한해 어업구역 확대과정

양국간 약조명칭	체결일시	어업구역
朝日通商章程	1883년 6월 22일	전라, 경상, 강원, 함경 海濱
仁川海面暫准日本漁船捕魚	1888년 6월 4일	인천 부근 바다
額限規則許日本人漁業區域 更加京畿一道	1900년 10월 3일	경기 海濱
韓日兩國人民漁採條例	1904년 6월 4일	평안, 황해, 충청 海濱

『한국수산지』를 간행하기 위한 조사가 시작된 1908년 초에는 일
본 어민들이 조선 8도의 전 해역에서 어업에 종사하고 있었다.『한
국수산지』에는 일본 어민과 조선 어민들이 조선 8도의 해역에서 어
획한 수산물의 종류, 어획, 유통, 소비 등 수산업 전반에 관련된 정
보가 정리되어 있다.『한국수산지』에 의하면 당시 조선에서 생산되
던 유용 수산물은 모두 104종류였다. 구체적으로는 해수류 6종류,
어류 60종류, 패류 19종류, 조류 9종류, 기타 10종류였다.

『한국수산지』에서는 이상의 유용 수산물 104종류 중에서 해수류

---

252) "許日本人漁業區域 從來全羅慶尙江原咸鏡四道外 更加京畿一道"(『고종실록』권 40, 37년(1900)
10월 3일).

1종, 어류 25종, 패류 3종, 조류 5종, 기타 3종 등 총 37종에 관하여 1권의 제2편에 '수산일반'이라는 항목을 두고 각 수산물의 어장, 어획방법, 가공방법, 유통 상황 등에 대하여 자세한 정보를 실었다. 구체적으로 보면 해수류 1종은 고래였다. 어류 25종은 명태, 조기, 도미, 멸치, 삼치, 대구, 청어, 민어, 방어, 고등어, 갈치, 상어, 가오리, 농어, 붉바리, 준치, 숭어, 병어, 붕장어, 바다뱀방어, 달강어, 공치, 연어, 은구어, 뱀장어였다. 패류 3종은 생복과 홍합, 굴이었고 조류 5종은 김, 가사리, 우뭇가사리, 다시마, 미역이었으며 기타 3가지는 해삼, 낙지, 오징어였다.

유용 수산물 104종류 중에서 37종의 수산물에 대하여만 어장, 어획방법, 가공방법, 유통 상황 등을『한국수산지』에 실은 이유는 이들 수산물이 당시 생산이나 소비 측면에서 아주 중요했기 때문이었다. 예컨대『한국수산지』에 의하면 당시 대한제국의 어민들이 주로 포획한 수산물은 명태, 조기, 새우, 멸치, 청어, 대구 등이었고 일본의 통어 어민들이 주로 포획한 수산물은 도미, 멸치, 삼치, 조기, 해삼, 전복 등이었으며 청나라의 통어 어민들이 주로 포획한 수산물은 갈치, 준치, 달강어, 조기, 새우 등이었다.[253]

『한국수산지』에 실린 37종의 수산물 중에서 1908년 당시의 일본 어민들이 한해에서 주로 어획한 수산물은 이미 언급된 도미, 멸치, 삼치, 조기, 해삼, 전복 등 6종과 함께 고래, 상어 등 총 8종이었다. 예컨대 1908년 한해에 통어한 일본어선은 3,899척이었는데[254]『한국수산지』를 통해 1908년을 전후한 일본의 통어 어선은 상어 어선이 100척, 도미 어선이 1,375척, 삼치 어선이 238척, 조기잡이 안강

253)『韓國水産誌』1권 (2001), 민속원.
254) 김수희(2010)『근대 일본어민의 한국진출과 어업경영』, 경인문화사, p.17.

망(鮫鰊網) 어선이 500여척, 해삼과 전복 잡이 잠수기 어선 137척과 나잠 어선 68척 등 6종의 어선만도 2,418척으로 전체의 60%에 해당하였다. 따라서 『한국수산지』에서 확인되지 않는 고래 포경선과 멸치 어선의 수까지 합하면 이들 8종의 수산물을 어획하기 위한 통어 어선이 전체의 3분의 2이상을 차지하였을 것으로 생각된다. 『한국수산지』를 통해 8종의 수산물을 좀 더 자세히 살펴보면 다음과 같았다.

먼저 고래의 경우 일본에서는 노르웨이식 포경법을[255] 채택한 일본원양어업주식회사가 1899년 7월에 창립됨으로써 한해에서의 포경업에 본격 참여하기 시작했다. 러일전쟁이 발발하기 전인 1900년부터 1903년까지 일본과 러시아는 한해에서 포경을 두고 치열한 경쟁을 벌였다. 하지만 1904년 러일전쟁에서 승리한 일본은 한해의 포경을 독점하고 남획함으로써 고래 자원 자체가 격감하게 되었다. 1900년부터 1907년까지 일본이 한해에서 어획한 고래의 두수는 다음의 표와 같았다.[256]

<표 16> 1900~1907년 사이 일본의 한해 포경 두수[257]

연도	포경 회사	포경 두수	계
1900년	日本遠洋漁業株式會社	15두	15두
1901년	日本遠洋漁業株式會社	42두	42두
1903년	東洋漁業株式會社[258]	157두	157두
1904년	東洋漁業株式會社 長崎捕鯨合資會社	282두 91두	373두
1905년	東洋漁業株式會社 長崎捕鯨合資會社	293두 31두	324두

255) 노르웨이식 捕鯨法은 밧줄을 매단 작살을 배에서 쏘아 고래를 잡는 방식이었다.

256) 朴九秉(1970)「韓末 東海捕鯨業을 둘러싼 露·日의 角逐」, 『아세아연구』통권 38, pp.33-44.

1906년	東洋漁業株式會社	324두	
	長崎捕鯨合資會社	84두	428두
	日韓捕鯨合資會社	20두	
1907년	東洋漁業株式會社	144두	
	長崎捕鯨合資會社	171두	330두
	日韓捕鯨合資會社	15두	
			총계 1,669두

위의 <표 16>에 나타나듯 일본의 한해 포경 두수는 1906년의 428두를 정점으로 한 후 1907년에 330두로 격감하였다. 격감한 원인은 무엇보다도 남획이었다. 이에 따라 한해의 고래 자원을 보호하기 위해 1907년 9월에 법률 제7호 '포경업관리법'이 제정, 공포되었다. 그와 관련된 내용이 『한국수산지』에는 이렇게 실려 있다.

"조선 연해에서는 1년 내내 고래 포획에 종사할 수 있다. 특히 여름철에는 해상이 평온하고 또한 고래 무리도 일반적으로 해안에 접근해 오기 때문에 포획하기 쉽다. 그렇지만 이와 동시에 남획의 폐해에 빠지기 쉽다. 또한 여름에는 지방이 소모하여 깊은 맛이 부족하여 기름을 짜내고 음식으로 만드는 데 모두 마땅치 않다. 게다가 가격이 싸고 또한 부패될 우려가 있다. 따라서 포경자의 입장으로는 여름철에 3마리를 잡는 것보다도 오히려 겨울철에 1마리를 잡는 것이 낫다고 한다. 1896년 8월경 러시아 포경선은 함경도 마양도 부근에 출어하여 하루에 7마리를 포획하였고, 또 1903년 8월에도 이 지역 부근에 출어해서 일주일 중 여러 날을 휴업하고도 12마리를 잡아 도리어 처치하는데 곤란을 겪었다고 한다. 그러나 현재 고래 무리 중 가격이 가장 비싼 긴수염 고래의 회유는 끊어진 듯하고, 흑등 고래의 회유도 감소한 것 같다. 필경 모두 종전에 남획한 결과일 것이다. 이로

---

257) <표 16>은 朴九秉(1970) 「韓末 東海捕鯨業을 둘러싼 露・日의 角逐」, 『아세아연구』통권 38 의 <第一表, 41쪽>과 <第二表, 44쪽>의 통계 수치를 전재하였다.

258) 東洋漁業株式會社는 日本遠洋漁業株式會社의 후신이다.

인하여 1907년 9월 법률 제7호 포경업관리법을 제정하여 포경 기간을 10월 1일부터 다음해 4월 30일까지 7개월간으로 하고, 기타 기간 즉 5월부터 9월까지 5개월간을 금어기로 했다."[259]

비록 '포경업관리법'이 공포되었다고 해도 한해 포경업은 일본 어민들에게 중요하였다. 동양어업주식회사와 장기포경합자회사는 마양도, 장전동, 울산의 3개 장소에 포경 기지를 두었고 일한포경합자회사는 울산 및 거제도 지세포의 2개 장소에 포경 기지를 두었다. 당시 한해 포경업은 일본이 독점했을 뿐만 아니라 고래의 가격이 아주 높았으므로 수익도 매우 컸다. 고래의 가격은 흑등 고래는 1마리 평균 3,000원 내외, 긴수염 고래는 1마리에 2,000원 내지 3,000원, 귀신 고래는 1,000원 내외였다. 일본 어민이 한해에서 연간 300～400여 두의 고래를 포획하였으므로 연간 어획고는 400,000원 내지 500,000원으로 추정되었다.[260] 이 액수는 당시 일본의 통어 어민이 가장 많이 종사하던 도미 어획고 481,500여원[261]과 거의 비슷한 액수였다. 이처럼 한해에서의 포경업이 중요하였기에 『한국수산지』1권 제2편 '수산일반'의 '수산물' 항목에서 가장 먼저 다루고 있는 수산물이 바로 고래였다.[262]

1908년 당시 상어 어업 역시 포경업과 마찬가지로 일본 어민들의 독점사업이었다. 개항 후 최초로 조선 바다에 출어한 일본 어민으로

---

259) 『韓國水産誌』1권(2001), 민속원, pp.203-204.

260) 『韓國水産誌』1권(2001), 민속원, p.217.

261) 『韓國水産誌』1권(2001), 민속원, p.240.

262) 『한국수산지』1권 제2편 '水産一般'의 '水産物'에서는 '고래, 명태, 조기, 도미, 멸치, 삼치, 대구, 청어, 민어, 방어, 고등어, 갈치, 상어, 가오리, 농어, 붉바리, 준치, 숭어, 병어, 붕장어, 바다뱀방어, 달강어, 공치, 연어, 은구어, 뱀장어, 생복, 해삼, 굴, 낙지, 오징어, 홍합, 김, 가사리, 우뭇가사리, 다시마, 미역'의 순서로 수산물이 다루어졌다.

알려진 구주 대분현 좌하관정 출신의 중가다랑길(仲家多郎吉)과 귤본
권태랑(橘本權太郎)이 처음 잡은 어종은 상어였다고 한다.263) 일본
어민들이 상어를 잡은 이유는 청나라에서 상어지느러미를 고가에
수입했기 때문이었다. 『한국수산지』에서는 일본 어민의 상어 어업에
대하여 다음과 같이 기술하였다.

> "조선인이 상어 어업에 종사하는 것은 매우 드물어서 대부분
> 일본 어업자의 독점사업에 속한다. 현재 점점 쇠퇴하는 경향이
> 어서, 수년 전의 성황을 볼 수는 없으나 조선에서 일본인이 경
> 영하는 중요어업임은 변함이 없다. 통어자는 대분현(大分縣), 산
> 구현(山口縣), 장기현(長崎縣), 복강현(福岡縣), 광도현(廣島縣), 병
> 고현(兵庫縣), 고지현(高知縣)의 여러 현으로써, 특히 대분현, 산
> 구현 2현을 중심으로 한다. 1년 내내 어획하고 있지만, 어기는
> 봄·가을 두 기간을 주로 한다."264)

『한국수산지』에 의하면 상어의 연간 어획고는 대략 98,600여원이
었다. 이 액수는 고래나 도미에 비하면 대략 4분의 1 내지 5분의 1
수준에 해당했다.

고래, 상어 이외에 『한국수산지』에서 일본 통어 어민의 주요 어획
물로 거론한 도미, 멸치, 삼치, 조기, 해삼, 전복을 순차적으로 살펴
보면 다음과 같다. 먼저 도미는 조선 전 연안에서 두루 생산되는데,
대부분은 '참돔'이고, '붉돔'·'황돔'이 참돔 다음이었다. 도미는 원래
한국 사람들이 그다지 즐겨 먹는 것이 아니므로 도미 어획에 종사하
는 사람이 매우 적고 겨우 강원도 및 함경도 남부 연안에서 지예망

---

263) 여박동(2003) 「메이지(明治) 전기 서일본 어민의 조선해 어업」, 『일본문화연구』8, 동아시아 일본
학회, pp.138-144.
264) 『韓國水産誌』1권(2001), 민속원, pp.269-271.

으로서 잡을 뿐이었다. 일본 어민이 한해에 통어하는 경우의 과반수는 도미 어업에 종사했다. 어구는 연승(延繩), 외줄낚시, 박망(縛網), 조망(漕網) 및 안강망(鮟鱇網) 등을 이용하는데 연승이 최고로 많았다. 개략적인 수를 보면 연승 573척, 외줄낚시 235척, 박망 3조(組)[265], 조망30척, 안강망 531척에 달했다. 일본에서 통어하는 외줄낚시 어선은 주로 산구현(山口縣), 좌하현(佐賀縣), 장기현(長崎縣), 광도현(廣島縣), 향천현(香川縣), 애원현(愛媛縣), 강산현(岡山縣) 등에서 왔다. 연승 어선은 대부분 공도현(廣島縣), 강산현(岡山縣), 향천현(香川縣), 애원현(愛媛縣), 장기현(長崎縣), 병고현(兵庫縣), 복강현(福岡縣), 웅본현(熊本縣) 등에서 왔으며, 항상 일본인 거류지 부근의 근해에 머무르면서 조업해서 여기 저기 옮겨 다니는 일이 없었다. 도미의 1년 중 어획고는 대략 481,500여 원에 달했다.[266]

멸치는 조선연안 도처에서 생산되었지만 특히 강원도와 경상도 연안, 거문도, 제주도 및 어청도 근해에 풍부했다. 일본 어민들은 1889~1890년경부터 경상남도 연해에 와서 이 어업에 착수하여, 많은 차질을 겪고 드디어 성공의 단계에 이르러서, 1908년경에는 1년의 어리가 약 400,000원에 이르렀다. 조선 어민이 어획한 멸치는 대개 건멸치로 만들어서 비료용으로 일본인에게 매도하였는데, 그 액수가 매우 컸으며 일부분만이 식용으로 쓰였다. 일본 어민이 어획한 것은 주로 식용으로, 자건(煮乾), 소건(素乾), 염지(鹽漬) 및 혜신(鹽辛)으로 만들고, 풍어일 때나 혹은 장소에 따라서 간간이 비료용 건멸치로 만들기도 했다.[267]

---

265) 2척의 배가 그물을 교차하는 방식으로 어획하므로 組라고 하였다.
266) 『韓國水産誌』1권(2001), 민속원, pp.230-420.
267) 『韓國水産誌』1권(2001), 민속원, pp.240-247.

삼치 어업은 일본 어민들에게 도미 조승업 다음으로 유행할 만큼 중요했다. 삼치 어업에는 유망(流網)의 사용이 적당하기 때문에 일본의 유망업자들이 오는 경우가 많았으며, 규슈 지방에서 안강망업자들이 오는 것이 경우도 많았다. 1년 동안의 어획고는 대략 293,000여 원에 달했다. 일본 어민은 삼치 어업을 개인 또는 단체로 영업했다. 단체 영업의 경우 전대특약과 공동조직의 두 종류가 있었는데, 모두 염절선(鹽切船) 2~3척과 어선 5~6척 내지 14~15척으로 이루어져 있었다. 염절선은 100석 내지 300석 정도의 일본 범선으로 자본주가 영업했다. 어선의 어획물은 편량(斤量) 혹은 마리 수에 따라 특약 가격으로 염절선에 매도하였다. 염절선의 탑재량은 선체의 대소에 따라 다르지만 대개 2000마리 내지 4000마리로 만재하면 박다(博多), 마관(馬關), 오노미치[尾の道], 병고(兵庫), 대판(大阪) 등으로 수송해 도매상에게 판매했다. 삼치와 함께 혼획된 다른 어류는 대개 근해에서 조선 사람들에게 매도하였는데, 때로는 염장해서 매매하는 경우도 있었다.[268]

조기는 명태, 대구어, 청어 등과 함께 조선 사람들이 가장 즐기고 좋아하는 어류였다. 일본 어민은 오로지 안강망을 이용해 조기를 잡았다. 일본 어민이 조기 어업에 종사하기에 시작한 것은 1900년경 대일본수산전습소 출신인 정림영웅(正林英雄)씨가 규슈 우명해(有明海)에서 안강망을 사용한데서 시작되었다. 조기는 거의 대부분이 조선 사람의 소비에 충당되었다. 판매하는 방법은 어선에서 어획한 조기를 조선의 출매선(出買船)에 팔면, 조선의 출매선이 가장 가까운 시장으로 넘겨 각 지방으로 보내게 했다. 조기의 어획고는 한 어기

---

268) 『韓國水産誌』 1권(2001), 민속원, pp.247-252.

를 통틀어 대략 674,400원을 상회했다.[269]

해삼 어업은 옛날부터 조선에서 행해졌다. 일본 어민의 한해 해삼 어업은 1882~1883년 경 일본 장기현(長崎縣) 사람이 조선 연해에서 해삼 어업을 개시하자마자, 도처에 해삼의 서식이 많아서 그 어리가 자못 컸다. 이후 일본인의 잠수기 어선도 해가 갈수록 증가하게 되었는데, 마침 장기현과 그 밖의 지역에서 잠수기어업의 금지 제한령이 발포되었기 때문에 이들 어업자는 물밀듯이 조선 바다로 출어하기에 이르러 1898에는 어선수가 2백여 척에 달하여, 당시 일본인의 조선 연해 어업 가운데 가장 번성했다. 동시에 경쟁적인 어업 남획의 폐단에 빠져 일본 어민의 통어에 편리한 남부 연해에서는 점차 어리가 감소했다. 일본 어민의 통어조직인 조선해통어조합은 전복과 함께 어장구역을 제한하고, 동시에 번식을 보호하려고 하였다. 이후 전업하는 자들이 연이어 나타나서, 일부는 제주도 방면으로 물러가고 일부는 북쪽으로 옮겨 강원, 함경 양도 방면으로 옮겨가면서 1908년 경에는 지난날의 성황을 볼 수 없게 되었다. 1908년 당시 일본 어민의 잠수기는 137대였다. 통어하는 일본 어민은 주로 장기현(長崎縣), 병고현(兵庫縣), 덕도현(德島縣), 산구현(山口縣) 출신이었다. 연간 어획고는 대략 276,000여 원에 달했다.[270]

전복 어업은 해삼 어업과 연혁이 비슷했다. 1882~1883년 경 일본 장기현 사람이 제주도에 도항하여 포획하면서 일본 어민의 잠수기 어업이 시작되었다. 이후 조선에서 생복 어업의 이익이 크다는 사실이 알려지면서 점차 일본어선의 수가 증가하였다. 특히 이 무렵 일본 장기현 및 기타 지방에서 잠수기어업의 제한령이 발포되자 잠

269) 『韓國水産誌』1권(2001), 민속원, pp.225-229.
270) 『韓國水産誌』1권(2001), 민속원, pp.300-304.

수기 어선이 조선으로 도항하는 경우가 일시에 격증하였다. 해삼과 함께 남획하여, 그 결과 혹은 전업하여 해삼, 홍합의 채수를 주로 하거나, 혹은 전혀 다른 어업으로 바꾸어 점차 그 수가 감소하여 당초의 성황을 볼 수 없게 되었다. 일본 어민은 주로 잠수기를 이용하며, 나잠으로 채수하는 경우도 역시 많았다. 잠수기 어민의 경우는 장기현, 덕도현, 애원현, 대분현, 광도현, 산구현, 병고현, 신석현(新潟縣) 등 출신들이었고, 나잠은 애원현, 장기현, 삼중현(三重縣), 복강현, 병고현, 웅본현 등 출신이었다. 전복의 연간 어획고는 대략 105,000여원을 웃돌았다.[271]

『한국수산지』에 의하면 1908년 대한제국의 1년 간 수산물 생산액은 대략 11,547,000여원이었으며 그 중에 어류가 7,139,000여원, 해조류가 408,000여원, 식염이 4,000,000만원 정도였다.[272] 전체 수산물 생산액 중에서 어류가 대략 63%, 식염이 34%, 해조류가 약 3%로서 생산액의 대부분은 어류였던 셈이다.

1908년 대한제국의 연간 총 어류 생산액 7,139,000원을 당시 일본 어민들이 한해에서 주로 어획한 고래, 상어, 도미, 멸치, 삼치, 조기, 해삼, 전복의 연간 어획고와 비교하면 다음과 같다. 먼저 일본 어민들이 독점했던 고래의 경우 연간 어획고가 400,000～500,000원으로 추산되었는데 이는 대한제국의 연간 총 수산액의 대략 7%에 해당한다. 연간 어획고 98,600원으로 추산된 상어는 총 수산액의 대략 1.5%, 연간 어획고 481,500원으로 추산된 도미는 총 수산액의 대략 7%, 연간 어획고 400,000원으로 추산된 멸치는 총 수산액의 대략 6%, 연간 어획고 293,000원으로 추산된 삼치는 총 수산액의

---

271) 『韓國水産誌』1권(2001), 민속원, pp.297-300.
272) 『韓國水産誌』1권(2001), 민속원, p.201.

대략 4%, 연간 어획고 674,400원으로 추산된 조기는 총 수산액의 대략 10%, 연간 어획고 276,000으로 추산된 해삼은 총 수산액의 대략 4%, 연간 어획고 105,000으로 추산된 전복은 총 수산액의 대략 1.5%에 해당한다. 이를 합하면 액수로는 2,728,500원이고 점유율로는 대략 41%이다.

일본 어민이 주로 어획한 고래, 상어, 도미, 멸치, 삼치, 조기, 해삼, 전복 중에서 조기, 전복을 제외한 6종은 주요 생산자도 일본 어민이었고 주요 시장도 일본 어시장이었다. 이런 면에서 1908년에 이미 일본 어민들은 대한제국의 수산업 중 30% 이상을 독점하였으며, 이에서 나아가 조선 어시장을 겨냥한 조기 어업 등에 본격 개입함으로써 조선 어시장에[273] 대한 장악력도 높여 나가는 중이었다고 할 수 있다. 이상의 내용을 정리하면 표와 같다.

<표 17> 1908년 일본어민의 주요 어업 어획고와 총 어류 생산액

어종	연간 어획고	총 어류 생산액 대비 비율 (총 어류 생산액 7,139,000원)
고래	400,000~500,000원	약 7%
상어	98,600원	약 1.5%
도미	481,500원	약 7%
멸치	400,000원	약 6%
삼치	293,000원	약 4%
조기	674,400원	약 10%
해삼	276,000원	약 4%
전복	105,000원	약 1.5%

---

273) 조선 사람들이 가장 애용하던 수산물은 명태, 조기, 대구, 청어 등이었다. 『한국수산지』에 따르면 1908년 명태의 연간 어획고는 857,700원, 조기의 연간 어획고는 674,400원, 대구의 연간 어획고는 212,000원, 청어의 연간 어획고는 250,000원이었다. 이 넷을 합하면 대략 3백만 원으로서 총 수산액의 거의 절반에 육박하였다. 1908년경에 이미 일본 어민들은 조기를 비롯하여 대구, 청어 어업에도 본격 뛰어들고 있었다.

다) 개량 어선과 주요 어획물 어법

개항 후 조선 바다에 통어하던 일본 어민들은 대부분 영세 어민이었다. 그것은 무엇보다도 그들의 어선 규모에서 잘 드러났다. 예컨대 관택명청(關澤明淸)의 『조선통어사정』에 의하면 1890년 조선 바다에 통어했던 718척의 어선 가운데 승선인원 10인 이상의 어선은 10척, 9~5인 사이의 어선은 364척, 4인 이하의 어선은 344척이었다. 거의 대부분이 10인 이하의 소형 어선이었던 것이다. 이는 1891년과 1892년에도 마찬가지였다. 1891년 611척의 통어 어선 가운데 승선인원 10인 이상은 0척, 9~5인 사이의 어선은 97척, 4인 이하의 어선은 514척이었고 1892년 683척의 통어 어선 가운데 승선인원 10인 이상은 2척, 9~5인 사이의 어선은 135척, 4인 이하의 어선은 546척이었다.[274]

1890년부터 1892년의 3년간 통어 어선 총 2,012척 가운에 승선인원 10인 이상은 총 12척, 9~5인 사이의 어선은 총 596척, 4인 이하의 어선은 총 1,404척이었다. 이를 백분율로 환산하면 승선인원 10인 이상은 대략 0.5%, 9~5인 사이의 어선은 대략 29.5%, 4인 이하의 어선은 대략 70%였다.

일본 통어 어선의 이 같은 상황은 1889년에 체결된 '통어장정'에도 그대로 반영되었다. 즉 선원 10명 이상, 선원 5~9명, 선원 4명 이하의 3종류 어선으로 구분하고 각각의 규모에 따라 선원 10명 이상에 대해서는 일본의 은화로 10원, 9~5명은 5원, 4명 이하는 3원의 어세를 납부하게 했던 것이다. 1890년부터 1892년의 3년간 통어한 3종류 어선의 현황과 그들이 납부한 어세를 정리하면 다음의 표와 같다.

---

274) 關澤明淸・竹中邦香(1893) 『朝鮮通漁事情』, 團團社書店, 第八, 出稼漁船ノ數及ヒ其收益.

<표 18> 1890∼1892년 동안 일본어민의 한해 통어 어선과 어세

연도	통어 어선 척수	어세 납부 액수
1890년	10척 (선원 10명 이상) 364척 (선원 5∼9명) 344척 (선원 4명 이하)	2,747원
1891년	0척 (선원 10명 이상) 97척 (선원 5∼9명) 514척 (선원 4명 이하)	2,582원
1892년	2척 (선원 10명 이상) 135척 (선원 5∼9명) 546척 (선원 4명 이하)	2,552원

위에서 본 것처럼 1890년대까지 조선 바다로 통어하던 일본 어선은 대부분이 승선원 10인 이하의 소형 어선이었다. 그것도 증기선이나 발동선이 아닌 범선이었던 것이다.

본래 에도시대의 일본 어선은 갑판도 없고 구조도 약한 목선으로서 원양 어업에 부적합했다.[275] 이 같은 일본 어선을 개량하여 최초로 조선 바다에 출어한 일본 어민은 구주 대분현 좌하관정 출신의 중가다랑길과 교본권태랑이라고 한다. 중가다랑길은 1837년에 출생하였는데, 20살 되던 1856년에 상어낚시를 개발하였으며, 23살 되던 1859년부터 어선의 개량에 착수하였다고 한다. 중가다랑길은 자신이 개발한 상어낚시와 어선을 이용하여 좌하관 근해에서 대성공을 거두었다. 하지만 이것은 곧 동료 어민들의 시기와 배척을 불러왔다. 이에 중가다랑길은 좌하관 근해를 벗어나 원양에서 어업활동을 하기로 결심하였다. 1875년에 중가다랑길은 기왕의 어선에서 책판(簀板)을 갑판으로 고치고 또한 다수의 창벽(艙壁)을 구획하여 공기실을 설치하고 또한 갑판상에 배수공을 준비하는 등 여러 가지 개

---

275) 稻村桂吾(1960)『漁船論』, 恒星社厚生閣, p.11.

선을 함으로써 전복의 걱정이 없게 하였다. 그 후 중가다랑길은 사촌 교본권태랑과 함께 조선 바다로 출어하여 상어를 어획함으로써 큰 이익을 얻었다고 한다.[276]

중가다랑길이 개량한 어선은 기왕의 어선과 비교하여 크게 두 가지 차이를 가졌다. 첫째는 갑판을 설치했다는 것이고 둘째는 선실을 창벽으로 구획하였다는 것이었다. 갑판을 설치함으로써 개량 어선은 구조적으로 견고해졌다. 또한 선실을 창벽으로 구획한 것 역시 어선을 구조적으로 견고하게 만들었다. 뿐만 아니라 갑판 위에 배수공을 만들고 창벽으로 구획한 선실에 공기실을 설치함으로써 개량 어선은 배수능력은 물론 부력과 회복력까지 강화되어 웬만한 파도에 전복되지 않게 되었다. 이 결과 개량 어선을 이용한 조선 바다로의 통어가 가능해졌던 것이다. 중가다랑길과 교본권태랑이 개량 어선을 가지고 조선 바다로 통어하여 큰 이익을 얻자 다른 현 사람들도 앞다투어 중가다랑길이 했던 것처럼 어선을 개량하여 조선 바다로 통어했다고 한다. 그래서 조선 바다로 통어하는 개량 어선을 흔히 대분현 개량 어선이라 불렀다고 한다.[277]

중가다랑길이 개량한 어선은 기본적으로 일본의 전통 어선을 개량한 것이기에 일본형 어선이라고도 하였다. 일본의 어선 연구자들에 의하면 일본형 어선의 각 부분별 특징은 다음과 같았다.[278]

선체는 기본적으로 용골과 외판 그리고 선량의 세 부분으로 구성

276) 여박동(2003) 「메이지(明治) 전기 서일본 어민의 조선해 어업」, 『일본문화연구』8, 동아시아 일본학회, pp.138-144.

277) 여박동2003) 「메이지(明治) 전기 서일본 어민의 조선해 어업」, 『일본문화연구』8, 동아시아 일본학회, p.144.

278) 日本型 漁船에 대한 서술은 加藤成一(1934) 『漁船研究』, 厚生閣, pp.12-23쪽의 '日本型 漁船'을 참조하였다.

된다. 용골은 선체의 중심선을 따라 배 밑을 선수에서 선미까지 꿰뚫은 재목으로 선체의 세로강도를 맡은 중요한 부분이다. 외판은 용골의 양 옆으로 쌓아 뱃전을 구성하는 재목이다. 일본형 어선의 용골과 외판은 기본적으로 세로로 구성되어 세로강도를 맡으며 그래서 배아래 부분이 뾰족한 형태를 갖게 된다. 선량은 말 그대로 마치 들보처럼 외판을 가로지르는 재료로서 선체의 가로강도를 맡는다. 용골, 외판, 선량을 서로 연결할 때는 쇠못을 사용한다.

용골, 외판, 선량 이외에 중요한 부분은 갑판, 돛대, 돛, 키, 노 등이다. 갑판은 판자를 횡으로 나란히 하여 상의 형태로 한다. 돛대는 선체의 가장 넓은 장소에 지지시설을 마련한 곳에 설치한다. 소형 어선의 경우 돛대는 하나이지만 대형 어선의 경우에는 세 개이다. 돛은 장방형의 형태이며 포를 세로로 봉합하여 필요한 크기로 만든다. 용골, 외판, 갑판, 돛대, 키, 노 등의 재목은 기본적으로 적신삼(赤身杉)이다. 하지만 선량의 재목은 회(檜) 또는 송(松)이다.

이 같은 일본형 어선은 크기에 따라 승선 인원이 달랐으며 어획 어종에 따라 어선의 규모는 물론 어구가 달라지기도 했다. 또한 서양식 돛을 쓰거나 발동기를 설치하는 등 다양한 형태를 가졌다. 일본 어민들이 한해에서 주로 사용한 어구는 연승, 지예망, 수조망, 타뢰망, 유망, 호망 및 鰄梁 등이었다.[279] 일본 어민들은 이들 어구를 포경선을 제외한 개량 어선 또는 잠수기 어선, 기선, 발동기선 등과 결합하여 한해에서의 어업을 주도하였다.

개항기에 최초로 조선 바다에 출어한 중가다랑길이 잡은 고기는 상어였다. 이는 당시 상어 지느러미가 청나라에 고가로 수출되던 상

---

279) 『韓國水産誌』1권(2001), 민속원, p.618.

품이기 때문이었다. 당시 일본의 상어지느러미 어업은 대분현, 산구현 등에서 발달하였다고 한다. 이 지역의 일본어민들은 음력 3월 경 대마도 북부 해역을 시작으로 7월경에는 남하하여 거제도 동남 수십 리까지 통어하였는데, 상어를 잡으면 상어 지느러미만 떼어 말려 장기로 운송하였다.[280] 일본 어민들은 상어를 주로 연승으로 잡았는데, 『한국수산지』에는 상어 어업과 관련된 어장, 어구, 어법 등이 다음과 같이 자세하게 기록되어 있다.

"상어 어업은 대분현, 산구현, 장기현 등 각 현으로부터 통어하는 일본 어민의 주요 어업으로 욕지도, 추자도, 거문도, 제주도, 어청도, 대청도, 초도 연해에 오는 어선은 100척에 달한다. 어구는 장승 28발[281], 뜰통 14개, 부표 14개, 표기 2대, 쇠갈고리 2개, 봉구(捧鉤) 2개가 필요하다.

장승(長繩)의 구조는 다음과 같다. 간승(幹繩)은 삼베로 만들고 왼쪽으로 두 가닥 꼬기를 한다. 두께 직경 2푼 5로<1장의 중량은 14돈 5푼으로 1촌 안에 5회를 꼰다.>로 1발의 길이는 120길로 한다. 다만 밧줄의 양단 접속부분 및 부표 결부 부분의 1길 내외는 마찰을 견디도록 특별히 세 가닥 꼬기를 한다. 지승(枝繩)은 원민(元繩), 선민(先繩), 쇠사슬의 세 부분으로 이루어진다. 그 중 원민은 간승에 연결하는 것으로 삼베로 만들어 오른쪽으로 세 가닥 꼬기를 한다.<1장의 중량은 11돈으로 1촌 안에 9회를 꼰다.> 크기는 대략 간승 꼰 것과 동일하다. 길이는 30길과 40길 두 종류가 있어서 길고 짧은 것을 교대로 묶는다. 또한 선민은 원민의 말단에 붙인다. 쇠사슬과 원민을 연결하는 것으로 삼실로 세 가닥 꼬기를 한다. 지름 2푼 3리<길이 1장의 중량은 46돈> 길이 약 3척 5촌으로, 밧줄의 표면은 삼실로 안쪽에 꼰 것과 반대 방향으로 '세키마와시'[282]를 한다. 또한 밧줄의 양끝

---

280) 김수희(2010) 『근대 일본어민의 한국진출과 어업경영』, 경인문화사, p.25.

281) 낚싯줄을 둥근 鉢에 담기 때문에 단위를 鉢이라고 하였다.

282) 밧줄의 바깥을 다시 촘촘하게 감싸듯 실로 감는 것을 말한다.

은 이어붙이기를 편하게 하기 위해 고리모양으로 한다. 쇠사슬은 낚시 바늘의 끝에서 선민에 이르도록 연결된 사슬로서 하나의 사슬 고리 하나의 길이는 4~5촌씩으로 한다. 이상 세 종류의 낚싯줄로 이루어진 지승은 1발에 2개를 붙인다. 뜰통은 약 8되들이로 삼나무로 만들며 이를 연결하는 줄의 굵기는 긴 밧줄을 지지하기에 충분한 것을 쓴다. 이 뜰통은 밧줄을 풀기 시작할 때와 마지막에 1개씩 그리고 밧줄의 중앙은 2발 마다 1개씩서로 번갈아 매단다. 부표는 오동나무제로 지름 5촌, 길이 2척 내외로 한다. 이 부표는 2발마다 1개의 비율로 뜰통과 번갈아 매단다. 표기(標旗)는 밧줄 배치의 시작과 끝의 위치를 알리기에 용이하도록 하기 위해 뜰통에 세우는 것으로, 그 구조는 일정하지 않다. 작살은 철제로 6~7척의 떡갈나무 막대기와 10여 길의 삼으로 만든 밧줄을 붙인다. 쇠갈고리는 일반적인 갈고리에 주대승(株梠繩)을 연결한다. 봉구(捧鉤)는 길이 5척 되는 삼나무 막대기 끝에 쇠갈고리를 연결한 것이다.

장승의 사용법은 다음과 같다. 일출 전에 어장에 도착하여 조류 방향 및 그 완급을 고려해서 조류가 완만한 때를 가늠한다. 흐름을 가로질러 일직선에 장승을 펴서 내리는 것은 보통의 장승을 사용하는 것과 다름없지만 풀기 시작할 때 지승을 설치한다. 다음부터 매 발의 이음매에 부표와 뜰통을 번갈아 부착하여 모두 배치가 끝나면 그 끝 지점에도 뜰통을 매단다. 밧줄을 배치할 때에는 지승을 조수의 위쪽에 투입할 수 있도록 주의해야 한다. 이렇게 해서 장승은 20발 정도를 내리는 것을 보통으로 한다. 착수할 때 기후에 따라 약간 빠르거나 늦지만, 보통 1시간가량 하고 마친다. 배치가 끝나면 부표에 따라서 배치하기 시작한 위치로 되돌아가는데 가는 도중에 밧줄을 정리한다. 물고기가 걸린 기미가 있으면 그것을 끌어올리면서 배치하기 시작한 위치로 돌아가면서, 순차적으로 밧줄을 끌어당기고 미끼가 빠진 곳이 있으면 먹이를 매단다. 물고기가 걸리면 작살과 갈고리를 이용해서 배로 끌어당겨, 곤봉으로 때려 죽여서 배 위로 올린다. 이와 같이 20발의 장승을 한 번 거두어들이려면 약 2시간 정도를 필요로 하므로, 오전 4시경에 출어한 자가 3회 가량 되풀이하고 조업을 마치지만, 어획량이 많을 때는 밤이 되어도 끝내지 못하고 심야에 이르러 귀항한다."283)

상어와 고래 이외에 일본 어민들이 한해에서 주로 어획한 도미, 멸치, 삼치, 조기, 해삼, 전복, 붕장어 등은 일본인들이 아주 좋아하는 고급 어종으로 언제든지 판로가 있었다. 반면 조선에서는 이런 어종에 대한 수요가 많지 않아 가격이 아주 낮았다. 이러한 어종들은 일본 시장에서는 인기가 많아 난획되고 있었으나 조선에서는 이 어장이 그대로 남아 있었던 것이다.[284] 이에 따라 개항 후 일본 어민들은 주로 일본 시장에서 인기가 있는 도미, 삼치, 전복, 해삼, 붕장어 등을 잡기 시작하다가 점차 조선 시장에서도 인기 있는 조기, 청어, 대구 등을 어획하기에 이르렀다.

일본 어민들은 전복, 해삼 등을 주로 잠수기 어선을 이용하여 포획하였다. 해삼의 경우, 잠수기 어선의 규모는 폭이 7척 내지 8척이었고 매 척에 잠수부 1인, 선두 1인, 망지(網持) 1인, 수부(水夫) 6~8인 내지 9인이 탔다.[285]

상어, 전복, 해삼 이외에도『한국수산지』에는 도미, 멸치, 삼치, 조기 등의 어업과 관련된 어장, 어구, 어법 등이 자세하게 기록되어 있다. 먼저 도미 어업과 관련된 어장, 어구, 어법 등을 살펴보면 다음과 같다. 도미는 주로 연승을 이용해 어획하였으며, 일본의 한해 통어자가 가장 먼저 사용한 어구였다. 도미 연승을 하는 일본 어민은 산구현, 향천현, 광도현, 장기현, 웅본현, 애원현, 복강현, 강산현, 좌하현, 도근현, 녹아현, 덕도현, 대분현 등 여러 현에서 통어하는데 1908에는 500여척을 웃돌았다.『한국수산지』에는 도미 연승의 구조와 사용법이 다음과 같이 기록되어 있다.

---

283) 韓國水産誌』1권2010), 민속원, 鱶延繩 (第四十七圖).

284) 김수희(2010)『근대 일본어민의 한국진출과 어업경영』, (경인문화사, p.21.

285) 韓國水産誌』1권(2001), 민속원, p.306.

"도미 연승의 구조는 다음과 같다. 간승은 삼실을 세 가닥 꼬기로 지름은 1푼 3리 정도로 하고 1발의 길이는 380길로 한다. 여기에 삼실 두 가닥 꼬기로 지름 1푼 가량의 지사 85가닥을 연결하고 그 하단에 각각 낚싯바늘을 장착한다. 낚싯바늘은 1돈 내외의 철사로 만들며, 주석으로 도금한 것이다. 항상 이것을 낚시줄통에 넣는데 낚시줄통은 어선 한 척에 15~18발을 이용한다. 그 외에 닻 2정, 뜰통 3개 및 소수석(小手石)이라고 부르는 중량 100~200돈의 자연석을 지사(枝糸) 5~8 가닥의 간격으로 1개가 필요하다.

도미 연승의 사용법은 다음과 같다. 어선 1척에 4~5인이 한 조로 탑승하며, 미끼를 낚싯바늘에 미리 꿰어 어장에 나가서, 두 사람은 노를 젓고 다른 사람은 어구를 펴서 내린다. 먼저 닻과 뜰통을 투입하고, 조류를 가로지르며 小手石을 달아가면서 곧게 또는 둥그스름하게 순차적으로 펴서 내린다. 마지막에 닻과 뜰통을 바다 속에 넣는다. 발 수를 많이 내릴 때에는 양끝 외에 중앙에도 닻과 뜰통을 붙인다. 대략 1시간을 경과한 후 한쪽 방향에서 다시 올려서 물고기를 잡는다."286)

멸치 어업의 경우, 일본의 통어 어민은 광도현을 주로 하여 애원현, 강산현, 산구현 출신이었으며, 어구는 지예망, 부망, 선망, 선예망 및 석전 등이었다. 강원도 및 함경남도에서 일본 어민은 지예망 및 양조망을 사용했다. 경상도에서는 부망을 사용하였다. 일본 어민이 사용하는 어선은 각종 어구의 크고 작음에 따라 선형이 똑같지는 않았지만, 보통 망선이 큰 것은 어깨 너비 1장, 길이 3장이고, 작은 것은 어깨 너비 7척, 길이 2장3~4척이었다. 『한국수산지』에 의하면 멸치 어업 중 가장 널리 이용된 지예망의 구조, 사용법 등은 다음과 같았다.

---

286) 韓國水産誌』1권(2001), 민속원, 鯛延繩 (第四十八圖).

"멸치 지예망의 구조는 다음과 같다. 그물감 원료는 방적한 것으로 굵기는 불꼬리 8가닥 꼬기, 양 날개 부분 6가닥 꼬기, 뜸과 발돌 쪽은 12가닥 꼬기를 쓴다. 과거에는 직접 만든 그물 실이나 그물감을 사용하였으나, 요즘은 일본산 그물감을 구입하여 사용하는 자가 다수를 점한다. 그물눈의 크기는 그물몸통에서 5촌 안에 20절, 뜸과 발돌은 각각 1길 반인 경우 12절이다. 이를 세로결로 사용한다. 축결(縮結)은 양 날개에서 25%, 불꼬리에서 35%로 하여 주머니 모양을 이룬다. 그물의 형상은 장방형을 이루며 뜸 쪽은 180길, 그물폭은 중앙의 불꼬리가 8길이며, 양 끝으로 갈수록 점점 좁아져서 끝부분은 4길로 줄어든다. 그물은 松皮로 물을 들인다. 뜸은 코르크질의 굴참나무 껍질 5~6매를 겹쳐서 직경 4촌 8푼 두께 3촌의 원형으로 만든다. 중앙에 구멍을 뚫고 뜸줄에 꿴다. 발돌은 자연석으로 중량 8~12kg 되는 것을 2~3길마다 1개씩 매단다. 불꼬리에는 촘촘하게 양 끝에는 성글게 다는 것이 뜸과 다르다. 뜸줄, 발돌줄은 모두 칡 껍질 세 가닥 꼬기로 직경 1촌 길이 180길로 한다. 예망은 원료는 칡껍질을 쓰고 직경 1촌 내외 좌우 각각 길이 27~80길로 한다. 다만 30길을 1방(房)으로 한다. 망구를 새로 만드는 데는 350원, 어선을 새로 설비하는 데는 60원이 든다고 한다.

사용법은 다음과 같다. 예망의 한 쪽 끝은 육상에 두고 그물을 한 척의 어선(어깨너비 8~9척)에 싣고 어부 5~6인이 타고 먼저 예망부터 던져 넣으면서 점차 앞바다를 향하여 저어나가면서 그물을 둘러 물고기떼를 에워싸고 신속하게 배를 원래 출발한 육지로 붙인 다음 육지에 올라가 다른 그물을 끄는 사람들과 힘을 합쳐 좌우로 나뉘어 예망을 잡아당겨 끌어온다. 불꼬리가 육지에 가까워지면 4~%인의 어부는 바다 속에 뛰어들어 그물자락을 바다 속으로 밟으면서 끌어당겨 고기떼가 도망가는 것을 막고 어망으로 잡는다. 그물 속의 고기떼가 많아서 한 번에 그물을 끌어당기기 힘들 때는 따로 소형 예망을 서서 몇 차례로 나누어 어획하는 경우도 있다. 이러한 큰 무리를 잡게 되면 멸치는 서로 눌러서 폐사하여 해저에 가라앉는 경우가 대단히 많아서 그 두께가 몇 촌에 이르기 때문에 해저가 은백색으로 덮이는 경우도 있다."[287]

삼치 어업은 일본 어민들에게 도미 연승 어업에 버금가는 중요 어업이었다. 1908년에 삼치 어업을 하는 일본 어선의 수는 238척이었다. 삼치 어업에 종사하는 일본 어민은 주로 향천현 출신이었으며 유망을 사용하였다. 『한국수산지』에 의하면 삼치 유망의 구조와 사용법은 다음과 같았다.

"삼치 유망의 구조는 다음과 같다. 삼치 유망은 어장의 규모에 따라 차이가 있지만 그 대부분은 그물의 전체 길이 640길이며, 그물의 높이는 12길, 길이 16길을 1자락으로 한다. 2자락을 봉합해서 1파로 하며 총 20파로 이루어져 있다. 각 1파는 망지(網地)(그물감), 부자승(浮子繩), 부표승(浮漂繩), 부표(浮標), 수망(手綱)으로 구성된다. 망지는 단마마(但馬麻)로 2가닥 와고(蝸股) 짜기를 하는데, 경척(鯨尺) 1척에 7절 50괘 200목 줄이기를 하여, 16길을 1자락으로 하며, 수봉(竪縫) 2자락 횡수(橫縫) 3자락을 1파로 한다. 그 길이는 32길을 뜸줄 20길에 축결하여 20파를 만든다. 그 중앙부의 망지 40자락은 해마다 새로 준비하고, 중망(中網)을 아래쪽에 썼다가 다음에는 뜸 쪽으로 순차적으로 교환해서 사용한다. 뜸은 오동나무로 만들고 폭은 1촌 두께 7촌, 길이 8촌의 장방형으로 하여 뜸줄 2척마다 1개를 매단다. 뜸줄은 짚으로 두 가닥 꼬기를 하여, 지름 3푼 길이 10길을 1개로 하여 두 가닥 사이에 뜸을 끼워 묶고 그 한 쪽 끝을 고리로 만들어 각 把의 연결이 용이하게 한다. 부표는 지름 3촌 길이 2척의 오동나무 통나무에 지름 2푼 길이 4길 반의 새끼줄을 두 가닥 꼬기를 해서 묶는데 1파 당 4개 반으로 한다. 뜰통은 방언으로 대준(大樽), 견부준(見附樽), 중준(中樽), 단준(端樽)의 4개를 사용한다. 그 용적은 1말 5되가 들어가는 나무통으로 대준은 그물의 기저부에, 견부준은 대준과 약 20길의 간격을 두고 수망(手綱)에 결부하여 그물의 움직임을 보기 쉽게 한다. 중준은 그물의 중앙에, 단준은 그물의 끝에 있는데, 그 중앙에 대나무통

---

287) 『韓國水産誌』1권(2001), 민속원, 地曳網 (第十三圖).

을 끼워서 표등(標燈)을 점화하는 장치로 한다. 지금 7푼 길이 5
길의 종려나무로 묶어 매단다. 수강은 종려나무로 지름 7푼 길
이 30길 1가닥을 필요로 하며 뜸줄의 말단에 붙인다.

　삼치 유망의 사용법은 다음과 같다. 어깨 폭 7척의 어선에 어
부 4명이 탄다. 출어시간은 어장의 원근과 풍력의 강약에 따라
일정하지 않지만, 대개 점심시간 이후 출어준비를 하여 돛으로
움직이거나 노를 저어서 목적한 어장에 도달한다. 일몰을 기다
려 목표로 삼을 만한 산악도서의 위치를 정한다. 조수의 간만과
관계없이 조류를 차단하며 단준에 점화하고 순차적으로 그물을
펴서 내린다. 그때 한 사람은 연근해를 향해서 가볍게 노를 젓
는다. 두 사람은 아래 자락 쪽과 뜸 쪽으로 나뉘어 그물을 바다
속으로 넣는다. 세 사람이 호흡을 맞추어 펼쳐서 아래로 내린다.
수강의 중앙에는 침석을 묶는다. 그 가장자리를 선수의 관목에
매단다. 바람과 조류에 따라서 떠내려가면서 표등을 지켜보면서
그물이 적당하게 펼쳐지게 한다. 다른 문제가 없으면 다음날 아
침까지 그것을 반복해서 인양하여 어획물을 잡아 올리고 귀항
한다."288)

　일본어민들은 한해에서 조기, 갈치, 달강어, 새우 등을 잡을 때는
주로 안강망을 사용하였다. 『한국수산지』에 의하면 안강망에는 황목
안강망(荒目鮟鱇網), 세목안강망(細目鮟鱇網), 전재안강망(田內鮟鱇網)
등 3가지가 있었다. 이 중에서 가장 많이 사용된 황목안강망의 구조
와 사용법은 다음과 같았다.

　"황목안강망의 구조는 다음과 같다. 자루 입구는 가로 12길,
폭 10길이며 전체 길이 47길이다. 자루형태의 본망은 4자락을
통형으로 봉합하고, 어취9魚取) 두 자락을 봉합하여 통형이 되
도록 한 것에 이어 붙여 전체 모양을 이룬다. 자루의 출망(出網)
1자락의 구성을 보면, 자루는 황목으로 5촌 그물눈에 260목괘

---

288) 『韓國水産誌』1권(2001), 민속원,, 鰆流網 (第四十六圖).

(目掛)로 시작하여 길이 4길의 끝에서부터 이하 2길마다 세목(細目)으로 한다. 처음에서 20길에 이르면 그 이하는 2촌 5푼의 목으로 한다. 여기서부터 점차 세목으로 하여 처음에서 길이 32길의 끝에 이르면 1척 사이에 6목반으로 축소한다. 이렇게 그물눈 크기가 줄어드는 동시에 그물코도 줄여 나간다. 그 비율은 입구에서 25길에 이르는 사이에는 1길마다 양측 2눈씩을, 이하는 1척마다 양측 2눈씩을 줄여, 말단은 150목으로 하면 멈춘다. 또 어취 1자락의 구조는 1촌목 300목괘로 시작하여 길이 15길 사이에는 순차적으로 그물코를 줄여 말단이 75목이 되면 그친다.

황목안강망의 사용법은 다음과 같다. 너비 5~6, 길이 6~7길의 어선에 어부 3인이 조를 지어 타고 연근해에 나가서 조수 간만에 관계없이 밀물과 썰물의 움직임이 있을 때를 살펴서, 앞서 선수의 우현에 준비해둔 나무 닻을 떨어뜨린다. 다음으로 닻줄 및 실이 달린 자루를 던져 넣으면서 점차 조류의 흐르는 방향대로 흐르게 한다. 따로 준비한 당김줄이 조류로 인해 펴지는 정도를 가늠하여, 좌현에 매달아 놓은 아시마키(足まき)와 부죽(浮竹)을 바다 속에 던져 넣고 그와 동시에 재빠르게 자루그물을 던져 넣는다. 그러면 그물은 조류를 받아 일직선으로 흘려 내려간다. 그리고 그물의 꽁무니에는 10길 가량의 가는 밧줄에 부표를 붙여 두어 목표로 삼는다. 이렇게 투망이 끝나면 난바줄(ナンバ綱, ㄱ)을 배의 좌현에 남겨두고 선수에는 당김줄(ㄴ)을 가지고 자루 입구가 뱃머리[艫] 위쪽쯤에 있을 정도로 배를 멈춘다. 조류가 급해짐에 따라 물고기가 떠 내려와 자루 안에 들어간다. 어취(魚取)의 좁은 부분에 압박되어 쉽게 나올 수도 없다. 이와 같이 약 4시간 동안 기다려 조류가 점차 완만해지면 당김줄을 풀었다 당겼다하면서 그물을 당겨 배가 자루 입구에 가로놓이지 않도록 하면서 배 안에 남겨둔 난바줄을 당겨 부죽 및 침목(沈木 足まき)을 갑판으로 끌어당긴다. 두 사람의 어부는 두 쪽으로 나뉘어져 그 양 끝을 뱃전에 매달고 그물의 양측을 끌어당긴다. 다른 한 사람은 그 가운데를 당긴다. 이렇게 해서 어취가 올라오면 다시 그물의 꽁무니에 달려있는 작은 밧줄로 자루 꼬리를 선현(船舷)에 끌어당긴다. 물고기를 곧바로 자루 꼬리를 묶은 밧줄을 풀어 배 안에 거두어들인다."[289]

라) 운반선과 판매시장

한해에 통어하는 일본 어민들은 어획물을 부산 수산회사의 어시장에서 경매, 현지에서 판매, 일본으로 운반하여 판매하는 등 다양한 형태로 판매했다. 관택명청(關澤明淸)의『조선통어사정』에는 일본 어민들의 어획물 판매 형태가 다음과 같이 구체적으로 서술되어 있다.

> "한해에 통어하는 일본 어민들이 어획물을 판매하는 것은 부산 근해에 있는 부산에 이르러 수산회사의 어시장에서 경매에 붙이는 것을 편리하게 여긴다. 어시장은 수산회사의 구내에 있는데, 매일 한차례 또는 두 차례 경매한다. 매수인에는 거류 일본인도 있고 조선인도 있다. 수산회사는 매도인으로부터 판매금의 1할을 구전으로 받는다. 다만 그 중에서 20%는 적립하여 어민들의 비상 구휼비에 충당한다. 만약 어획물을 조선에서 판매하여 일본에 보내게 되면 그 어획물은 수출품이 된다. 그러므로 무역규칙에 따라 지불해야 한다. 무역규칙은 부록으로 붙였으므로 참조할 수 있다. 어획물의 수출세는 가격에 따라 5.5% 즉 백원에 5원이다. 부산으로부터 멀리 떨어진 바다에서 잡은 어획물은 부산까지 가져오려면 여러 날 걸리고 부패할 수도 있으며 왕복하느라 여러 날 어업 할 수도 없다. 그러므로 특별히 제조해야 할 어획물을 제외한 나머지는 그 근방에서 조선인에게 판매한다.(하략)"290)

위에 의하면 1890년대 초반의 한해 통어 일본 어민들은 어획물을 주로 부산의 수산회사에서 경매하였음을 알 수 있다. 부산의 수산회사는 1889년 10월 20일에 체결된 '통어장정'에 따라 일본 어민들이 통어하기 위해서는 영사관에서 어업 허가증인 준단(准單)을 받고 어

---

289) 韓國水産誌』1권(2001), 민속원, 鮫鰶網 (第四十四圖).

290) 關澤明淸・竹中邦香(1893)『朝鮮通漁事情』, 團團社書店, 第九, 漁獲物ノ販賣及ヒ製造.

세를 납부해야 하는 등 복잡한 행정절차를 거치게 되자 이들의 행정적 편의를 제공하고 아울러 조선연안 어장의 정보를 제공하며 어시장을 개설하여 일본어민들의 통어활동을 장려하기 위해 1889년 8월에 부산 유지자들이 논의하여 자본금 5만원으로 창설되었다. 부산수산회사의 어시장은 부산항에 소재하였는데, 어선이 바로 접안하여 하역이 가능했다. 어시장은 매일 오전 8시에 개시해 오후 5시에 종료했다. 단 5월 1일부터 11월 말일까지는 오전 7시부터 1회, 오후 2시부터 1회를 개시하여 하루에 2회 개시하였다. 판매는 경매, 산당매(算當賣), 입찰매(入札賣)의 3가지 방식이 있었으며, 회사가 승인한 중매인을 통해 매수하였다.[291]

1893년경, 마산의 조선인 객주가 일본 어민에게 전북 죽도 어장을 알려주기 전까지 일본 어민은 부산을 중심으로 마산, 거제도, 진해, 제주도 등 일본과 가까운 지역에서 어업 활동을 하였다. 이곳은 일본 어장과 어장 조건이 비슷하고 어획물 판매에도 비교적 안전하였기 때문이었다.[292] 이에 따라 일본의 통어 어민들 대부분이 어획물을 부산 수산회사의 어시장에 가져와서 경매하였던 것이다.

하지만 1893경 이후 일본 어민들이 전북 해빈으로 어업구역을 넓히면서 어획물을 부산 수산회사까지 가져와 경매에 붙이기가 어렵게 되었다. 일본 어민들의 어업 구역이 넓어질수록 부산 수산회사에서 경매하기는 더 어려워졌다. 이는 당시 일본 어민들이 어장에서 고기를 잡고 그 고기를 직접 어선으로 일본이나 부산 수산회사 등으로 운반하여 판매하는 방식이었기 때문이었다. 그래서 당시 일본 어민들을 괴롭힌 것은 어업자체보다는 오히려 어획물 판매였다.[293]

---

291) 『한국수산지』1권(2001), 민속원, pp.367-371.

292) 김수희(2010) 『근대 일본어민의 한국진출과 어업경영』, 경인문화사, p.27.

이런 상황에서 1889년 광도현 사람 황천유십랑(荒川留十郞)이라는 사람이 줄어 어선으로부터 어획물을 매입해 염장하여 일본에 수송하여 큰 이익을 얻었다. 이렇게 시작된 어획물 운반 사업은 한해에 통어하는 일본 어민들로부터 어획물 판매 문제를 상당 부분 해결해 주었다. 하지만 1906년에 기선 운반선이 등장하고, 1907년에 발동기 운반선이 등장하기 전까지는 일본 어선과 마찬가지로 일본 운반선도 범선이었으므로 많은 어획물을 운반하지는 못했다. 그러나 1907년 발동기 운반선이 등장한 이후 대량의 어획물을 운반함으로써 일본 어민들의 어획물 판매 문제는 거의 해결되었다. 따라서『한국수산지』편찬을 위한 기초조사가 시행되던 1908년 당시에는 일본 어민의 어업 형태가 어선을 통한 어업활동과 운반선을 통한 판매활동으로 구분됨으로써 어민들은 어업에 몰두하고 운반선 업자들은 판매에 몰두할 수 있었다.

일본 어민의 어획물을 운반하던 운반선의 종류에는 모선과 독립 운반선이 있었다. 모선은 단체 어선의 본선으로 미리 어선에 대해 자금을 빌려주고 그 어획물을 매수, 운반하여 시장에 판매하던 운반선이었으며, 독립 운반선은 어선과의 계약관계가 없는 상태에서 그 어획물을 매수, 운반하여 시장에 판매하던 운반선이었다. 모선에는 염절모선(鹽切母船)과 활주모선(滑洲母船)이 있었다. 모선과 독립 운반선 이외에 잠수기선에 딸린 작은 왕복선[小廻船]294)이 또 있었다.

염절모선과 더불어 단체를 조직하던 어선은 도미연승, 삼치유망, 안강망어선으로 그 단체는 보통 모선 1척에 어선 5척의 비율로 하

---

293) 吉田敬市(1954)『朝鮮水産開發史』, 朝水會, pp.225-226.
294) 어업근거지와 조선 또는 일본시장 사이를 왕래하며 어획물의 제조 또는 양식, 기타 일용품을 운반하기 때문에 이렇게 부른다.

고 봄·가을 두 계절에 출어하였다. 염절모선과 어선과의 관계는 어획물 전부의 매수를 약정하여 연 2회 어기의 출어에 앞서 어선 매1척에 100원 내외의 전대를 하고, 또한 출어 중 어선에서 필수적으로 쓰이는 쌀, 소금, 기타 일용품의 모두를 빌려주었는데, 물고기 값은 어업을 마치고 귀국한 다음에 계산하였다. 선어는 주로 부산과 인천 시장에 판매되지만 염어는 주로 시모노세키, 문사(門司), 박다(博多), 구주(九州) 지방에서 판매하였는데, 1906년의 염절모선은 152척이었고 1907년의 염절모선은 186척이었다.

활주모선은 물고기를 산 채로 운반하기 위한 수조를 장착한 운반선으로, 어선과의 관계는 염절모선과 비슷했다. 활주모선 한 척에 딸린 계약 어선은 대개 4~5척이었다. 활주모선이 운반하는 어류는 도미, 삼치, 광어, 붕장어, 갯장어, 가오리(鱝), 은어, 작은 상어[小鱶] 등이었다. 일본으로 향하는 활주모선의 행선지는 주로 대판과 하관이었다. 한해에서 활동한 활주모선의 경우 1903년에는 40척, 1904년에는 53척, 1905년에는 26척, 1906년에는 43척, 1907년에는 53척이었다.

어선과 직접 관계를 가지지 않는 독립 운반선에는 헐선, 석유발동기선, 범선, 부선[295] 등이 있었다. 헐선의 경우 1907년에 4척이었는데 1908년에는 5척이었다. 석유발동기선은 1907년에는 6척이었지만 1908년에는 13척으로 증가하였다. 부선(艀船) 운반업은 안강망 어업자와 함께 발달하여 1908년의 경우 15척에 이르렀다. 이 외에 잠수기선에 딸린 작은 왕복선[小廻船]은 1조 1척을 보통으로 하였지만 규모가 큰 경우는 1조에 2~3척을 갖춘 경우도 있었다. 1908년의 경우 염절모선 186척, 활주모선 53척, 기선 5척, 석유발동기선

---

295) 거룻배를 말하며 자체 동력 및 돛을 갖추지 않은 배를 말한다. 현재의 바지선과 같은 배이다. 浮船으로 표기한 곳도 있다.

13척, 부선 15척 등 운반선은 총 272척이었다.

운반선의 역할은 근본적으로 어장의 어선과 어시장의 판매자 사이를 연결하는 것이었다. 어시장에는 대한제국에 존재하는 어시장과 일본에 존재하는 어시장이 있었다. 대한제국에 존재하는 어시장 중에서 운반선은 주로 일본인들이 영업하는 어시장과 거래하였다. 『한국수산지』에 의하면 1908년 당시 일본인들이 영업하던 어시장은 표와 같았다.

<표 19> 1908년 당시 일본인이 영업하던 어시장

소재지	명칭	경영자명	자본금액 (원)	불입금액	설립년월일
경상남도 울산	울기어시장	울기수산주식회사	10,000		설립 중
동 부산	부산어시장	부산수산주식회사	600,000		1903년 1월 1일
〃 마산	마산수산주식회사어시장	마산수산주식회사	20,000	5,000	1906년 4월 8일
〃 장승포	장승포어시장	장승포어시장	10,000		1907년 2월 20일
〃 통영	통영어시장	통영어시장조합	5,000		1907년 4월 1일
전라남도 목포	목포어시장	대분현인장포복시	5,000		1900년 9월 6일
동 북도군산	군산해산주식회사어시장	군산해산주식회사	10,000	2,500	1907년 3월 27일
경기도 경성	주식회사경성수산물시장	주식회사경성수산물시장	60,000	15,000	1905년 1월 11일
동 용산	주식회사용산어시장		175,00		1907년 11월 9일
동 경성	日ノ丸魚市場	香椎源太郎	미상		1908년 5월 16일
동 인천	인천수산주식회사어시장	인천수산주식회사	300,000	75,000	1877년 11월

동 인천	인항어상회사 어시장	인항어상회사	2,680		1899년 11월 15일
평안남도 진남포	진남포수산주식회사어시장	진남포수산주식회사	40,000		1908년 3월 12일
동 평양	주식회사평양어채시장		30,000		1906년 10월 20일
동북도 신의주	신의주강안어시장	藤原秀吉	22,000		1908년 5월 10일
전북 만항군 북면 몽산리	공영사	鄭翰主 외 7명	800		1908년 8월 1일
평안남도 삼화부용정동		李用仁	200		미상
동 영유군 어용리		宗風年	無		미상

운반선은 한해에서 어획된 고래, 상어, 도미 등 다양한 어획물들을 일본 어시장으로도 운반하였다. 고래의 경우, 포경회사가 기지에서 해체하여 고래 기름, 고래수염, 고래 힘줄, 고래 뼈 등 거의 전부를 일본으로 운반하였다. 고기도 대부분은 마찬가지로 일본으로 보내고, 그 소량은 조선 내지에 판매하였다. 일본으로 수송하는 것은 겨울에는 소금을 치지 않은 채로, 다른 계절에는 소금에 절인 상태였다.296)

일본 어민이 한해에서 어획한 상어는 종래에는 고기의 판매를 시작하지 않았기 때문에, 다만 상어 지느러미만을 채취하여 일본으로 운반하여 청국 수출용으로 만들었다. 하지만 곧 조선 사람들인 상어 고기를 소비하는 것을 알고 조선 사람들에게 상어 고기를 판매하였다. 또한 일본인들이 어묵으로 만드는 일이 많아졌으므로, 날생선 그대로

296) 『韓國水産誌』1권(2001), 민속원, p.216.

혹은 염장해서 부산 그 외의 지방에 수송 판매하였는데, 염장한 것은 일본인 사이에서도 소비되므로 겨울은 박다, 마관 등에 운반하여 판매하였다. 제주도 및 거문도처럼 먼 지방에서는 대부분 '타래'(가늘고 길게 잘라서 말린 것)로 만들어, 일본에 운반하여 판매했다.[297]

한해에서 어획된 물고기 중 갯장어와 붕장어는 활주모선에 의해 활어 상태로 일본의 대판, 하관 등에 운반되었으며, 도미도 약간은 활어 상태로 운반되었다. 그 외 도미, 삼치, 조기, 갈치, 새우 등은 염장하여 하관, 문사(門司), 박다(博多) 및 구주 지역으로 운반되어 판매되었다.

멸치의 경우는 주로 건멸치로 가공하여 비료용으로 일본에 운반되어 판매되었다. 또한 해삼이나 전복의 경우는 건제(乾劑) 또는 통조림으로 가공되어 부산, 원산, 목포 등의 개항장으로 운송된 후 장기(長崎) 등으로 운반되어 판매되었다.

마) 맺음말

1908년에 간행된 『한국수산지』1권에는 한해에서 생산되는 유용 수산물 104종류 중에서 딱 37종의 수산물에 대하여만 어장, 어획방법, 가공방법, 유통 상황 등을 자세하게 수록하였다. 이는 37종류의 수산물이 당시 생산이나 소비 측면에서 아주 중요했기 때문이었다. 37종의 수산물 중에서도 1908년 당시의 일본어민들이 한해에서 주로 어획한 수산물은 도미, 멸치, 삼치, 조기, 해삼, 전복 등 6종과 함께 고래, 상어 등 총 8종이었다. 1908년 한해에 통어하던 일본어선 3,899척 중에서 3분의 2 이상이 고래, 상어, 도미, 멸치, 삼치, 조기,

---

297) 『韓國水産誌』1권(2001, 민속원, pp.271-272.

해삼, 전복 등 8종의 수산물 어업에 종사하였다. 따라서 『한국수산지』에는 이들 8종의 수산물을 중심으로 여타 개발 가능성이 높은 수산물들을 조사하여 수록하였다.

1908년 무렵에 4천척에 가까운 일본 어선들이 한해에 출어할 수 있었던 이유는 구주 대분현 좌하관정 출신의 중가다랑길과 교본권태랑이 원양 어업에 적합하게 기왕의 어선을 개량했기 때문이었다. 본래 에도시대의 일본 어선은 갑판도 없고 구조도 약한 목선으로서 원양 어업에 부적합했다. 1875년에 중가다랑길은 기왕의 어선에서 책판을 갑판으로 고치고 또한 다수의 창벽을 구획하여 공기실을 설치하고 또한 갑판상에 배수공을 준비하는 등 여러 가지 개선을 함으로써 원양 어업에 적합하게 개량한 후, 직접 한해에 출어하여 큰 이익을 얻었다. 개량 어선은 크기에 따라 승선 인원이 달랐으며 어획 어종에 따라 어선의 규모는 물론 어구가 달라지기도 했다. 또한 서양식 돛을 쓰거나 발동기를 설치하는 등 다양한 형태를 가졌다. 일본 어민들이 한해에서 주로 사용한 어구는 연승, 지예망, 수조망, 타뢰망, 유망, 호망 및 魞梁 등이었다. 일본 어민들은 이들 어구를 포경선을 제외한 개량 어선 또는 잠수기 어선, 기선, 발동기선 등과 결합하여 한해에서의 어업을 주도하였다.

일본 어민들이 한해에서 주로 어획한 상어, 도미, 멸치, 삼치, 조기, 해삼, 전복은 운반선에 의해 조선의 어시장은 물론 일본의 어시장으로 운반되었다. 운반선은 1889년 광도현 사람 황천유십랑이라는 사람이 출어 어선으로부터 어획물을 매입해 염장하여 일본에 수송하여 큰 이익을 얻으면서 시작되었다. 이렇게 시작된 어획물 운반 사업은 한해에 통어하는 일본 어민들로부터 어획물 판매 문제를 상당 부분 해결해 주었다. 하지만 1906년에 기선 운반선이 등장하고,

1907년에 발동기 운반선이 등장하기 전까지는 일본 어선과 마찬가지로 일본 운반선도 범선이었으므로 많은 어획물을 운반하지는 못했다. 그러나 1907년 발동기 운반선이 등장한 이후 대량의 어획물을 운반함으로써 일본 어민들의 어획물 판매 문제는 거의 해결되었다. 따라서『한국수산지』편찬을 위한 기초조사가 시행되던 1908년 당시에는 일본 어민의 어업 형태가 어선을 통한 어업활동과 운반선을 통한 판매활동으로 구분됨으로써 어민들은 어업에 몰두하고 운반선 업자들은 판매에 몰두할 수 있었다.

일본 어민의 어획물을 운반하던 운반선의 종류에는 모선과 독립 운반선이 있었다. 모선은 단체 어선의 본선으로 미리 어선에 대해 자금을 빌려주고 그 어획물을 매수, 운반하여 시장에 판매하던 운반선이었으며, 독립 운반선은 어선과의 계약관계가 없는 상태에서 그 어획물을 매수, 운반하여 시장에 판매하던 운반선이었다. 모선에는 염절모선과 활주모선이 있었다. 모선과 독립 운반선 이외에 잠수기선에 딸린 작은 왕복선[小廻船]이 또 있었다.

결론적으로『한국수산지』는 이 같은 일본 어민들의 한해 어업형태를 파악하고 나아가 그런 일본 어민들에게 필요한 '개발과 이용 방법' 및 '행정상의 보호와 장려'를 조사, 개발, 확장함으로써 일본 어민들의 이익을 극대화하려는 의도에서 간행되었다고 할 수 있다.

제 3 장

경상좌수영과 부산의
해양문화

1) 경상좌수영의 문화콘텐츠와 활용방안

가) 머리말

조선 건국 후 조선 8도 중 함경도와 평안도를 제외한 6도의 해양 요충지에는 전임 수군절도사영 즉 수영이 설치되었다. 6도의 해양요 충지 중에서도 핵심은 경상도와 전라도였다. 경상도의 동남해 그리 고 전라도의 서남해가 왜구의 주요 활동지였기 때문이었다. 이에 따 라 경상도와 전라도에는 각각 2곳에 전임 수군절도사영이 설치되었 고 그 외 4도에는 각각 1곳에만 전임 수군절도사영이 설치되었다.

경상도와 전라도에 설치된 수군절도사영은 소재지에 따라 불렸다. 즉 경상좌도에 설치된 수군절도사영은 경상좌도 수군절도사영, 경상 우도에 설치된 수군절도사영은 경상우도 수군절도사영, 전라좌도에 설치된 수군절도사영은 전라좌도 수군절도사영, 전라우도에 설치된 수군절도사영은 전라우도 수군절도사영이라 불렸던 것이다. 하지만 이 네 곳은 이름이 길어서 경상좌수영, 경상우수영, 전라좌수영, 전

라우수영으로 약칭되기도 하였다.[298]

위의 네 곳 수영 중에서 경상좌수영은 일본과의 관계 때문에 특히 중요시되었다. 경상좌수영은 조선건국 직후인 태조 대에 동래 부산포에 설치되었다가 태종대를 전후로 울산 개운포로 옮겼지만 임진왜란 직전에 현재의 수영으로 옮겨졌다. 이후 인조 14년(1636)에 감만이포로 옮겨졌지만 16년 후인 효종 3년(1652)에 다시 현재의 수영으로 옮겨져 고종 32년(1895) 7월에 군제개혁으로 좌수영이 혁파될 때까지[299] 현재 자리에 있었다. 경상좌수영이 임진왜란 1년 전인 선조 24년(1591) 쯤에 현재의 자리로 옮겨졌다면 고종 32년(1895)까지의 기간 중에서 16년을 제외한 288년 동안을 현재의 자리에 소재한 셈이 된다. 그 동안 경상좌수영은 부산포, 다대포, 두모포, 포이포, 서평포, 서생포, 개운포, 감포, 축산포, 칠포 등 경상좌도의 해안 요충지에 설치된 수군 진보들을 지휘, 통제하였다.

조선후기 경상좌수영의 중요성은 수백 년 간 경상좌도의 핵심 해양방어기지였다는 사실뿐만 아니라 한·일 간의 관문인 부산의 해양방어기지였다는 사실에 있다.[300] 선사시대 이래로 부산은 한·일 간의 관문이었을 뿐만 아니라 남해와 동해 또 바다와 육지의 중계지이기도 했다. 부산과 경상도 앞바다의 도서 사이에 미로처럼 형성된 영남해로와 그 주변에 형성된 어촌과 포구를 통해 사람과 물자 그리고 정보가 부산으로 유입되었다. 그것들은 멀리 바다건너 일본, 유

---

298) 차문섭(1994) 「진관체제의 확립과 지방군제」 『한국사』23, 국사편찬위원회, pp.236-247.

299) 부산대학교 한국문화연구원(1990) 『慶尙左水營城址 學術調査報告書』, pp.4-9.

300) 조선시대의 경상좌수영에 대하여는
    金義煥(1970) 「東萊 水營城址 一帶遺蹟 調査書」 『鄕土文化』 2집
    方相鉉(1987) 『朝鮮初期 水軍制度史 硏究』 경희대학교 문학박사학위논문
    부산광역시 수영구(1999) 『경상좌수영성지정비기본계획』, 옛터 참조.

구, 중국으로부터 그리고 경상도의 낙동강과 태화강 등 내륙 하천으로부터도 흘러들었다. 육지에서는 영남대로를 통해 사람과 물자 그리고 정보가 부산으로 유입되었다. 이렇게 영남해로와 영남대로를 통해 부산으로 유입된 사람과 물자 그리고 정보는 다시 영남해로와 영남대로를 통해 주변의 어촌, 포구, 진보, 농촌, 장시, 역참, 경상도 내륙 그리고 수도 한양과 바다건너 일본, 유구, 중국에까지 유통되었다.

이와 같은 부산의 역사문화 콘텐츠를 관광자원화 할 수 있는 핵심 키워드 중의 하나가 바로 경상좌수영이다. 오늘날 부산을 대표하는 해수욕장이 자리한 해운대, 송정, 광안리, 송도, 다대포, 일광 등은 바로 경상좌수영이 통제하던 부산포, 다대포, 두모포, 포이포, 서평포, 서생포, 개운포, 감포, 축산포, 칠포와 직결되어 있다. 따라서 경상좌수영은 부산을 대표하는 자연적 해양관광자원과 역사 문화적 관광자원을 통합시킬 수 있는 핵심 키워드로서 손색이 없다. 본 연구에서는 조선후기 경상좌수영을 영역과 기능이라는 측면에서 살펴보고 각 영역에서 나타난 역사문화콘텐츠의 내용과 활용방안에 대하여 검토함으로써 장차 경상좌수영을 이용한 해양관광콘텐츠의 개발가능성과 문제점 등을 확인하고자 하였다.

나) 경상좌수영의 영역과 기능

조선후기의 경상좌수영은 동래수영, 영좌수영(嶺左水營), 유영(柳營) 등으로도 불렸는데, 수영성이라고 하는 석성으로 둘려 있었다. 수영성은 기본적으로 방어 시설이지만 동시에 경계 시설이기도 하였다. 수영성을 경계로 성 안과 성 밖의 역할과 기능이 판이하게 달랐기 때문이었다.

수영성에는 영저(營底)라고 하는 영역이 있었고 이곳에는 거주민이 있었다. 철종 1년(1850)에 편찬된 『내영지(萊營誌)』에 의하면 당시 영저 민호(民戶)는 657호였다.[301] 대략 1호 당 5명으로 추산하면 영저 민호의 총 인구는 대략 3,300명 정도 된다. 영저 민호는 경상좌수영에서 관할하였다. 『내영지』에 의하면 영저 민호들이 모여 살던 방리(坊里)는 표와 같았다.

<표 1> 영저 민호와 방리[302)

방리 명칭	위치	비고
서삼리(西三里)	영기(營基)	
서이리(西二里)	수문(水門)	
서일리(西一里)	동문(東門)	
동삼리(東三里)	산정(山頂)	
동일리(東一里)		
감포리(甘浦里)		
축산리(丑山里)		1850년 당시에는 없어짐
칠포리(漆浦里)		1850년 당시에는 없어짐
포이리(包伊里)		
구락리(求樂里)		
판곤리(板串里)	본영 동쪽 5리	
율리(栗里)	본영 서쪽 6리	
토현리(兎峴里)	본영 북쪽 5리	
재송리(栽松里)	본영 동쪽 5리	
동하리(東下里)	본영 동쪽 10리	
청사리(靑沙里)	본영 동쪽 20리	
남천리(南川里)	본영 남쪽 10리	
분포리(盆浦里)	본영 남쪽 20리	
감만리(戡蠻里)	본영 남쪽 20리	
대연리(大淵里)	본영 남쪽 15리	
용당리(龍塘里)	본영 남쪽 20리	
우암리(牛巖里)	본영 남쪽 20리	
양정리(羊亭里)	본영 서쪽 10리	

301) "六百五十七戶"(『萊營誌』, 營底民戶).

302) 표는 『萊營誌』, 坊里를 참조하여 작성하였다.

위의 표에 의하면 영저 민호는 수영성을 둘러싸고 있는 최대 20 리 이내의 영역에 거주하는 민호임을 알 수 있다. 이들 영저 민호가 거주하는 영역은 대체로 바닷가였다. 따라서 영저 민호는 대부분이 어촌민이었다. 이들 영저 민호는 어촌민임과 동시에 경상좌수영에서 필요로 하는 각종 역을 부담하면서 통상적인 어촌과는 구별되는 독특한 어촌문화를 형성하였다.

수영성 내부는 다시 원문(轅門)을 기준으로 하여 원문 안쪽과 원문 바깥으로 구분되었다. 원문 안쪽과 원문 바깥을 구분하는 경계는 원문 그리고 원문에 연결된 내성이었다. 원문 안쪽에는 객사와 동헌, 내아(內衙), 우후영(虞侯營), 중내아(中內衙) 등이 있었고 원문 바깥에는 장관청(將官廳), 포수청(砲手廳), 길청(吉廳) 등이 있었다. 주지하듯이 조선시대의 객사(客舍)는 왕을 상징하는 전패(殿牌)를 모신 곳이었고 동헌은 경상좌수영의 최고사령관인 좌수사의 집무처였으며, 우후영은 경상좌수영의 부사령관인 우후의 집무처였다. 내아는 좌수사의 부인이 거처하는 곳이었고, 중내아는 우후의 부인이 거처하는 곳이었다. 따라서 원문 안쪽은 왕 및 좌수사, 우후가 머무는 영역을 상징하였다.

반면 원문 바깥에 있는 장관청, 포수청, 길청 등은 하급 지휘관, 수군, 향리 등이 머무는 곳이었다. 즉 원문 바깥은 왕을 호위하거나 왕을 대신해서 공무를 처리하는 사람들이 머무는 영역을 상징하였다. 결국 경상좌수영은 수영성과 원문에 의해 세 영역으로 나누어졌으며 각각의 영역은 고유한 상징과 기능을 가지고 있었다.

그런데 원문 안 영역은, 원문은 물론 수영성에 의해서도 호위되는 구도를 갖는다. 이런 구도는 조선시대 왕의 행재소나 행궁에서 나타나는 구도였다. 행재소나 행궁은 왕이 행행 중 휴식을 취하거나 잠

을 자기 위해 임시로 머무는 곳이었다.303)

『경국대전』에는 왕이 행재소나 행궁에 머물 때의 호위에 관한 규정이 실려 있다. 이에 의하면 행재소나 행궁의 내진(內陣)에서 거행하는 행순(行巡)은 도총관 이하의 장교 중에서 병조가 보고하여 낙점된 장교가 군사 15명을 거느리고 무시로 행순한 후 순장(巡將)이 왕에게 직접 보고하며, 외진(外陣)에서 거행하는 행순 및 별순(別巡)은 호위대장이 정한 위장(衛將)과 부장(部將)이 군사 10명을 거느리고 행순한다고 되어 있다.304) 즉 조선시대의 왕은 행행 중에 내진과 외진에 의해 이중으로 호위되었던 것이다.

이런 사실에서 경상좌수영의 객사는 왕의 행재소 또는 행궁으로 간주되어 객사가 내진과 외진 즉 원문과 수영성으로 이중 호위되었음을 알 수 있다. 따라서 경상좌수영에서 가장 중요한 시설은 행궁을 상징하는 객사였다. 객사를 좌우에서 호위하기 위하여 객사의 좌우에 동헌과 우후영이 자리하였다. 그러므로 객사 다음으로 중요한 시설은 동헌, 우후영이라 할 수 있다. 그 다음은 행궁과 동헌 우후영을 둘러싸고 호위하는 원문이었고 그 다음은 수영성이었다. 이 같은 경상좌수영의 배치 및 관아건물은 다음의 도와 같았다.

---

303) 조선시대의 行在所 또는 行宮에 대하여는 서울역사박물관(2009) 『시흥행궁』 참조.
304) "行在 內陣行巡 則都摠管以下諸將中 本曹啓聞受點 率軍士十五人 無時行巡後 巡將直啓 外陣行巡及 別巡 則大將定衛將若部將 率軍士十人行巡"(『經國大典』兵典, 行巡).

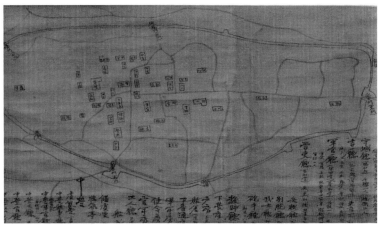

<도 8> 조선후기 경상좌수영의 배치와 관아건물[305]

○ 원문 안 영역과 기능

원문이란 수레의 끌채인 원(轅)으로 만든 문이란 뜻이다. 원은 주(輈)라고도 하는데 수레를 끄는 말에게 얹는 일종의 멍에 시설이라 할 수 있다. 『삼재도회(三才圖會)』에 의하면 원은 수레를 끌기 위해 수레 앞에 부착한 굽은 나무 위에 가로나무가 저울대처럼 결부된 시설인데, 길이는 1장 4척 4촌이라고 한다.[306] 이것을 미터법으로 환산하면 대략 4.5M 정도 된다. 중국 한나라 때의 훈고학자인 정현의 『주례』 주석에 의하면, 원문을 만드는 방법은 수레 두 대를 마주하게 한 다음, 각 수레의 앞면을 하늘로 향하게 하고 수레의 끌채인 원을 세워 출입문처럼 한다고 하였다.[307] 원의 길이가 4.5M 정도이므로 두 개의 수레를 마주하여 하늘로 향하게 하고 그 수레 위로 솟은

---

305) <도 8>은 부산시립박물관에 소장된 『慶尙道左水營官衙排設圖査圖』이다.
306) "車前曲木上句衡者 謂之輈 亦曰轅 禮記制度云 輈長一丈四尺四寸 亦曰轅 通謂之輈"(『三才圖會』輈圖).
307) "仰車 以其轅表門"(『周禮注疏』天官, 掌舍-정현 注).

<도 9> 중국 고대의 원과 조선시대 군영의 원문308)

원까지 합쳐서 만들어지는 원문은 거대한 규모라 할 수 있다.

따라서 중국 고대의 원문은 왕이 행행 중에 또는 군대가 행군(行軍) 중에 잠시 머물 때 왕이나 군사령관의 처소를 호위하기 위해 수레를 이용해 임시로 만든 출입문이었다. 하지만 후대에는 왕의 행궁이나 군사령관의 군영에 2층의 누각 형태로 세운 출입문을 원문이라고 하였다. 조선시대 수영이나 병영에 세워졌던 원문 역시 2층의 누각 형태였다.

원문과 관련된 『주례』의 내용을 좀 더 자세히 알아보면 다음과 같다. 『주례』에 의하면 왕이 도성의 궁궐을 떠났을 때 상황에 따라 다양한 종류의 행궁을 마련하였다. 예컨대 험지와 평지 또는 밤과 낮이냐 등에 따라 거궁(車宮), 단유궁(壇壝宮), 유궁(帷宮), 무궁(無宮) 같은 행궁이 마련되었다.

거궁은 왕이 행행 중 험난한 곳에 머물 때 수레를 이용해 울타리는 물론 문 즉 원문을 만든 행궁이었고309), 단유궁은 왕이 행행 중

---

308) <도 9>의 '轅圖'는 『三才圖會』에서 인용하였고, 옆의 그림은 조선후기 충북의 兵馬節度使營에 있던 轅門인 淸寧閣의 모습이다.

평지에서 머물 때 흙으로 담장을 만든 행궁이었다.310) 또한 유궁은 왕이 행행 중 낮에 잠깐 일을 보거나 휴식을 취하기 위해 천막으로 만든 행궁이었고311) 무궁은 왕이 행행 중 잠깐 누군가를 만나거나 무엇인가를 구경하기 위해 머물 때 특별한 시설 없이 단지 건장한 호위병들만 둘러서게 하는 행궁이었다.312)

결국『주례』의 행궁은 왕이 행행 중 잠깐이라도 머물기 위해 마련하는 모든 시설물을 지칭한다고 할 수 있다. 하지만『주례』에 등장하는 다양한 종류의 행궁 중에서 기준이 되는 행궁은 역시 평지에 마련되는 단유궁이었다. 거궁, 유궁, 무궁은 단유궁을 만들 수 없는 부득이한 상황에서 나타나기 때문이었다. 즉 거궁은 흙으로 담장을 만들 수 없는 험난한 곳이기에 흙 담장 대신에 수레로 울타리를 만든 행궁이었고, 유궁이나 무궁은 잠깐 머물기 위해 흙 담장을 만들 필요가 없는 행궁이었던 것이다. 단유궁이 행궁의 기준이 되기에『주례』에는 단유궁의 제도에 대한 내용이 매우 구체적으로 언급되어 있다.

『주례』에 의하면 단유궁은 왕이 특별한 일로 제후들을 회합시키기 위해 도성 밖에 만드는 행궁이었다.313) 왕이 제후들을 회합시키는 특별한 일에 대하여 정현은 왕이 도성 밖에서 거행하는 춘하추동의 제사, 제후들의 춘하추동 조회, 왕의 순수 등을 사례로 들었다.314)

---

309) "設車宮轅門<謂王行止宿阻險之處 備非常 次車以爲藩 則仰車以其轅 表門>"(『周禮注疏』天官, 掌舍-정현 注).

310) "爲壇壝宮<謂王行止宿平地 築壇又委壝土起堳埒>"(『周禮注疏』天官, 掌舍-정현 注).

311) "爲帷宮<謂王行晝止有所展肆若食息 張帷爲宮>"(『周禮注疏』天官, 掌舍-정현 注).

312) "無宮則共人門<謂王行有所逢遇 若住遊觀 陳列周衛 則立長大之人 以表門>"(『周禮注疏』天官, 掌舍-정현 注).

313) "將合諸侯 則令爲壇三成 宮 旁一門"(『周禮注疏』秋官, 司儀).

314) "天子春帷諸侯 拜日於東郊 則爲壇於國東 夏禮日於南郊 則爲壇於國南 秋禮山川丘陵於西郊 則爲壇於國西 冬禮月四瀆於北郊 則爲壇於國北 旣拜禮而還 加齊明於壇上而祀焉 所以敎尊尊也 觀禮日 諸侯觀於天子 爲宮方三百步 四門 壇十有二尋 深四尺是也 王巡守殷國而同 則其爲宮亦如此與"(『周禮

즉 제사, 조회, 순수 등의 경우에 왕은 도성의 궁궐을 벗어나야 하는
데 그 때 임시로 머물기 위한 행궁으로서 단유궁을 마련한다는 것이
었다.

단유궁은 기본적으로 흙을 쌓아 단을 만들고 단 주변에 흙으로 만
든 담장인 유를 둘렀다.315) 단유궁의 구체적인 제도에 대하여 정현
은 『의례(儀禮)』 '근례(覲禮)'를 인용하였는데, 그것에 의하면 단유궁
의 제도는 다음과 같았다. 단유궁의 사방은 300보이고 사방의 담장
마다 하나의 문을 두어 4문을 설치했다.316) 사방 300배 보의 단유궁
을 보호하기 위해 흙으로 만든 담장을 둘렀다.317) 담장 안의 단은
사방 넓이가 각각 96척이고 높이가 4척이었다.318) 단 위에는 상등,
중등. 하등으로 3층의 흙을 쌓아 올리고 맨 위에 건물을 세우는데,
건물 안에 사방의 신명(神明)을 놓았다.319) 이 같은 단유궁에서 왕이
제후를 접견할 때, 왕은 단 위의 건물에 자리했고, 공(公)은 상등에
자리했으며 후백(侯伯)은 중등에 자리했고, 자남(子南)은 하등에 자리
했다.320) 이 같은 모습의 단유궁은 도성 안의 궁궐을 본떠 만든 것
이었다.

원문이 있는 거궁 역시 도성 안의 궁궐을 본떠 만든 것이었다. 다
만 원문이 있는 거궁은 험난한 곳 또는 비상시에 만든다는 점에서
단유궁과 달랐다. 원문이 존재하던 경상좌수영 역시 근본적으로는

注疏』秋官, 司儀-정현 注).

315) "宮謂壝土以爲牆處 所謂爲壇壝宮也"(『周禮注疏』秋官, 司儀-정현 注).

316) "諸侯覲于天子 爲宮 方三百步"(『儀禮』覲禮).

317) "宮謂壝土爲垺以象牆壁也"(『儀禮』覲禮-정현 注).

318) "壇十有二尋 深四尺"(『儀禮』覲禮).

319) "司儀職曰 爲壇三成 成猶重也 三重者 自下差之爲三等 而上有堂焉"(『儀禮』覲禮-정현 注).

320) "王在堂上 公在上等 侯伯於中等 子南於下等"(『儀禮』覲禮-가공언 疏).

일종의 거궁이었다. 즉 조선의 왕이 일본을 방어하기 위해 경상좌수영에 진주함을 상징적으로 표현하기 위해 객사를 건설하고 그 객사를 호위하기 위하여 원문을 세웠던 것이다.

경상좌수영의 원문은 수영성의 교차로에 해당하는 곳에 자리했다. 즉 남문과 북문을 연결하는 도로 그리고 동문과 객사를 연결하는 도로가 만나는 지점에 원문이 있었던 것이다. 경상좌수영의 원문과 관련해서 주목할 점은 원문을 비롯하여 객사, 동헌, 우후영이 모두 동향이라는 사실이었다. 이는 원문 안 영역의 기능이 동쪽과 직결되었기에 나타난 결과였다.

경상좌수영의 북쪽에는 온천천, 동쪽에는 수영강, 그리고 남쪽에는 바다가 있다. 따라서 경상좌수영에서 가장 높은 지점은 서쪽이다. 즉 배산임수라는 측면에서 볼 때, 경상좌수영은 서쪽에서 동쪽을 향하는 구도가 된다. 이런 구도에서는 가장 중요한 시설물들이 서쪽에 들어서게 되고 아울러 서쪽의 시설물들은 동쪽을 향하게 된다.

경상좌수영에서 가장 중요한 시설물들은 앞에서 언급한 대로 원문 안의 객사와 동헌, 우후영이었다. 경상좌수영에서 가장 높은 지점이 서쪽이므로 객사와 동헌, 우후영은 서쪽에 자리하였다. 즉 객사와 동헌, 우후영은 서쪽의 높은 곳에서 동쪽의 낮은 곳을 내려다보는 구도였던 것이다. 경상좌수영의 동쪽에는 선창(船艙) 즉 수군기지가 있었다. 따라서 원문, 객사, 동헌, 우후영이 모두 동향으로 되어 있는 이유는 유사시 왕이나 좌수사, 우후가 선창으로 즉시 출동한다는 상징성을 나타나기 위해서였다.

경상좌수영의 원문은 숙종 29년(1703)에 처음 창건되었는데 명칭은 제풍루(霽風樓)였다. 이후 숙종 44년(1718년)에 중수되면서 척수루(滌愁樓)로 바뀌었다가 다시 수항루(受降樓)로 바뀌었다. 제풍루는 풍파를 가라앉힌다는 뜻이고 척수루는 근심을 씻어버린다는 뜻이며 수항루는 적의 항복을 받아낸다는 뜻이다. 원문이 본래 행궁 또는 군영을 상징하기에 경상좌수영의 원문에 이런 명칭이 붙은 것은 당연하다고 하겠다. 경상좌수영의 원문에 루(樓)라고 하는 글자가 들어 있는 이유는 2층 누각이기 때문이었다.

부산시립박물관에 소장된 『경상좌수영관아배설조사도(慶尙道左水營官衙排設調査圖)』에 의하면 원문에서 서쪽 방향으로 가면서 외삼(外三), 내삼(內三)이 자리하고 그 안쪽에 객사가 있으며 객사의 좌우에 동헌과 우후영이 자리하고 있다. 외삼은 외삼문(外三門)이고 내삼은 내삼문(內三門)이란 의미이다. 이는 객사 앞쪽에 있는 내삼문, 외삼문 그리고 원문이 바로 삼문이라는 의미이다. 객사 앞에 삼문을 설치한 이유는 물론 객사에 왕이 계신다는 상징성 때문이었다. 객사의 명칭은 영파당(寧波堂)이었다.[321]

객사의 좌우에는 동헌과 우후영이 자리했는데, 동헌은 왕을 대신하여 경상좌수영에 상주하는 좌수사의 집무처이다. 동헌은 관운당(管雲堂), 제승당(制勝堂), 운주헌(運籌軒) 등으로 불렸다. 동헌 주변에는 내아(內衙)가 있었는데, 내아는 좌수사의 부인을 위한 건물이었다. 우후영은 경상좌수영의 부사령관인 우후의 집무처로서 세검헌(洗劍軒)이라 불렸다.[322] 우후영인 세검헌 주변에도 역시 우후의 부인을 위한 중내아(中內衙)가 있었다. 이처럼 원문 안에 있는 객사와 동헌, 우후영은 근본적으로 왕과 좌수사, 우후의 집무 공간을 상징하였다. 그러므로 轅門 안의 영역은 경상좌수영의 총사령부라는 기능을 가졌다고 하겠다.

---

321) "寧波堂<客舍>"(『輿地圖書』).
322) "洗劍軒 虞侯處所"(『萊營誌』公廨).

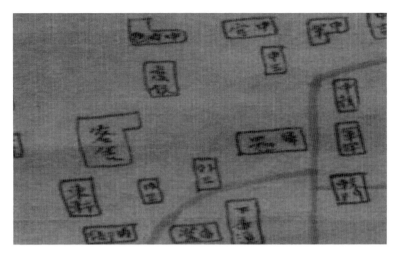

<도 10> 경상좌수영의 원문 안 영역과 관아시설

○ 수영성 안 영역과 기능

경상 좌수사가 집무하던 좌수영은 근본적으로 군사령관이 주재하는 군영이었다. 전통시대 군영을 상징하는 시설물은 바로 성벽이었다. 조선시대 경상좌수영 역시 사방이 성벽으로 둘러싸여 있었다.『내영지』에 의하면 수영성은 석축으로서 둘레 1,193보, 높이 13척척이었고, 성첩이 384타(垜), 옹성이 3곳, 치성이 7곳이었다. 수영성의 동서남북에는 2층의 성문이 설치되었는데, 동문은 영일문(迎日門), 서문은 호소문(虎嘯門), 남문은 주작문(朱雀門), 북문은 진공문(拱辰門)이었다. 이들 성문에는 각각 문루가 있었다. 동문의 문루는 관해루(觀海樓), 서문의 문루는 호소루(虎嘯樓)였다.

수영성 안 영역의 기능은 원문과의 거리 그리고 도로와의 관계에 따라 달라졌다. 먼저 원문 가까이에는 수군 지휘관들과 향리들의 근무지가 있었다.『경상도좌수영관아배설조사도』에 의하면 원문 동쪽 방향에 군관과 장관(將官) 등의 근무지가 있었다. 원문에서 동쪽 방향으로 멀어지면서 무사청(武士廳), 포수청(砲手廳), 별포청(別砲廳) 등 수군들의 근무지가 있었다. 또한 원문의 남쪽 방향에는 길청(吉廳), 호방(戶房) 등 향리들의 근무지가 있었다.

이런 구도는 수영성이 원문을 기준으로 동쪽 방향은 군사적 기능을 중심으로 하고 남쪽방향은 행정적 기능을 중심으로 하였기에 나타났다. 즉 동문인 영일문 밖에 경상좌수영의 선창이 있기에 원문에서 영일문으로 통하는 도로를 따라 수군과 관련된 각종 시설물이 배치되었던 것이다. 물론 보다 중요한 수군 시설물은 원문에 가깝게 배치되었다.

이에 비해 원문에서 남문인 주작문으로 통하는 도로를 따라서는 행정과 관련된 시설물들을 배치함으로써 영저 민호의 백성들과 관련된 대민 업무를 군사업무와 충돌되지 않게 처리하고자 했던 것이다. 결론적으로 수영성 안 영역의 기능은 수군관련 업무 그리고 행정관련 업무와 관련되었다고 하겠다.

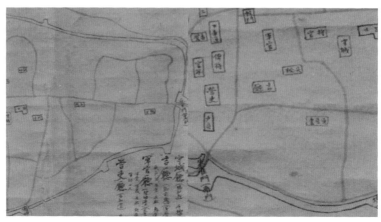

<도 11> 경상좌수영의 수영성 안 영역과 관아시설323)

○ 수영성 밖 영역과 기능

수영성 바깥 영역은 영저 민호가 거주하던 영역이었다. 이곳은 앞에서 살펴본 대로 수영성으로부터 최대 20리까지였으며 대부분이 어촌이었다. 이들은 경상좌수영의 수군으로 차출되기도 하였고 경상좌수영에서 필요로 하는 각종 물품들을 조달하기도 하였다. 예컨대 경상좌수영에서 궁중에 바치는 진공(進供)이나 방물(方物) 등을 마련하는데 필요한 물품들을 조달하였던 것이다.

『내영지』에 의하면 경상좌수영의 진공은 단오 때 백첩선(白貼扇) 20자루, 칠첩선(漆貼扇) 10자루, 칠유별선(漆油別扇) 100자루, 백유별선(白油別扇) 200자루였으며 동지 때에는 청어 169 동음(冬音)이었다.[324] 또한 방물은 정월 초하루에 사슴가죽 1벌, 궁대동개(弓袋筒箇) 3부(部), 노루가죽 5벌, 점찰피(占察皮) 3벌, 수달피 1벌이었으며 동지에 사슴가죽 1벌, 점찰피 1벌, 노루가죽 1벌이었고, 왕의 탄생일에 사슴가죽 1벌, 점찰가죽 1벌, 수달가죽 1벌이었다.[325]

이외에 수영성의 수리나 보수, 관아 건설, 도로 보수, 제언 수리 등의 각종 잡역 또는 요역에 우선적으로 동원되던 사람들도 수영성 밖의 영저 민호였다. 조선후기 대동법 시행 이후의 요역은 공식적으로는 몇 가지 분야에 한정되어 있었다. 하나는 지방관청의 일상적인 관수(官需) 잡물을 조달하는 일이었다. 지방 재정의 운영을 원활히 하고자 잡역세 징수를 공식적으로 허용한 것이었다. 이는 대동법 이후 농민들이 부담하던 물납의 연호잡역(煙戶雜役) 가운데 큰 비중을 차지하고 있었다. 다른 하나는 중앙정부에서 비정기적인 방식으로

---

323) <도 11>의 좌측은 轅門에서 동문 방향의 수군시설이고, 우측은 轅門에서 남문 방향의 행정시설이다.

324) 『萊營誌』進供.

325) 『萊營誌』方物.

긴급하게 차역하게 되는 산릉의 요역과 중국에서 오는 사신의 접대와 관련된 요역 등이었다.326)

조선후기의 경상좌수영 영저 민호 역시 경상좌수영의 일상적인 관수 잡물 조달은 물론 일본에서 오는 사신의 접대와 관련된 요역 등을 부담하였던 것이다. 요컨대 수영성 바깥 영역은 영저 민호의 영역으로서 그들의 기능은 기본적으로 좌수영에서 필요로 하는 각종 노동력과 물품의 공급이었다고 할 수 있다.

다) 경상좌수영의 영역별 콘텐츠와 활용방안

○ 원문 안 영역의 좌수사 콘텐츠와 활용방안

경상좌수사는 왕을 대신하여 경상좌수영 휘하의 모든 수군들을 지휘하는 것이 기본적인 임무였다. 이와 관련하여 『내영지』 '군무' 조항에는 수조(水操)와 전최(殿最)의 두 가지가 실려 있다. 수군훈련인 수조와 휘하 장교들의 근무평가인 전최가 바로 경상좌수사의 업무를 대표하는 것이기 때문이었다.

수조와 전최 이외에도 좌수사는 봉수와 봉산(封山)을 관리해야 했고, 육지에서의 강무도 거행해야 했으며, 내아(內衙)에서 가정생활도 영위해야 했다. 또한 공문서 결재, 보고서 작성, 활쏘기 훈련, 손님 접대 등등도 빼놓을 수 없었다. 이처럼 다양한 좌수사의 일 중에서 대표적인 업무는 물론 수군훈련인 수조였다. 그러므로 원문 안 영역의 좌수사 문화콘텐츠를 대표하는 것은 바로 수조라고 할 수 있다.

『내영지』에 의하면 경상좌수영에는 전선 4척, 병선 5척, 사후선 11척, 정탐선 1척 등 총 21척의 전함이 직속되어 있었다. 부산진,

---

326) 윤용출(1998) 『조선후기의 요역제와 고용노동』, 서울대학교 출판부, pp.82-83.

다대포진 등 예하의 진보에 소속된 전함을 모두 합하면 전선이 15척, 병선이 16척, 사후선이 33척, 정탐선이 1척이었다.[327] 또한 경상좌수영에 소속된 수군은 3,344이었고 방군(防軍)은 14,094명이었다.[328]

경상좌수사는 1년에 두 차례 즉 봄과 가을에 휘하의 모든 수군과 전선을 모아 수영강 하구에서 수조를 거행하였는데, 수조는 통영의 전령을 받아 거행되었다. 수조를 거행할 때에는 좌수사가 총사령부가 되고, 부산진은 우사(右司) 파총(把摠), 다대진은 좌사(左司) 파총, 기장현과 울산부는 후초관(後哨官), 부산진과 다대진의 2호 전선은 전초관(前哨官), 두모포와 서생포는 우초관(右哨官), 개운포와 서평포는 좌초관(左哨官)이 되었다. 아울러 해골선(海鶻船)은 정탐, 4호 전선은 침략군, 3호 전선은 우선봉, 포이포진은 좌선봉의 역할을 담당하였다.[329]

수조는 기회(期會), 점고(點考), 정조(正操) 또는 시저(私操), 회궤(犒饋)의 순서로 진행되었다. 기회는 좌수사 휘하의 수군 진보에 명령을 내려 지정된 날에 좌수영에 집합하는 절차였다. 점고는 좌수영에 집합한 병사들을 일일이 확인하는 절차였다. 정조는 좌수영에 집합한 수군들을 거느리고 수영강 하구로 나가서 수군 훈련을 실시하는 것인데 법에 규정된 봄과 가을에 하는 것이었고, 사조는 좌수사의 개인 판단에 따라 수시로 하는 수군훈련이었다. 호궤는 수군훈련 이후에 병사들에게 음식을 주어 수고를 위로하는 절차였다.[330]

수조 절차 중에서 첫 절차인 기회는 경상좌수영의 객사 즉 영파당

---

327) 『萊營誌』戰艦.

328) 『萊營誌』舟師軍額.

329) 『萊營誌』水操.

330) 이민웅(1999) 「17-18세기 水操 運營의 一例考察 -규장각 소장본 경상좌수영 『水操笏記』를 중심으로-」『군사』38, 국방부 군사편찬연구소.

에서 거행되었다. 객사는 왕을 상징하는 건물이었으므로, 좌수사가 객사에 행차하여 기회를 거행하는 것은 왕을 대신한다는 상징성이 있었다. 기회 때 좌수사는 휘하 지휘관들 및 수행들로부터 군례(軍禮)를 받았다. 규장각에 소장된 『수조홀기(水操笏記)』에 의하면 기회 절차 중 영파당에서 거행되는 중요한 내용을 살펴보면 다음과 같았다.

○ 좌수사가 영파당에서 군례를 받는 기회 절차[331]

-기회 새벽녘에 좌수영의 선창에 모인 함선은 각각 대포 한 발을 쏘고 항구에 결진한다.

-좌수사는 수시로 군령을 하달한다. 두 번째 나팔이 울린 후, 함선에서 하선한 여러 장수들은 수영성으로 들어와 원문 밖에서 대기한다. 기수대와 군악대가 제 자리에 정열 한다.

-세 번째 나날이 울린 후, 동헌에 있던 좌수사는 몸을 일으킨다. 취타가 멈춘다.

-좌수사가 동헌에서 객사인 영파당으로 가서 교의(轎倚)에 앉는다. 황문기수(黃門旗手)가 또한 청도기(淸道旗) 안에서 작문(作門)을 막는다.

-집사가 일을 아뢴다. 소취타를 연주한다. 징을 울리면 취타가 멈춘다.

-선대솔군관(先帶率軍官)이 기둥 밖으로 와서 선다. 다음에 통인(通引), 급창(及唱)이 서고, 다음에 지구관(知彀官)이 기둥 안에서 군례를 거행한다. 다음에 중군이 두 무릎을 꿇고 한번 읍한다. 다음에 대솔군관(帶率軍官)이 기둥 안에 와서 선다. 다음에 기패관(旗牌官)이, 다음에 전습기패관(傳習旗牌官) 등이 기둥 안에 와서 선다. 다음에 대솔군관이 기둥 안에 와서 선다. 다음에 기패관이, 다음에 전습기패관 등이 기둥 밖에서 군례를 거행한다. 다음에 병선감관(兵船監官)이 기둥 안에 와서 선다. 다음에 군기감관(軍器監官)이 기둥 밖에 와서 선다.

---

331) '左水使가 寧波堂에서 軍禮를 받는 期會 절차'는 규장각 소장의 『水操笏記』(규장각 도서번호 古 9940-2) 중 '期會' 부분의 내용을 번역한 것이다.

다음에 재가군관(在家軍官)이 기둥 안에 와서 선다. 다음에 중군집사(中軍執事)가 기둥 밖에서 군례를 거행한다. 다음에 군뢰(軍牢)가, 다음에 순령수(巡令手)가, 다음에 취고수(吹鼓手) 등이 각각 고두(叩頭)한다. 일어나라 명하면 즉시 일어나 물러간다. 다음에 나장(羅長)이, 다음에 영리(營吏)가, 다음에 진무(鎭撫)가 각각 대령한다.

-중군이 승장포(升帳砲)를 발포하겠다고 아뢴다. 일어나라 명령하면 즉시 일어나 물러간다. 승장포를 세 번 발포하고, 징을 울리며, 대취타를 연주하면 반당(伴倘)이 먼저 함성을 지른다. 뇌자(牢子), 참제뇌자(站齊牢子)가 크게 세 번 함성을 지른다. 끝나면 뇌자 1명이 앞으로 나와 무릎을 꿇고 '개문(開門)'이라고 크게 외친다. 기수가 즉시 깃발을 휘두르고 물러난다. 징을 치면 취타가 멈춘다.

-중군이 승기(升旗)를 아뢴다. 일어나라 명령하면 즉시 일어나 물러간다. 대포를 한 번 발포하고, 북을 치고, 징을 울리는데 공히 세 번한다. 승기한다.

-좌측 친선(親船)의 함장과 우측 친선(親船)의 함장, 탐선(探船)의 함장, 포수초관, 좌측의 선봉장, 우측의 선봉장 등이 좌우로 나뉘어 원문을 통해 들어와 영파당의 기둥 밖에서 군례를 거행한다. 다음에 좌사 파총과 우사 파총이 기둥 안에서 군례를 거행하는데 두 무릎을 꿇고 두 번 읍한다. 다음에 좌사 초관과 우사 초관, 다음에 좌수영에 소속된 5척 병선의 함장, 다음에 좌사와 우사에 소속된 병선의 함장 등이 기둥 밖에서 군례를 거행한다. (중략).

-집사가 군례가 끝났음을 아뢴다.

-좌수사가 교의에서 평상으로 바꿔 앉는다. 징을 울리면 취타가 그친다. 군관, 집사, 대변군관, 기패관 등만 자리에 서고 나머지 장수들은 각각 정해진 자리로 돌아갈 것을 중군에게 명령한다.

수군훈련과 함께 좌수사의 기능을 명확히 보여주는 것 중의 하나가 독제(纛祭)였다. 둑제는 경상좌수영의 사령관 깃발인 독에 드리는 제사였는데, 봄철에는 경칩에, 가을에는 상강에 거행하였다.332) 경상 좌수영의 독제는 수영 안에 설치된 독당(纛堂)에서 거행되었는데, 독당은 수영성의 서문 안쪽에 있었다. 독제와 관련하여 실록에는 다음과 같은 기록이 있다.

> 예조에서 아뢰기를, "이제 교지를 받아보니, 서반(西班_에서 호군 이상은 독제를 지낼 때에 재계를 드리지도 않고 배제(陪祭)도 하지 않는 것은 옳지 못한 듯하니, 옛 제도를 조사하여 들이라고 명령하셨습니다. 『홍무예제』를 자세히 보니, 모든 지방의 수어관은 모두 관청 청사 뒤에 대를 쌓고 기독묘(旗纛廟)를 세우고 군아(軍牙)와 여섯 독신(纛神)의 신위를 설치하여 놓고 봄철의 제사는 경칩 날에 지내고, 가을철의 제사는 상강 날에 지내며, 제물은 양 1마리, 돼지 1마리, 금(帛) 1필인데 흰 빛을 사용하며, 축문 1장, 향, 촛불, 술, 과일로 마련한다. 제사가 있기에 앞서 모든 관리는 하루 동안 재계를 드리고, 제사지내는 날이 되면 수어장관은 무관복(武官服) 차림으로 삼헌의 예를 집행한다. 만일 군대를 출동할 때에는 기독(旗纛)을 내어 놓고 제사를 지내며, 군대가 돌아왔을 때에는 그대로 묘 안에 들여 둔다. 의주는 사직에서와 같다고 하였습니다. 우리나라에서 모든 제사지내는 의식에는 헌관과 여러 집사 이외에 배제관이란 것이 따로 없습니다. 그러니 『홍무예제』에 의하여 헌관과 여러 집사자 이외에 다른 무반은 배제를 허락하지 마시기 바랍니다." 하였다. 왕이 그대로 따랐다."333)

경상좌수사를 총사령관으로 하던 경상좌도의 수조 중 영파당에서 군례를 받는 기회 의식, 수영성의 서문 안쪽에 있던 독당에서의 독제 거행은 경상좌수영의 원문 안에서 좌수사가 하던 역할을 상징적

---

332) 『萊營誌』 祀典.
333) 『세종실록』권 50 12년 11월 12일(기유).

으로 보여주는 행사였다. 따라서 현 시점에서 이들 콘텐츠는 충분히 좌수사를 대표하는 문화콘텐츠로 개발되고 활용될 수 있다. 이외에 동헌과 내아를 활용한 좌수사의 생활문화, 우후영과 중내아를 활용한 우후의 생활문화, 객사를 활용한 접대문화 등 다양한 콘텐츠들이 개발되고 활용될 수 있다.

○ 수영성 안 영역의 수군 콘텐츠와 활용방안

앞에서 살펴본 것처럼 수영성 안 영역의 기능은 크게 보아 행정기능과 군사기능으로 구성되었다. 예컨대 길청, 호방 등은 향리들의 행정기능과 관련된 관아였다. 『경상도좌수영관아배설조사도』에 의하면 길청은 아전청(衙前廳)으로[334] 되어 있으며 이곳에는 이방 1명, 부이방 1명, 삼번이방(三番吏房) 1명이 있었으며 이들 휘하에 병색(兵色) 1명, 호색(戶色) 1명, 공색(工色) 1명, 둔창색(屯倉色) 1명, 병선색(兵船色) 1명, 진창색(賑倉色) 1명, 회계색(會計色) 1명, 영수색(領收色) 1명, 지방색(支放色) 1명, 영선색(營繕色) 1명, 군기색(軍器色) 1명 등 11명의 색리가 있었다. 이들 14명의 향리들이 호방의 서리와 함께 경상좌수영의 행정업무를 관장하였던 것이다. 따라서 경상좌수영의 길청에서 형성된 다양한 행정문화를 활용한 콘텐츠의 개발과 활용이 가능할 것이다.

이외에 수영성 안에는 부용당(芙蓉堂)이라고 하는 교방(敎坊)과 공인방(工人房)이 있었다.[335] 교방은 관기 중에서 음악과 무용을 담당하던 관기가 근무하던 곳이었다. 공인방은 기술자들이 근무하던 곳이었다. 따라서 교방의 음악과 무용 및 공인방의 기술을 활용한 다

---

334) "吉廳<衙前廳>(『慶尙道左水營官衙排設調査圖』)

335) "芙蓉堂<敎坊>"(『萊營誌』水操).

양한 콘텐츠의 개발과 활용도 가능할 것이다.

하지만 수영성 안 영역의 기능 중에서 가장 중요한 기능은 물론 군사기능 즉 수군기능이었다. 좌수영은 근본적으로 수군 군영이었기 때문이었다. 좌수영의 수군기능과 관련된 관아시설에는 군관청, 장관청, 수성청, 비장청, 별포청, 무사청, 포수청 등이 있었다. 군관청, 장관청, 수성청, 비장청은 수군 장교들과 관련된 관아시설이었는데, 『경상도좌수영관아배설조사도』에 의하면 군관청은 벽유당(碧油堂)으로, 장관청은 집사청(執事廳)으로, 수성청은 창화헌(暢和軒)으로, 비장청은 백화당(百和堂)으로 불렸다. 별포청, 무사청, 포수청은 수군 병졸과 관련된 관아시설로서 무사청은 세검당(洗劍堂)으로 포수청은 우무헌(右武軒)으로 불렸다.[336] 이와 같은 수군 장교 그리고 수군 병졸들과 관련된 관아시설들을 활용하여 수군문화와 관련된 다양한 콘텐츠의 개발 및 활용이 가능할 것이다.

그런데 수영성의 수군 문화 중에서 대표적인 것은 앞에서 살펴본 것처럼 수조였고, 수조는 기회, 점고, 정조 또는 사조, 호궤의 순서로 진행되었다. 이 중 수영성 안에서 거행된 대표적인 수군 문화로는 경상 좌수사가 객사인 영파당에서 휘하 장교들의 군례를 받은 후, 수영성 동문 밖의 대변루(待邊樓)로 이동할 때 거행하는 기마행군이었다. 이 기마행군에는 군악인 취타, 징, 북 등이 동원되고, 아울러 기수대 등이 동원되어 조선시대 좌수사와 수군의 위용을 한껏 드러내었다. 또한 正操는 경상좌수영 휘하의 모든 수군이 참여하여 벌이는 해상 전투훈련으로서 수영강 하구에서 시행되었다. 정조에는 당시 최고의 함선, 무기, 악대 등이 동원됨으로써 조선 수군의 위용이

---

336) 『萊營誌』公廨.

크게 과시되었다. 이런 면에서 좌수사가 객사에서 동문 밖으로 행차하는 기마행군 및 수영강 하구에서 거행하는 정조가 수영성의 수군 문화를 대표한다고 할 수 있다.

○ 수영성 동문 밖 대변루로 이동하는 좌수사의 기마행군[337]

-두 번째 나팔이 울린 후, 징을 울리면 변기치(邊旗幟)가 세 줄로 나누어 선다. 세 번째 나팔이 울린 후, 좌수사가 영파당에서 일어나 원문을 나와 말을 탄다. 대포를 세 번 발포한다. 집사가 아뢴다. 징을 울리고 대취타를 연주한다. 수영성 동문 밖의 선창문 밖에 이르러 말을 멈춘다. 징을 울리면 취타가 멈춘다. 영기(令旗)를 상준(相准)한 후에 중군의 포가 한 번 발포되고 나팔이 울리면 깃발을 점호한다. 함성을 세 차례 지른 후, 선창의 문을 연다. 집사가 또 아뢴다. 징을 울리고 취타를 연주하면 각 함선도 또한 취타를 연주한다. 좌수사가 행군하여 대변루에 이르면 징을 울리고 취타가 그친다. 나팔을 불면 변기치가 좌우로 늘어선다. 대포를 세 번 발포한 후 좌수사는 말에서 내려 곧바로 대변루의 평상에 앉는다. (하략)

○ 수영강 하구에서의 정조[338]

-전략(前略)

-중군이 좌수사에게 숙정포(肅靜砲)를 발포하겠다고 아뢴다. 즉시 숙정포를 3번 발포하고 숙정패(肅靜牌)를 세운다.

-중군이 본선으로 돌아가 호포(號砲)를 올리고 남백황신기(藍白黃神旗)를 드리운다. 각 함선은 호응한다. 탐선(探船)이 두 차례 비상상황을 보고한다. 좌선봉, 우선봉, 중군, 좌수사의 함선이 차례로 호응하여 발포한다.

---

337) '수영성 동문 밖 待變樓로 이동하는 좌수사의 기마행군'은 규장각 소장의『水操笏記』(규장각 도서 번호 古 9940-2) 중 '期會'의 '待變樓坐起次' 부분을 번역한 것이다.

338) '수영강 하구에서의 正操'는 규장각 소장의『水操笏記』(규장각 도서번호 古 9940-2) 중 '私正操'의 '正操' 부분을 번역한 것이다.

-중군이 호포를 울리고 북을 치고 나팔을 불고 징을 울리고, 대오를 정렬하라는 나팔을 분다. 그러면 각 함선은 앞뒤로 일자형의 진형으로 정렬한다.

-좌수사가 호포를 울리고 홍신기(紅神旗)를 드리워 앞으로 향하게 하면 앞쪽의 각 함선들이 나가 싸운다. 한참 후에 징을 울리면 그친다. 호포를 울리고 황신기(黃神旗)와 백고초기(白高招旗)를 드리워 앞으로 향하게 하면 좌수영의 거북선이 나가 싸운다. 호포를 울리고 흑신기(黑神旗)를 드리워 앞으로 향하게 하면 뒤쪽의 각 함선들이 나가 싸운다. 한참 후에 호포를 울리고 주장사명기(主將司命旗)를 드리워 앞으로 향하게 하면 수영의 모든 함선이 나가 싸운다. 앞쪽과 뒤쪽의 함선들이 서로 싸운다. 좌수사가 호포를 울리고 북을 치고 천아성 나팔을 불면, 총수들이 일제히 발포한다. 좌수사가 손을 들고 일어난 후, 벼락 치듯 북을 치고 천아성 나팔을 불면 파궁수(耙弓手)가 일제히 발사한다. 나팔이 그치지 않으며 함성도 그치지 않는다. 한참 후에 징을 세 차례 치면 전투를 그친다.

-하략

경상좌수사가 대변루로 이동하기 위한 기마행군은 수영성 안에서뿐만 아니라 수영성 밖에서도 거행되었다. 따라서 경상좌수사의 기마행군은 현 시점에서 적극적으로 활용될 수 있다. 예컨대 좌수영에서 광안리 해수욕장 또는 해운대 해수욕장에 이르는 주요 도로를 이용하여 좌수사의 기마행군을 재현할 수 있는 것이다.

좌수사의 기마행군에는 군악인 취타, 징, 북 등이 동원되고, 아울러 기수대 등이 동원됨으로써 볼거리와 들을 거리가 매우 풍부하다는 장점이 있다. 더구나 기마행군이라는 독특함이 있다. 현재 서울과 수원에서는 국왕 행차 재현행사가 거행되고 부산에서는 통신사 행렬이 재현되지만, 이들 행차는 기마행군이 아니라는 면에서 좌수사의 기마행군은 국내유일의 기마행군으로 자리매김할 수도 있다. 이외에 수영강 하구에서 거행되던 정조 및 사조도 충분히 개발되어 활용될 필요가 있다.

라) 수영성 밖 영역의 어촌 콘텐츠와 활용방안

수영성 바깥 영역 즉 영저 민호들은 기본적으로 어촌에서 생활하였다. 하지만 완전한 어촌은 아니었다. 조선시대의 다른 어촌과 마찬가지로 수영성의 영저 민호들 역시 어촌이면서 농촌의 성격도 갖고 있었다. 따라서 수영성의 영저 민호들이 거주하던 어촌에서는 좌수영과 관련하여 독특한 어촌문화 및 농촌문화가 형성되었다. 예컨대 수영 야류, 좌수영 어방놀이, 수영 농청놀이, 수영 지신밟기 등이 그런 예라 할 수 있다.[339]

조선후기 수영성 바깥 영역 즉 영저 민호에서 형성, 발달했던 역사와 문화는 현재 사단법인 수영고적민속예술보존협회에 의해 꾸준히 연구, 전승되고 있다. 그러므로 현 시점에서는 수영고적민속예술보존협회의 성과를 적극적으로 계승, 발전시키는 것이 향후 수영성 바깥 영역의 어촌 콘텐츠를 발달시키는 길이 될 것이다.

마) 결론 및 제언

경상좌수영이 현재의 부산 수영 지역에 처음 자리 잡은 때는 조선 선조 때였다. 이후 10여년 간 감만이포으로 옮겨진 때가 있었지만 곧 현재의 자리로 옮겨져 고종 때까지 존속하였다. 따라서 경상좌수

---

339) 수영고적민속예술보존협회(2009) 『수영민속총집』 청송인쇄사.

영은 조선후기 경상좌도의 수군문화, 어촌문화 및 한일관계를 대표한다고 할 수 있다.

조선후기의 경상좌수영은 크게 세 영역으로 구분되었다. 첫 번째는 원문 안의 영역이었고 두 번째는 수영성 안의 영역이었으며 세 번째는 수영성 밖의 영역이었다. 각각의 영역은 수영성과 원문으로 구분되었는데, 이는 왕의 행행 시 내진과 외진으로 왕을 호위하던 방식과 같았다.

이에 따라 원문 안의 영역에는 왕을 상징하는 객사와 왕을 대행하는 좌수사 그리고 우후의 집무처인 동헌과 우후영이 자리했고 그 기능은 좌수영의 지휘, 통제였다. 수영성의 안 영역에는 수군시설과 향리시설이 들어섰는데, 그것은 좌수영의 군사적 기능과 행정적 기능을 수행하기 위해서였다. 마지막으로 수영성 밖의 영역에는 영저민호가 거주하였으며 그들은 좌수영에서 필요로 하는 노동력과 물품을 공급하였다. 이상의 사실에서 다음과 같은 결론 및 제언을 도출할 수 있다.

첫째, 경상좌수영의 문화콘텐츠는 원문 안의 좌수사 문화, 수영성 안의 수군 문화와 행정문화 그리고 수영성 밖의 어촌문화를 중심으로 특화함으로써 세계수준의 해양문화콘텐츠로 육성한다는 비전을 확립할 필요가 있다.

둘째, 원문 안의 좌수사 문화는 원문 안에서 거행되는 문화와 원문 밖에서 거행되는 문화로 나누어 각각의 문화콘텐츠를 개발할 필요가 있다.

셋째, 수영성 안의 수군문화와 행정문화 역시 수영성 안에서 거행되는 문화와 수영성 밖에서 거행되는 문화로 나누어 각각의 문화콘텐츠를 개발할 필요가 있다.

넷째, 수영성 밖의 어촌문화는 수영고적민속예술보존협회의 성과를 적극적으로 계승, 발전시킬 필요가 있다.

다섯째, 경상좌수영의 문화콘텐츠를 광안리 해수욕장, 해운대 해수욕장 등과 적극 연계함으로써 상승효과를 극대화 할 필요가 있다.

그런데 위와 같은 결론과 제언이 현실성을 가지려면 경상좌수영이 본래의 모습을 유지한다는 전제가 필요하다. 하지만 현재 경상좌수영은 본래의 모습을 거의 잃어버리고 있는 상황이다. 이 같은 상황 속에서 경상좌수영의 문화콘텐츠를 활용하기 위해서는 단기대안과 장기대안이 필요하다.

우선 단기대안은 현재 상황에서 활용 가능한 문화콘텐츠들을 개발하는 것이다. 예컨대 수영성 내부가 아니라 수영성 주변의 도로와 강, 바다를 이용하는 문화콘텐츠를 적극적으로 개발하고 홍보함으로써 경상좌수영의 역사와 문화에 대한 관심과 여론을 환기시키는 작업이 필요하다. 아울러 현재 남아있는 경상좌수영 사적지를 효율적으로 재배치하는 방안 역시 적극적으로 검토할 필요가 있다.

다음으로 장기대안은 경상좌수영을 지속적으로 보존하면서 복원하는 것이다. 복원순서는 중요도와 가능성을 기준으로 순차적으로 시행하는 것이 좋을 듯하다. 예컨대 현재 남아 있는 성을 정비하여 수영성의 옛 모습을 조금이라도 회복하고 나아가 원문, 객사, 동헌 등을 순차적으로 복원하는 방식도 가능할 것이다. 이와 관련하여 지난 1990년에 부산대학교 한국문화연구원에서 경상좌수영 성지를 조사한 후 제시한 종합의견을 참조할 필요가 있다. 당시 부산대학교 한국문화연구원에서는 다음과 같은 다섯 가지 종합의견을 제시하였다.

1. 현재 남아 있는 성벽의 보존대책이 시급하다.
2. 복원 정비가 용이한 지점과 성곽의 잔존 상태가 양호한 지점의 경우 그 정비가 더욱 시급하다.
3. 수영성 입구로 옮겨져 있는 홍예문은 부분적으로 복원이 잘못되어 있으므로 올바르게 고쳐져야 할 것이다.
4. 좌수영 및 좌수영성과 관련되는 자료를 체계적으로 수집, 보관할 계획을 세울 필요가 있다.
5. 좌수영성의 보존과 정비 행위는 일부 지역을 제외하고는 주민들의 이해와 대부분 직결되어 있다. 따라서 이 계획은 주민들의 피해가 최소화되는 선에서 행해져야 할 것이다."340)

위의 제언은 이미 20년 전의 것이지만 그동안 진전된 내용이 별로 없다는 점에서 현재에도 여전히 유효하다.

---

340) 부산대학교 한국문화연구원, 『慶尙左水營城址 學術調査報告書』, 1990, 78-79쪽.

2) 경상좌수영과 당산제

가) 머리말

현재 부산에는 7종의 천연기념물이 있다. 부산 양정동의 천연기념물 제168호 배롱나무, 부산 범어사의 천연기념물 제176호 등나무 군락, 낙동강 하류의 천연기념물 제179호 철새 도래지, 부산 전포동의 천연기념물 제267호 구상(球狀) 반려암(斑礪岩), 부산 좌수영성지의 천연기념물 제270호 곰솔 나무, 부산 좌수영성지의 천연기념물 311호 푸조 나무, 마지막으로 부산 구포동의 천연기념물 제309호 당숲이 그것이다.[341]

이 중에서 천연기념물 제270호 곰솔 나무와 천연기념물 311호 푸조 나무는 모두 좌수영성지 안의 숲 즉 마을숲에 있다. 그 마을숲에는 당집인 송씨 할매당이 있다. 따라서 현재 천연기념물 제270호 곰솔 나무와 천연기념물 311호 푸조 나무가 소재한 좌수영성지는 당산숲으로 간주된다. 물론 곰솔나무와 푸조나무는 당산목으로 간주되고 송씨 할매당은 당집으로 간주된다.

주지하듯이 당산숲은 마을 주민들이 당산제를 지내는 숲이며 토속신이 살아 있는 마을의 성역으로서 당산제는 대부분 음력 정월 대보름 저녁에 거행된다.[342] 좌수영성지 안의 송씨 할매당에서도 음력

---

341) 부산 양정동의 천연기념물 제168호 배롱나무는 수령 약 800년으로 1965년 4월 1일에 지정되었다. 부산 범어사의 천연기념물 제176호 등나무 群落은 수령 100여년으로 1966년 1월 13일에 지정되었다. 낙동강 하류의 천연기념물 제179호 철새 도래지는 1966년 7월 13일에 지정되었다. 부산 전포동의 천연기념물 제267호 球狀 斑礪岩은 제3기말의 바위로 1980년 10월 23일에 지정되었다. 부산 좌수영성지의 천연기념물 제270호 곰솔은 수령 약 400년으로 1982년 11월 4일에 지정되었고, 부산 좌수영성지의 천연기념물 311호 푸조나무는 수령 약 500년으로 1982년 11월 4일에 지정되었다. 마지막으로 부산 구포동의 천연기념물 제309호 당숲은 수령 약 500년으로 1982년 11월 4일에 지정되었다. (Dynamic BUSAN 문화관광 홈페이지 http://tour.busan.go.kr).

정월 대보름 저녁에 당산제가 거행된다.

문화재청에서는 2003년부터 「마을숲 문화재 자원조사」사업을 시행하면서 당산숲, 비보숲, 정자숲 등 6종류로 분류하고 보전가치가 큰 숲을 천연기념물로 지정해 오고 있다. 농촌진흥청 국립농업과학원에서는 「스토리가 있는 우리 마을 당산숲」이라는 간행물을 발간하여 당산숲이 큰 가치와 아름다움을 갖고 있고, 농어촌 마을의 활력 증진과 발전에 기여하는 원천적인 문화자산이 될 수 있음을 강조하였다. 이와 관련하여 2010년 2월 10일자 국제신문 문화면에는 다음과 같은 기사가 실렸다.

"부산 구포동 당숲 당산제와 경남 의령군 유곡면 세간리 은행나무 동신제 등 부산 경남지역 4곳의 당산제가 문화재청으로부터 마을 동제 지원 대상으로 선정됐다. 10일 문화재청에 따르면 마을공동체의 안녕과 풍요를 기원하는 자연유산 민속행사로서 보전 가치가 높은 전국의 15곳을 선정해 음력 정월대보름(28일) 행사에 제수용품 등을 지원하고 앞으로 영상으로 기록 보전하는 방안을 강구하기로 했다. 이번에 지원 대상으로 선정된 부산 경남 지역 민속행사는 구포 당산제, 세간마을 동신제 외에 부산 좌수영성지 곰솔 당산제와 경남 양산시 신전리 당산제가 포함됐다."

당시 문화재청의 보도 자료에 의하면 15곳의 민속행사 내역은 표와 같았다.

---

342) 채재웅 김동엽(2011) 「부산 '좌수영성지'의 진정성 회복방안 고찰」 『문화재』44-1, 국립문화재연구소, p.143.

지정번호	소재지	문화재 / 행사명	행사일	주 최
천연기념물 309	부산 구포동	부산 구포동 당숲 (구포대리 당산제)	2월28일 0시~ (음력 대보름)	구포대리 당산보존회 낙동문화원장
천연기념물 270, 311	부산 수영동	부산좌수영성지 곰솔, 부산좌수영성지푸조나무 (송씨할매당 당산제)	2월28일 오전 11시~ (음력 대보름)	수영향우회
천연기념물 363	강원 삼척시	삼척 궁촌리 엄나무 (신흥마을 서낭제)	2월 13일 밤 11시~ (음력 설날)	선흥마을회
명승 50	강원 영월군	영월 청령포 (단종대왕 제사)	2월 27일 밤 11시~ (음력 대보름)	마을 이장
천연기념물 362	전남 고흥군	고흥 외나로도 상록수림 (신금마을 당산제)	2월 13일 밤 10시~ (음력 설날)	신금마을 이장
명승 3	전남 완도군	완도 정도리 구계등 (정도리 산신제)	2월 14일 0시~ 낮 12시 (음력 설날)	정도리 이장
천연기념물 40	전남 완도군	완도 예송리 상록수림 (예송리 산신제·풍어제)	2월 13일 밤 10시~ 14일 낮 (음력 설날)	예송리 이장
천연기념물 234	경남 양산시	양산 신전리 이팝나무 (신전마을 당산제)	2월 28일 새벽 5시~ (음력 대보름)	신전마을 노인회장
천연기념물 302, 493	경남 의령군	의령 세간리 은행나무 의령 세간리 현고수 (세간마을 동신제)	2월 23일 아침 9시~ (음력 1월 10일)	세간1구 이장 세간2구 이장
천연기념물 318	경북 경주시	월성 육통리 회화나무 (육통마을 동제)	2월 28일 0시~ (음력 대보름)	육통리 이장
천연기념물 404	경북 영천시	영천 자천리 오리장림 (면민 안녕기원제)	2월 28일 아침 10시~12시 (음력 대보름)	이장협의회장
천연기념물 174	경북 안동시	안동 송사리 소태나무 (송사마을 동제)	2월 28일 0시~ 낮12시 (음력 대보름)	송사리 이장
천연기념물 400	경북 예천군	예천 금남리 황목근 (금남리 동제)	2월 28일 0시~ (음력 대보름)	보존회장

천연기념물 158	경북 울진군	울진 후정리 향나무 (죽변마을 동제)	2월 27일 밤23:00~ 28일 낮12시 (대보름)	죽변마을 이장
천연기념물 514	경북 영덕군	영덕 도천리 도천숲 (도천마을 동제)	2월 28일 0시~ (음력 대보름)	도천마을

그런데 위의 표를 보면 부산 수영의 좌수영성지에서 거행되는 송씨 할매당 당산제는 좌수영성지라고 하는 유적지에서 거행되는 민속행사임에 비해 다른 곳의 민속행사는 특정 마을에서 거행되는 민속행사임을 알 수 있다. 이는 부산 수영의 좌수영성지에서 거행되는 송씨 할매당 당산제가 좌수영의 역사 및 문화와 직접적인 관계가 있기에 나타난 결과라 할 수 있다. 본 글에서는 송씨 할매당 당산제를 조선후기 경상좌수영의 수군문화와 관련하여 이해하고 하는 취지에서 작성되었다.

나) 부산 수영의 송씨 할매당과 당산제

부산 수영의 팔도시장 안쪽에서 수영사적공원 방향으로 쭉 가다보면 커다란 석제 홍예문이 나타난다. 이 문을 들어서자마자 하늘을 찌를 듯 솟아있는 곰솔나무와 그 옆의 자그마한 건물을 마주하게 된다.

곰솔나무는 조선시대 경상좌수영이 있을 당시부터 신성시된 나무이고, 건물은 1981년 김기배 씨에 의해 신축된 송씨 할매당이다. 수영 주민들에게 수영사적공원은 당산이고 곰솔나무는 당산목 그리고 송씨 할매당은 당집이다.

<도 12> 좌수영성지의 당산목인 곰솔나무

<도 13> 좌수영성지의 당집인 송씨 할매당

 2005년에 수영고적민속예술보존협회에서 발간한 『수영구의 민속
과 문화』에는 송씨 할매당과 곰솔나무가 다음과 같이 소개되어 있다.

"송씨 할매당을 수영 고당 혹은 산정머리 할매당이라고도 한다.
- 제당의 소재지 : 수영동 229-1번지로 수영공원 안의 수영 성 남문 안에 있다.
- 제당의 건립 연대 : 전 건물은 1936년(소화 십일년 병자 음 십일월초삼일 임신중건 진시 입주(立柱) 미시 상량)에 중 건하였고, 현 건물은 1981년(서기일구팔일년 오월 십일일 음사월 팔일 상량)에 세웠다.
- 제당과 신격 상징물 : 제당은 대지 16.3평(앞면 8.4m, 옆면 6.4m)에 건평은 2.8평(앞면 360cm, 옆면 254cm)이며, 좌향 은 동남향이다. 기와 팔작지붕에 벽은 블록을 쌓아 시멘트 로 마감한 벽으로 된 두 칸(오른쪽 칸은 수영성내수호신당, 왼쪽 칸은 독신묘)의 건물이며, 각 칸은 태극도형이 그려진 여닫이 두 짝 나무문으로 되어 있다.
제단은 양쪽 칸의 건물 뒷벽에 다같이 높이 84cm 위치에 직사각형 슬래브 식 시멘트 제단(앞면 151cm, 옆면 51cm, 두께 8cm)이다. 독신묘 안의 제단에는 '독신지신위(纛神之神位)'라는 지방(가로 6.5cm, 세로 24cm)이 위패함에 붙어 있고 그 앞에 향로 1개가 얹혀져 있으며, 왼쪽 바닥에 여의 주를 물고 있는 용을 그린 직삼각형(기선 86cm, 하선 135cm, 사선 153cm)이 누런 독신기가 세워져 있다. 그리 고 수영성내수호신당 제단에는 '수영성내수호신지신위(水營城內守護神之神位)'라는 지방(가로 6.5cm, 세로 24cm)이 위패함에 붙어 있다.
- 제당의 주위환경 : 제당의 앞면을 제외한 양옆과 뒷면에 높 이 90cm의 돌담이 둘러 있는데 총길이는 21.2m이다. 그리고 이 제당에서 왼쪽으로 8m지점에 木神으로 제만을 받는, 400 여년 된 흉교 둘레 450cm의 곰솔나무(천연기념물 제 270)가 있고, 그 주위에는 알루미늄 새시의 팬스가 쳐져 있다.
- 제관 선정 : 제관을 제주라 하며, 당산제를 지내기 한 달 전에 동네 노인들이 모여 선임한다.
- 제의 날짜와 연회수 : 옛날에는 제의 날짜가 섣달 그믐 자정 이었으나, 근자에는 정월 보름 10시경으로 1년에 1회이다.
- 제물과 제의 절차 : 제물은 메, 찐 닭, 나물(고사리, 도라지,

콩나물), 대어 한 마리, 과자류, 편, 술, 과일, 눈이 붙어 있
는 명태 한 마리 등이며, 진설과 절차는 일반 가정의 기제
사와 같다.
- 제의의 전 과정 : 성주신당→독신묘→곰솔나무의 순서이니,
  곧 송씨 할매제→독신제→당산나무제의 순서이다.
- 음복 여부 : 옛날에는 동네 노인들이 음복하고 동네 회의를
  가졌으나, 요사이는 이런 행사가 없다.
- 금기 기간 : 제의 전 3일로부터 제의 후 1주일간다.
- 제의 경비 P: 30만원 정도이다.
- 제관에 대한 보수 : 없다.
- 특기사항 : ① 수영 고당의 신격에 대한 설화로는 일제 때
  수영동에 살고 있던 송씨 할매가 산에 나무를 할 갔다가
  일본 군인의 희롱을 받게 되었는데, 이때 송씨 할매가 일본
  군인을 대적하여 과감하게 싸워 그를 물리치고 나무를 하
  여 집에 무사히 돌아오게 되었는데, 그 뒤 송씨 할매가 죽
  자 그녀의 제당을 세워 송씨 할매를 모시게 되었다고 하는
  전설과 또 한편에서는 조선시대에 水使가 있을 때부터 산
  산제를 지내오던 것이라는 설이 있다.
  ② 언젠가 박씨라는 사람이 제를 모시고 사나흘 뒤에 집에
  서 키우던 개를 개장사에게 팔 대 묶어서 주었는데, 박씨가
  죽을 때 곡 개가 죽는 형상으로 죽었다 하며, 이는 제를 지
  내고 난 뒤 정신을 들이지 않아 부정을 타서 그렇게 죽었
  다는 이야기가 있다.
  ③ 당산신목인 '부산 수영동 곰솔'이 알루미늄새시 입간판
  에는 다음과 같은 글이 쓰여 있다.
  '이 나무는 오래된 큰 나무(老巨樹)로서 부산에 흔하게 볼
  수 있는 종류이다. 나이는 400년 이상이며 키가 22m, 가슴
  높이의 줄기 둘레가 4.1m이고 가지퍼짐(樹冠幅)은 동서로
  19m, 남북으로 21.7m이다. 조선시대 이곳에 좌수영이 있
  을 당시, 이 나무에 신이 들어 있다고 믿어 군신들이 나무
  로 만든 군선을 보호하고 무사 안녕을 비는 제사를 지내며
  신성하게 여겼던 나무이다.
  ④ 제당의 오른쪽에 오석으로 된 비석(높이 87cm, 폭

33.3cm, 두께 10.6cm)에 '수영고당의 유래'가 쓰여 있다.
'임진왜란 선조 25년 1592년 이전이니 창건은 역사적으로
볼 때 400년 정도로 추측되며 당시 수영 성민은 성내 수호
신으로 토지지신과 독신을 병사(竝祀)하였다. 장구한 세월의
흐름에 따라 약 20년 전 애향인 김기배(金己培)씨에 의하여
중수하였으나 다시 폐패(廢敗)되었으므로 1981년 4월 김기
배씨 자진 신축에 착수하여 6월 완공을 보게 된 것이다.
⑤ 고당 안의 위패에 기록된 신격의 변천을 보면, 1969년에
는 '토지주위(土地主位)', '독신주위(纛神主位)'였던 것이 1972
년에는 '독신주위'는 없어지고 '토신주위'만이 '주신지위(主神
之位)'로 바뀌었고, 981년에는 성주신당(城主神堂)에 독신기
(纛神旗)가 세워져 있고 독신묘(纛神廟)에는 아무 것도 없다
가 2004년 현지조사 때는 '수영성내수훗힌지신위(水營城內守
護神之神位)', '독신지신위(纛神之神位)'의 지방으로 바뀌었으
며, 독신기도 제자리에 세워졌다. 제의 절차를 보면, 1969년
이전에는 '산신제→독신제→먼물샘제→거릿대제'로 베풀다
가, 1969년에는 '산신제→독신제→당산나무제'로, 1972년에
는 '송씨할매제→산신제→거릿대제'로, 1981년 이후에는 '송
씨 할매제(성주신제)→독신제→목신제 '로 베풀어졌다.
먼물샘(遠水井)은 광안 3동 1040-9번지 하몽룡(河夢龍)씨 주
택 모퉁이에 위치하고 있는데, 옛날에는 수영성 사람들의
식수로 이용하였고, 1967년도 구획정리사업으로 현재는 샘
자리만 남아 있다."[343]

위의 설명대로 현재 송씨 할매당에는 수호신(守護神)과 독신(纛神)
의 두 신이 모셔져 있으며 정월 대보름에 당산제가 거행되고 있다.
2011년 정월대보름인 2월 17일에 개최된 당산제의 모습을 최재웅과
김동엽은 「부산 '좌수영성지'의 진정성 회복방안 고찰」이라는 논문
에서 다음과 같이 소개하고 있다.

---

343) 수영고적민속예술보존협회(2005) 『수영구의 민속과 문화』, 수영고적민속예술보존협회,
pp.423-426.

"2011년 정월대보름인 2월 17일 개최된 당산제 날에는 비가 오는 궂은 날씨에도 불구하고 당산제를 지내는 수영향우회원 외에 지역구 국회의연, 수영구 구청장, 수영구 의회의장 등 많은 사람들이 참가하여 예를 올렸다. 당산제 시작 전에는 자원봉사자들이 당집 안팎의 시설물에 묻은 먼지 등을 닦아 내었다. 평시에 마을 놀이터로 오용되고 있음에도 불구하고, 이러한 당산제의 유지로 인해 좌수영성지의 진정성이 담보되고 있다고 할 수 있다. 당집은 성주신당과 독신묘로 나뉘어져 있고, 두 곳 모두 예를 올린다. 독신묘에서 제를 지낼 때에는 예부터 소중하게 보관해 온 독신기를 내건다. 독신기는 옛 좌수영 수군을 상징하는 깃발로서 여의주를 물고 있는 용이 그려져 있다."[344]

<도 14> 송씨 할매당의 독신기

344) 채재웅 김동엽(2011) 「부산 '좌수영성지'의 진정성 회복방안 고찰」『문화재』 44-1, 국립문화재연구소, pp.153-154.

앞에서 살펴본 것처럼 송씨 할매당의 신격 설화에 의하면 송씨 할매당 당산제의 기원은 조선시대 경상좌수영의 산신제 그리고 일제시대 송씨 할매의 저항 두 가지이다. 이 두 가지 설화는 모두 경상좌수영의 설치와 폐지에 관련된다. 특히 독신기는 경상좌수사의 명령권을 상징하던 깃발이었다는 점에서 송씨 할매당 당산제의 기원과 의미를 해명하기 위해서는 경상좌수영의 역사와 문화를 살펴볼 필요가 있다.

다) 경상좌수영의 독당과 독신제

○ 독의 유래와 의미

경상좌수사는 왕을 대신하여 경상좌수영 휘하의 모든 수군들을 지휘하는 것이 기본적인 임무였다. 경상좌수사의 명령권은 독이라고 하는 깃발로 상징되었다. 전쟁 또는 훈련 때에 좌수사는 독을 내걸고 수군을 지휘하였고, 평상시에는 독당이라고 하는 건물에 독을 모셨다.

본래 독이라고 하는 깃발은 중국 상고시대부터 있었다. 『주례』에는 독과 관련하여 향사(鄕師)가 천자의 장례를 치를 때 독으로써 상여꾼들을 지휘한다는 내용이 있다.[345] 이에 대하여 정현은 다음과 같은 주석을 달았다.

"『예기』의 잡기에 이르기를, '장례를 치르기 위해 관을 조상의 사당으로 올려 바르게 할 때, 제후는 집발(執紼)이 500명인데 사발(四紼)이 모두 함매(銜枚)한다. 사마(司馬)는 탁(鐸)을 잡는데 좌측에 8명

---

345) "大喪用役 則帥其民而至 遂治之 及葬 執纛 以與匠帥御柩而治役"(『周禮注疏』地官, 鄕師).

이고 우측에 8명이다. 장인(匠人)은 도(翿)를 잡고 구(柩)를 인도한다.' 하였는데, 천자의 육인례(六引禮)는 이에 의거하였다고 한다. 정사농(鄭司農)은 말하기를, 도(翿)는 우보당(羽葆幢)이다 하였다. 『이아(爾雅)』에 이르기를, '독은 예(翳)이다. 이로써 관을 끄는 일을 지휘하여 그 행렬의 진퇴를 바로잡는다.' 하였다."[346]

정현에 의하면 독은 예이자 우보당인데, 예와 우보당은 새의 깃으로 만든 깃발이었다. 즉 중국의 주나라 때에 천자 또는 제후의 장례를 치르기 위해 관을 옮길 때 관을 바로 잡기 위해 상여꾼들을 지휘하던 깃발이 바로 새의 깃으로 만든 깃발인 독이었던 것이다. 그렇다면 깃발에 새의 깃을 사용하는 의미는 무엇일까? 이와 관련하여 『주역』 '점괘(漸卦)'의 상구(上九) 효사(爻辭)인 "기러기가 하늘에 나아감이니, 그 깃이 위의의 모범을 삼을 만하면 길하다."[347]는 내용에 대하여 왕필(王弼)은 "기러기가 나아간 곳이 고결하여 지위에 누추하지 않고, 그 마음을 굴복시키거나 그 뜻을 어지럽게 할 것이 전혀 없어 아아청원(峨峨淸遠)하니 위의가 고귀하다. 그러므로 그 깃이 위의의 모범을 삼을 만하면 길하다고 한다."[348]고 해석하였다. 즉 왕필의 해석에 의하면 천자 또는 제후와 관련된 의례에서 새 깃을 깃발로 사용하는 의미는 하늘 높이 날아오른 기러기의 고결한 날개깃을 상징하기 위한 것이라 할 수 있다. 이에 따라 중국에서는 한당 대로

---

346) "雜記曰 升正柩 諸侯執綍五百人 四綍皆銜枚 司馬執鐸 左八人右八人 匠人執翿 以御柩 天子六引禮 依此云 鄭同農云 翿羽葆幢也 爾雅曰 纛翳也 以指麾輓柩之役 正其行列進退"(『周禮注疏』地官, 鄕師 -정현 注).

347) "上九 鴻漸于陸 其羽可用爲儀 吉"(『周易注疏』漸).

348) "進處高潔 不累於位 无物可以屈其心而亂其志 峨峨淸遠 儀可貴也 故曰 其羽可用爲儀 吉"(『周易注疏』漸-왕필 注).

부터 명나라 때까지 독의 형태는 달라졌지만 기본적으로 새의 깃으로만 만들어졌고, 독은 바로 황제의 지위를 상징하였다. 하지만 중국에서는 청 이후로 새의 깃은 사라지고 깃발로만 되었다.

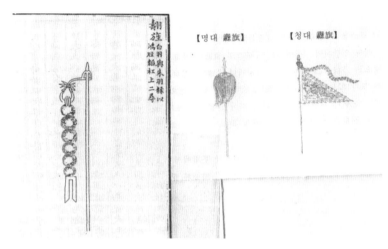

<도 15> 중국 역대의 독 또는 도 모습

조선건국 이후 사용된 독은 명나라의 독을 모범으로 하였다. 『국조오례의』에 수록된된 독의 모습은 다음과 같았다.

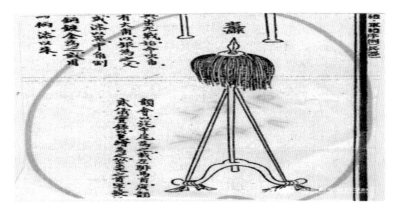

<도 16> 『국조오례의』의 독

위와 같은 독은 조선후기에 들어서도 계속 사용되었다. 즉 병자호
란 이후 청나라의 영향 하에 들어가서도 계속해서 명나라의 독과 같
은 것을 사용했던 것이다.

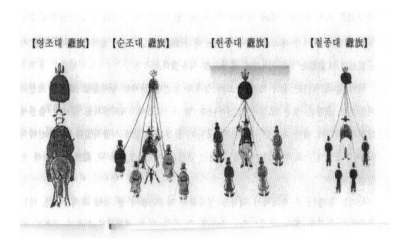

<도 17> 조선후기의 독

○ 경상좌수영의 독신제

수군훈련 및 근무평가와 함께 경상좌수사의 기능을 명확히 보여주는 것 중의 하나가 독제였다. 독제는 경상좌수영의 사령관 깃발인 독에 드리는 제사였는데, 봄철에는 경칩에, 가을에는 상강에 거행하였다.[349] 경상좌수영의 독제는 수영 안에 설치된 독당에서 거행되었는데, 독당은 수영성의 서문 안쪽에 있었다. 그 장소를 『내영지』에서는 산정(山亭)이라고 하였다.[350] 이 독당에서 거행된 조선시대의 독제는 세종 대에 정비되었는데, 그 내용은 다음과 같았다.

> 예조에서 아뢰기를, "이제 교지를 받아보니, 서반(西班_에서 호군 이상은 독제를 지낼 때에 재계를 드리지도 않고 배제(陪 祭)도 하지 않는 것은 옳지 못한 듯하니, 옛 제도를 조사하여 들이라고 명령하셨습니다. 『홍무예제』를 자세히 보니, 모든 지방의 수어관은 모두 관청 청사 뒤에 대를 쌓고 기독묘(旗纛廟) 를 세우고 군아(軍牙)와 여섯 독신(纛神)의 신위를 설치하여 놓고 봄철의 제사는 경칩 날에 지내고, 가을철의 제사는 상강 날에 지내며, 제물은 양 1마리, 돼지 1마리, 금(帛) 1필인데 흰빛을 사용하며, 축문 1장, 향, 촛불, 술, 과일로 마련한다. 제사가 있기에 앞서 모든 관리는 하루 동안 재계를 드리고, 제사지내는 날이 되면 수어장관은 무관복(武官服) 차림으로 삼헌의 예를 집행한다. 만일 군대를 출동할 때에는 기독(旗纛)을 내어 놓고 제사를 지내며, 군대가 돌아왔을 때에는 그대로 묘 안에 들여 둔다. 의주는 사직에서와 같다고 하였습니다. 우리나라에서 모든 제사지내는 의식에는 헌관과 여러 집사 이외에 배제관이란 것이 따로 없습니다. 그러니 『홍무예제』에 의하여 헌관과 여러 집사자 이외에 다른 무반은 배제를 허락하지 마시기 바랍니다." 하였다. 왕이 그대로 따랐다."[351]

---

349) 『萊營誌』祀典.

350) "纛堂在山亭"(『萊營誌』壇廟).

이 규정의 거의 그대로 『국조오례의』의 독신제로 수록되었다. 따라서 경상좌수영의 독제도 이에 의거하여 거행되었을 것이다. 『내영지』에 의하면 경상좌수영의 독신제는 봄철에는 경칩에, 가을에는 상강에 거행되었는데, 염소와 돼지는 각 읍에서 납부하였다.[352]

라) 맺음말

을미사변이 일어나기 직전인 1895년(고종 32) 7월에 경상좌수영은 갑자기 폐지되었다. 당시 조선에는 근대 해군이 건설되지 못한 상황이었다. 아무런 준비도 없는 상황에서 경상좌수영이 폐지됨으로써 부산 앞바다는 물론 육지 지역도 무방비 상태가 되었다. 1907년에 일본군대가 경상좌수영과 다대포 등에 침입하여 무기를 약탈했다는 기록이 『매천야록』에 보일 정도로 당시의 부산 지역은 무방비상태였다.

일제 때 부산은 식민 도시로 크게 발달했지만 역사와 문화의 말살이라는 대가를 치러야 했다. 그 중에서도 가장 처참하게 말살당한 역사와 문화가 경상좌수영이었다. 일제 때 좌수영의 객사, 동헌, 독당은 물론 성곽도 대부분 사라져버렸고 좌수영의 기억도 잊혀졌다.

그때 송씨 할매로 상징되는 수영 주민들이 좌수영의 역사와 문화를 지키고자 용맹하게 분투했던 것이다. 산에 나무를 하러 갔다가 일본 군인의 희롱을 받은 송씨 할매가 일본 군인을 대적하여 과감하게 싸워 그를 물리쳤다는 설화가 바로 그것이다. 수영 주민들은 일제에 의해 말살된 객사, 동헌 그리고 독당이 있던 곳을 당산으로 성역화 하고 그곳의 곰솔나무를 당산목으로 숭배함으로써 좌수영의

---

351) 『세종실록』권 50 12년 11월 12일(기유).

352) "纛祭<春驚蟄 秋霜降 設行 羔豕各邑納"(『萊營誌』祀典).

기억을 지켜냈다. 나아가 객사와 동헌이 있던 곳에 송씨 할매당을 세우고 독을 모심으로써 왜적의 침략을 물리치려던 조상들의 결의를 계승했다. 그 과정에서 조선시대의 독신제는 원형이 많이 바뀌었다. 예컨대 조선시대의 독기는 새깃을 모아 만든 모습이지만 현재의 독기는 누런색 바탕의 삼각기이고, 제사 일시 및 제사 형식 역시 많이 달라졌다. 하지만 이 같은 형식적 변화보다 더욱 중요한 것은 좌수영성지의 송씨 할매당 당산제가 본질적으로 조선시대 좌수영의 독신제를 계승하고 있다는 사실이다.

우리나라가 일제로부터 독립한 지도 어언 70년 가까이 되어 간다. 그 동안 부산은 최첨단 도시로 눈부시게 발전했다. 자칭 타칭 해양수도라 자부하기도 한다. 그에 반해 좌수영의 역사와 문화는 참혹할 정도로 잊혀져가고 있다. 부산이 명실상부한 해양수도가 되려면 최소한 송씨 할매의 용기와 지혜 정도는 가져야 할 것이다.

3) 박문수와 명지도 소금

가) 머리말

조선 후기에는 가뭄과 홍수가 빈발했다. 임진왜란 그리고 병자호란을 겪은 뒤에 또 이런 기상이변에 맞닥뜨린 조선왕조는 막다른 골목으로 내몰렸다. 수많은 백성들이 고향을 떠나 유리걸식하고 국가는 만성적인 재정부족에 시달리는 악순환이 반복되었다.

영조 7년(1731), 지독한 가뭄 끝에 50년 이래 최악의 흉년이 발생했다. 곡창지대로 이름 높은 하삼도에도 먹을 것이 없어 기민과 유랑민이 속출했다. 이런 상황에서 영조는 영남을 비롯한 하삼도를 안정시키기 위해 각종 구황(救荒) 정책을 실시했다.

당시 영남지역의 구황을 책임진 사람은 암행어사로 이름 높은 박문수였다. 그가 제안한 구황대책은 소금을 대량으로 생산하는 것이었다. 조선시대 백성들은 기근이 들면 초근목피에 소금을 넣어 끓여 먹으며 연명했다. 소금이 없으면 그나마 초근목피도 먹지 못했던 것이다.

영남지역을 구황하기 위한 소금 생산 단지로 낙동강 하구에 위치한 명지도(鳴旨島)가 선정되었다. 이 섬은 크게 가뭄이 들려 하거나 또는 큰 바람이 불려고 하면 반드시 우는 소리가 나서 명지도라는 이름으로 불렸다. 당시 명지도는 토지가 척박하여 버려진 섬이나 마찬가지였다. 이런 명지도를 대규모 소금 생산 단지로 조성하기 위해 영조는 특단의 조치를 취하였다. 우선 명지도에 들어와 소금을 생산하는 사람들에게는 각종 세금을 경감시켰다. 또한 소금생산에 필요한 자본과 쌀을 국가에서 공급하고 그 대신 소금을 받았다. 이 같은 정책에 힘입어 수많은 소금 생산업자들이 명지도에 몰려들었고 명지도는 단기간에 당대 최대의 소금 생산 단지로 발전했다.

구황을 위해 영남지역에 온 박문수는 2년 정도 머물렀다. 그 사이 박문수는 명지도의 소금 생산량을 4만 석 이상으로 늘렸다. 이 정도면 영남지역을 구황하고도 남을 정도였다. 당시 소금 값이 아주 높았기 때문이었다. 중종대의 기록에 의하면 바닷가에서는 소금 한 가마 값이 쌀 한 가마 값과 비슷했지만 산골에서는 쌀 두 가마 값에 육박했다. 영조 때는 소금 값이 더 올라서 관동 같은 지역에서는 소금 한 가마 값이 쌀 열 가마 값을 넘었다. 그러므로 명지도에서 생산된 소금 4만 석을 쌀로 환산하면 줄잡아 10만 석이 넘었다. 명지도에서 생산된 소금은 영남사람들을 구황하고도 남아 다른 지역으로 원조되기까지 하였다.

영조 이후 명지도의 소금생산은 계속 증가하여 순조 때에는 10만 석을 넘었다. 이렇게 명지도에서 대량 생산된 소금은 이른바 소금 배를 통해 낙동강 수운을 따라 영남 전역에 공급되었으며, 남해바다의 해운을 통해 전국으로 퍼져나갔다. 소금 배가 돌아올 때는 소금과 맞바꾼 온갖 물품을 싣고 왔다. 여기에 소금을 구입하기 위해 전국에서 사람과 배가 명지도로 몰려들었다. 이런 상황을 다산 정약용은 "외지에서 생산되는 물품들이 구름처럼 모여들고 산처럼 쌓이니, 나라 안에서 소금의 이익이 영남 같은 곳이 없다"고 증언하였다. 명지도 소금은 18세기 영남사람들을 먹여 살렸을 뿐만 아니라 18세기 낙동강 문화 창출에도 크게 기여했다. 명지도의 소금생산 문화를 비롯하여 소금 생산자들의 생활문화, 명지도의 소금을 이용한 각종 음식 문화는 그 자체로 억세면서도 순박한 낙동강 문화가 아닐 수 없다. 어디 그 뿐이랴. 낙동강 700리 물길을 오르내리던 소금 배 그리고 그 소금 배를 운행하던 선원들의 거친 몸짓과 노랫가락은 보는 이와 듣는 이의 가슴을 아리게 할 정도로 정겨우면서도 눈물겹다. 또한 고단한 소금 배를 맞아들이던 낙동강 연안의 포구에서 이름도 없이 억척스럽게 삶을 꾸렸을 한 사람 한 사람을 상상하면 가슴이 절로 먹먹해진다. 이 모든 것들이 차마 잊히려 해도 잊힐 수 없는 낙동강의 역사와 문화가 아니겠는가?

나) 낙동강 하구의 명지도

고대로부터 부산지역은 한국의 해양수산업과 해양물류문화를 대표하던 곳이었다. 특히 조선 영조 대에 낙동강 하구에 위치한 명지島와 녹도에 공염장(公鹽場)이 설치된 후 철종 대까지 공염장 제도가 유지되면서, 낙동강 하구지역은 조선 최대의 소금 생산지로 명성을 떨쳤다. 명지도와 녹도에서 생산된 소금은 이른바 소금배를 통해 낙동강 수운을 따라 경상도 전역에 공급되었으며, 남해바다의 해운을 통해 전국적으로 팔려나가기도 했다. 조선 후기 소금의 생산 및 운반, 유통은 기본적으로 사염장(私鹽場)을 전제로 하였다.그러므로 소금생산주체도 주로 개인이었고 이를 운반, 유통, 판매하는 사람도 개인이었다. 국가에서는 단지 염분(鹽盆) 및 소금배, 소금시장에 세금을 부과할 뿐이었다. 그런데 영조대에 대흉년이 들어 수많은 기민이 발생하자, 이들을 구휼하기 위해 막대한 국가재정이 필요하게 되었고, 이의 조달을 위한 국가수익사업으로 공염장(公鹽場) 설치가 논의되었다. 당시 공염장 후보지로 거론된 곳이 몇 군데 있었지만 최종적으로 낙동강 하구의 명지도와 녹도로 결정되었다. 조선전기의 지리서인 『동국여지승람』에 의하면 명지도(鳴旨島)는 다음과 같이 기술되어 있다.

"김해도호부의 남쪽 바다 한복판에 있다. 물길로 40리 거리
이다. 동쪽으로 취도(鷲島)와 2백보 쯤 떨어져 있다. 둘레는 7
리 이다. 큰 비가 오려고 하거나 크게 가뭄이 들려고 하거나 또
는 큰 바람이 불려고 하면 반드시 우는 소리가 나는데 어떤 때
는 우레 같기도 하고 북소리나 종소리 같기도 하다. 그러나 이
섬에서 들으면 그 소리가 멀어져서 어느 곳에서 우는 소리가 나
는 지 알 수 없다."[353]

즉 명지도는 낙동강 하구에 위치한 섬으로서 현재의 부산광역시
강서구 명지동이다. 낙동강은 명지도와 북쪽으로 인접한 취도(鷲島)
에 막혀 서낙동강과 낙동강 본류로 나뉜다. 명지도는 낙동강 하구와
바다 사이에 위치해 있음으로서 전통시대에는 남해 바다와 경상도
내륙을 연결하는 요충지로 기능하였다. 조선전기의 지리서인『동국
여지승람』에서는 명지도를 설명하면서 위치와 명칭의 내력에 관해서
는 설명을 하였지만 소금에 관해서는 아무런 언급을 하지 않고 있다.
이는 아마도 조선전기에는 명지도가 경상도의 대표적인 소금특산지
가 아니었기 때문으로 생각된다.

예컨대『동국여지승람』의 김해도호부 조에 수록된 토산물에는 철,
미역, 숭어, 전복, 밴댕이, 병어, 농어, 붕어, 문어, 청어, 웅어, 대구
어, 토굴, 석굴, 조개, 자색 새우, 석류, 벌꿀, 오사(烏蛇), 백화사, 전
죽(箭竹), 자초(紫草), 향버섯 등이 있지만 소금은 없다. 이에 비해 조
선후기의 명지도는 경상도의 대표적인 소금 특산지로 거론되었다.
예컨대 영조 15년(1733) 7월 13일 장령 유건(柳謇)이 올린 계본(啓
本)에는 명지도가 다음과 같이 묘사되어 있다.

---

353)『新增東國輿地勝覽』권 32, 金海都護府.

"김해부의 명지도는 곧 동해와 서해를 왕래하는 선박들이 모두 모이는 곳입니다. 그렇지만 본래 토지가 척박하여 곡식을 심지 못합니다. 4면에 무성한 것은 모두 갈대입니다. 그러므로 백성들은 거의 모두가 소금을 굽는 일로 업을 삼고 있습니다."354)

이처럼 조선전기에는 소금과 관련이 없던 명지도가 조선후기 영조대에는 소금생산지로 탈바꿈하였을 알 수 있다. 당시 명지도의 소금생산 방식과 관련해서는 '명지도의 섬 전체가 모두 염전'355)이라는 기록과 함께 "집집마다 물을 끌어들여 염정(鹽井)을 만든다."356)는 내용이 중요한 시사점을 준다. 즉 명지도에서는 염전과 염정을 이용하여 짠물을 얻는 채함(採鹹) 과정과 채함 과정에서 얻은 짠물을 소금가마에서 끓이는 전오(煎熬)과정을 거쳐 소금을 생산했던 것이다.357)

조선시대에 이런 방식으로 소금을 생산하는 것을 염전식 제염법(鹽田式製鹽法)이라고 하였는데, 이는 주로 서해안과 남해안 등 갯벌이 발달한 곳에서 행해졌다. 염전식 제염법에서는 주로 토분(土盆)이 이용되었는데, 숙종조 이후에는 갯벌이 있는 곳에서는 토분만을 사용하도록 강제하였고, 만약 철부(鐵釜)를 사용하면 국가에서 몰수하는 금령을 시행하였다. 이는 철부가 토분에 비해 소금을 만드는데 들어가는 연료가 훨씬 많이 필요했고 그에 따라 철부를 사용할 경우 소나무를 도벌할까 우려해서였다.358)

---

354) "掌令柳薈所啓(중략) 又所啓金海府鳴旨島 乃東西海往來船都會處 而本來土薄 不能種穀 四面熾盛 皆是蘆草 故民人擧皆煮鹽爲業."(『承政院日記』영조 15년 7월 13일).

355) 『증보문헌비고』168, 諸倉, 蒜山倉.

356) "文秀曰 其形地狹長如箕 皆聚沙而成 周回僅八里云 而人家亦不多矣 然家家引水而鹽井"(『승정원일기』영조 18년(1742), 3월 29일).

357) 구한말 명지도의 소금생산방식에 대하여는 유승훈(2008) 「명지 녹산 염전의 소금생산 특징과 변천」, 『한국민속학』 44 참조.

358) "又所啓 臣於近年 得聞兩南松田 日就虛耗 而求其源委 則蓋出於鹽戶之以鐵爲盆者 日加月滋之致 蓋以土盆煮鹽 則柴木雜草 皆可煮成 故初無害松之事 而至於鐵盆 則多燒土木 火勢極熱然後方可煮取

따라서 조선후기 명지도에서는 토분을 이용한 염전식 제염법으로 소금이 생산되었다고 할 수 있다. 영조대 이후 명지도는 조선 최고의 소금생산지가 되었다. 이 같은 상황을 다산 정약용은 이렇게 증언하고 있다.

"낙동강은 소백산에서 나와 서쪽으로 흘러 상주에 이르고 또 꺾여서 남쪽으로 흐른다. 함안 북쪽에 이르러 남수(灆水)와 합류하고 동남쪽으로 흐르다가 김해 동쪽에 이르러 바다로 들어간다. 그 사이 물길이 400여리이다. 상주 여러 고을은 동쪽으로 영해, 평해와 3-4백리 떨어져있는데다 산길이 몹시 험하여 수레에 싣고 지게에 진다고 해도 동해의 소금이 미치지 못한다. 그러므로 낙동강 좌우연안의 여러 고을은 모두 남쪽 소금을 먹는다. 남쪽 배는 북쪽으로는 상주에 이르고 서쪽으로는 단성에 이른다. 그리하여 외지에서 생산되는 물품들이 구름처럼 모여들고 산처럼 쌓인다. 나라 안에서 소금의 이익은 영남 같은 곳이 없다. 명지도에서는 매년 소금을 수 천석, 수 만석씩 굽는다. 드디어 낙동강 포상(浦上)에 별도로 소금 창고를 설치하기까지 했다. 감사는 매년 천만으로 계산하고 해평(海平) 고현(古縣)에도 매년 소금 일만 석이 온다. 소금의 이익이 나라 안에서 첫째임을 이것으로도 알 수 있다."359)

而海島土木 非松則無所取用 偸斫之外 勢無他策 其弄奸斫伐 何所不至乎 統營·水營 若聞此事 發遣 摘奸 則又斫體長松木 作筏縛盆 浮海逃避 無處不往 隨其所到 皆是斫松之賊也 船材長養 必待近百年 始成 而斫伐偸用 一時立盡 蟲撮斧材 幾何而不至濯冒乎 若此不已則前頭船材 將無取用之處 豈不大 可寒心乎 臣旣有所聞 不得不陳達 大臣諸臣 今方入侍 自上詢問其可以禁斷之道 而統制使稽辭時 亦 爲申飭以送 何如 願命日 造船漸多 船材垂盡 禁斷之道 宜加嚴載 而此等事甚難適中 若一切嚴禁 則 嵯戶失業 少弛其禁 則松田濯濯 漁鹽自是生民日用之物也 稀貴而不能通行 則亦甚病矣 煮鹽之法 無 潮處 以鐵釜鹽海水 有潮處 耕醶土聚水以土釜煮之 近來有潮之海 亦用鐵釜 果是摘奸時 易避之計 殊 極奸惡 自潮沿海 只許土釜 鐵釜則嚴禁 似可矣 寅燁日 法之不行 自上犯之 統水使監兵營 皆有煮鹽 財利之弊 故雖欲禁斷 而威令不行 以致鹽販之漸多 松田之濯濯 前頭船材 誠爲可慮 自今嚴防禁斷 以 保餘材可矣 基夏日 不但監兵營統水使 至於京各司諸宮家 亦多有鹽盆矣 松木非一二年可養爲材之木 失今不禁則將來之需 亦不少矣 上日 土釜猶可煮鹽 鐵釜禁斷可也 而何以則可以嚴禁耶 願命日 鐵釜犯 禁者贓公 以犯松律罪之 則可爲嚴禁之道矣 寅燁日 犯枝律 乃梟示也 法律太重 則亦未易行 令兩南監 兵統水使 嚴禁而發覺者 贓公後 以全家定律 似有條理矣 上日 鐵釜則嚴禁 而發覺者贓公以一罪論斷 似涉太重 施以次律可也"(『승정원일기』 숙종 33년(1707) 6월 25일).

359) "潢水出小白山 西流至尙州 又折而南流 至咸安之北 與灆水合流 東南流至金海之東乃入于海 其間水

이처럼 명지도는 영조대 이후 조선최고의 소금생산지가 되었다. 낙동강 하구에 위치한 명지도에서 생산된 소금은 낙동강을 따라 경상도의 깊숙한 내륙은 물론 바다를 거쳐 남해안과 동해안 곳곳까지 운반되었는데, 영조 9년을 기준으로 할 때 명지도에서 생산되는 소금은 약 4만석이었다고 한다.[360] 이처럼 영조대에 명지도가 조선최고의 소금 생산지로 부상하게 된 배경은 무엇보다도 조선후기의 기근을 구제하기 위한 노력 특히 영조대의 구황 시책이 중요했다. 왜냐하면 소금은 아래의 언급대로 구황을 위해서는 필수적이었기 때문이다.

> "흉년에 백성들을 구황하는 데는 소금만한 것이 없다. 봄에 나물이 자라날 때 쌀에다 나물을 섞고 소금을 넣어 끓여 먹으면, 배고픔을 구하고 생명을 살리는 것이 백죽(白粥)보다 백배나 된다.[361]

> "소금은 백성이 항상 먹는 것이어서 그 긴요함이 오곡과 같다. 비록 오곡이 있어도 소금이 없으면 백성들은 먹을 수가 없다. 그러므로 흉년에 온갖 물건 값이 떨어져도 오직 소금 값은 더욱 비싸진다. 대개 풀이나 채소 같은 잡물은 소금이 아니면 더더욱 먹을 수가 없다. 소금이 가난한 백성들에게 요긴하게 소용되는 것이 이와 같다."[362]

程四百餘里 尙州諸縣 東距寧平之海 三四百里 山路極嶮 雖輦輸儋負 而東海之鹽 無以波及 故潢水左右沿諸邑 皆食南徼之鹽 南徼之船 北達于尙州 西至于丹城 蜀麻吳鹽雲委山積 國中鹽利 莫嶺南若也 卽鳴旨一島 歲煮鹽累千萬石 逐於洛東浦上 別置鹽倉監司 歲算千萬 而海平古縣 歲致鹽萬石 鹽利之甲於國中 卽此可知,"(『經世遺表』 14, 均役事目追議, 鹽稅).

360) "命旨島 當煮鹽四萬石."(『承政院日記』 영조 9년 2월 4일).

361) "凶年救民 莫如鹽也 當春榮生之時 以米合菜 和鹽而煮食 則救飢活命 百倍於白粥."(『備邊司謄錄』 영조 17년 10월 26일).

362) "鹽者 下民之恒糧 其爲切須 與五穀等 雖有五穀 無鹽則民不能呑之 故凶年百物皆賤 唯鹽益貴 蓋以草疏雜物 非鹽則 尤無以下咽也 其爲下民之所切須如此"(『經世遺表』 14, 均役事目追議, 鹽稅).

이것은 기근이 들었을 때 먹을 것이 없는 백성들이 곡식 대신 초근목피 등으로 연명하는데, 초근목피 등을 먹기 위해서는 소금이 꼭 필요하다는 의미라고 하겠다. 따라서 소금은 구황을 위해서는 곡식 이상으로 중요한 식품이었던 것이다.

다) 박문수와 명지도

영조 7년(1731)에 경상도를 포함한 하삼도 지역에 가뭄으로 인한 대흉년이 찾아오자 영조는 비변사의 당상관 8명에게 명하여 팔도의 진휼을 관장하게 하였다. 경기도는 조상경, 호서는 송인명, 호남은 이광덕, 영남은 박문수, 해서는 김재로, 관서는 윤유, 관동은 이정제, 관북은 송진명이 맡았는데 이들을 비당구관(備堂句管)이라고 하였다. 영조는 주로 이들과 구황을 위한 각종 대책을 논의하였다. 이들은 주로 세금감면이나 주전(鑄錢) 등과 같은 대책을 제시하였다.[363]

당시 송인명, 김재로, 박문수 등은 궁방(宮房), 제사(諸司), 감영(監營), 통영(統營), 병영(兵營), 수영(水營) 등에 소속된 해안가의 어장이나 염분을 국가에서 대신 수세하여 구황 자금으로 사용할 것을 요청하여 허락을 받았다.[364] 이는 농업국가인 조선에서 그간 도외시 하던 해안지역과 바다를 국가의 주요 수입원으로 확보하려는 노력이라 할 수 있다. 특히 송인명과 박문수는 국가에 의한 소금 전매제를 당시의 난국을 타개할 수 있는 주요대안으로 생각하고 있었다.[365]

---

363) 『영조실록』 29, 7년 6월 을미조.

364) 『영조실록』 29, 7년 6월 을미조.

365) 강만길(1970) 「조선후기 공염제도고」-명지도 염장을 중심으로-, 『사학지』 4, 1970
　　金昊鍾(1988) 『朝鮮後期 鹽業史硏究』, 경북대학교 사학과 박사학위논문
　　오성(1989) 「鹽政의 展開와 鹽商」, 『朝鮮後期 商人硏究』, 일조각
　　이욱(2002) 『朝鮮後期 魚鹽政策 硏究』, 고려대 사학과 박사학위 논문
　　김의환(2004) 『朝鮮後期 鹽業의 發展과 鹽業政策』, 충북대 사학과 박사학위 논문

당시의 호서구관이었던 송인명은 한양과의 지리적 여건이나 생산 여건 등을 고려하여 자신이 관할하는 충청도의 안면도지역에서 소금을 구워 판매하는 방안을 염두에 두고 있었다.[366] 그런데 안흥 지역을 돌아보고 온 박문수는 안면도에서 소금을 굽게 되면 그 피해가 송금(松禁)에 미칠 것이라 보고하였다.[367] 송금이란 궁전 건축 및 전함과 조운선 등의 건조에 필요한 소나무 목재를 확보하기 위해 국가에서 봉산(封山), 황장산(黃腸山), 송전(松田) 등을 설치하고 소나무를 비롯한 나무의 벌채를 금지하는 정책이었다.[368]

왕조시대의 궁전은 최고 권력자 왕이 거주하는 공간이었으며 전함은 해양방어를 위해 그리고 조운선은 세곡 운반을 위해 필요했으므로 여기에 사용할 소나무 확보가 절실했다. 봉산, 황장산, 송전 등은 바로 이런 필요에서 지정되었다. 조선시대 소나무가 이처럼 중요하였으므로 국가에서는 소나무를 보호하기 위해 수많은 조치들을 취하였다. 숙종 10년(1684) 2월 30일에 공포된 '송금사목(松禁事目)'도 그 중의 하나였다. 이 규정은 당시의 통제사 원상(元相)이 경상도 해안지역의 송금과 관련된 실상을 조사하고 이의 해결을 위해 제시한 내용을 기본으로 하였는데, 주요 내용은 송금을 엄격하게 하고 관리들의 농간을 막으려는 것이었다.[369] 조선시대 송금 위반자의 처벌도 매우 엄격하였다. 예컨대 조선후기의 『속대전』에는 송금 위반자에 대한 처벌규정이 다음과 같이 규정되어 있다.

---

366) 김의환(2004) 「조선후기 충청도의 소금생산과 생산방식-瑞山 泰安 지역의 사례를 중심으로-」, 『조선시대사학보』 28

367) 『영조실록』 30, 7년 11월 병자조.

368) "松政一事 其爲用也 至大 故其爲禁也 至嚴 上自宮殿之材 下至戰艦漕船之需 必待長養後成."(『萬機要覽』 財用 권 5, 松政).

369) 『備邊司謄錄』 숙종 10년 2월 30일조, 정조 연간에 위의 事目을 더욱 정비한 諸道松禁事目이 제정되었는데, 그 내용은 숙종 연간의 事目과 대동소이다. (『諸道松禁事目』 규장각도서번호 957).

"여러 도의 봉산에서 송금을 위반하고 벌채한 자는 엄중하게 논죄한다. 송전에 방화한 자는 사형으로 논죄한다. 봉표(封標) 안에 집을 지은 자는 곤장100대에 유배 3천리에 처한다."[370]

조선시대 안면도는 충청도 지역의 대표적인 송금지역이었다. 따라서 박문수는 안면도에서 자염하게 될 경우 필연적으로 송금을 위반하는 사태가 발생할 것이라고 경고한 것이었다. 영남구관이었던 박문수는 그 대신 자신이 관할하는 경상도의 명지도에서 소금을 구울 것을 요청하였다. 박문수의 보고를 받은 영조는 안면도에서 소금을 굽기로 한 것을 취소하고 명지도에서 소금을 굽게 하였으며, 박문수를 책임자로 임명 하였다.

박문수는 12월에 영조에게 하직인사를 하고[371] 경상도로 내려갔다. 현지에서 구황에 필요한 각종 조치를 취하기 위해서였다. 박문수는 경상도 지역을 구황하면서 다음 두 가지를 가장 중요하게 생각했다.

"무릇 구황의 정사(政事)에 달리 기이한 방법이나 신비한 술법이 있는 것이 아닙니다. 진제(賑濟)와 견감(蠲減) 이 두 가지뿐입니다. 대개 진제라는 것은 근거 없이 떠돌아다니며 구걸하는 부류들을 살리는 것입니다. 견감이라는 것은 근거가 있으면서 국역에 부응하는 사람들에게 은혜를 베푸는 것입니다. 형세상 반드시 둘 다 거행해야 하고 하나라도 폐기해서는 안 됩니다. 나라가 의지하여 나라가 될 수 있는 것은 바로 근거가 있는 충실한 백성들입니다. 그러나 이들도 국가의 견감에 의뢰하니 견감의 정사는 더더욱 깊이 유념해야 할 것입니다."[372]

---

370) 『續大典』刑典, 禁制.

371) 『영조실록』 30, 7년 12월 무술조.

372) "夫救荒之政 無他奇方秘術 不過賑濟與蠲減兩事而已 盖賑濟者 所以活無土行丐之類也 蠲減者 所以惠有土應役之民也 勢必並擧 不可偏廢 而國之所以倚而爲國者 雖有土實民 是賴則蠲減之政 尤不可不十分加意也"(『備邊司謄錄』 영조 8년 윤5월 12일).

박문수는 자신의 소신에 따라 유민들을 진제하는 한편 견감에도 노력하였다. 박문수는 지역민들 중에 여유가 있는 사람들의 출연을 받아 기민들을 구휼하고 이들을 포상하기도 하고[373], 경상도 대동목 (大同木) 3분의 1의 납입 기한을 물려주는 등[374] 지역 주민들의 생활 안정을 위해 각종 노력을 기울였다. 당시 박문수의 구황 활동 중 대 표적인 것이 명지도를 비롯한 경상도 해안지역의 소금 생산을 늘리 는 일이었다. 박문수는 소금생산을 늘리기 위해 송금 위반이라는 위 험도 무릅썼다. 다음의 기록은 이런 점을 잘 보여준다.

> "영조 : 박문수가 보고한 내용 중에 옳지 않은 곳이 있다. 그 런데 경 등은 범범하게 보아 넘겼다. 자염을 위한다고는 해도 송금된 산의 나무를 취해다 쓰려면 마땅히 먼저 보고하고 행해 야 한다. 그런데 지금 박문수는 선재에 적합하지 않다고 핑계를 대고 먼저 나무를 베어다 썼다. 옛날에 법을 어기고 먼저 창고 를 열어 백성들을 구휼한 일이 있다고는 하지만, 지금 박문수가 묘당(廟堂)에도 보고하지 않은 것은 끝내 잘못이다.
>
> 홍치중 : 신이 막 아뢰려 하였는데 미처 못 했습니다. 주상의 교시가 지당합니다. 그 나무가 과연 선재에 적합한지 아닌지 알 지 못하는데 다년간 금양한 곳의 나무를 하루아침에 모조리 베 어 낸다는 것은 진실로 어려운 일입니다.
>
> 영조 : 그곳의 나무가 만약 선재에 적합하지 않으면 취해다 써도 무방하니 이것은 허락하라. 박문수는 추고하여 금산을 엄 히 한다는 뜻을 보이도록 하라."[375]

---

373) 『備邊司謄錄』 영조 8년 3월 8일.

374) 『備邊司謄錄』 영조 8년 윤5월 12일

375) 『備邊司謄錄』 영조 8년 1월 23일.

그 당시 거제부사 안윤문은 해당 지역의 송전 30여 곳에 불이 난 사건으로 처벌될 위기에 빠지기도 하였는데, 박문수는 자염을 위해 안윤문을 계속 근무하게 해야 한다는 요청을 하기도 하였다.[376] 거제의 송전 30여 곳에 불이 난 이유는 칡을 캐기 위해 불을 냈다고 하는데, 이는 당시 거제도의 기민들이 굶주림을 면하기 위해 칡을 대용했음을 보여준다. 아울러 박문수의 묵인 하에 거제부사 안윤문이 송전의 나무를 자염의 연료로 이용했음도 암시한다. 박문수의 다양한 구황 활동 중에 대표적인 것이 명지도를 공염장화 하는 것이었다.[377] 박문수는 명지도를 공염장화 하면서 소금생산을 장려하기 위해 생산과 유통에 직접 간여하였다. 먼저 박문수는 명지도의 주민들에게 미리 쌀을 내주고 그에 상응한 소금만 수매하였다. 이 정책은 박문수가 구황에서 중요하게 생각하는 진제와 견감의 효과를 동시에 냈다. 왜냐하면 미리 쌀을 내주는 것은 일종의 진제와 같은 것으로 기아에 허덕이던 사람들을 우선 살리는데 목적이 있었다.

박문수가 명지도에서 쌀을 내주자 이곳에는 자연 사람들이 모여들었을 것이라 생각된다. 이들 중에는 명지도의 토착민들뿐만 아니라 유리걸식하던 어촌주민들도 상당했을 것이다. 조선후기 해안가 주민들의 생존을 위협했던 것은 자연재해뿐만 아니라 무거운 세금이 큰 문제였다. 농사, 어업, 염업 등을 겸하는 경우가 많은 어촌 주민들에게는 각종 명목의 세금이 부과되었다. 예컨대 어촌 주민들은 어세, 선세, 염세는 물론 토지세와 공물세(供物稅) 등 각종 세금으로 고통을 받았다.[378] 세금을 거둘 때에 중간관리자들의 농간 또한 매우 심하였다.

---

376) 『備邊司謄錄』 영조 8년 3월 22일.

377) 명지도의 公鹽場化에 대하여는 강만길(1970) 「조선후기 공염제도고」-명지도 염장을 중심으로-, 『사학지』 4, 1970
   이욱(2003) 「18세기 명지도 공염제 운영의 변화와 그 성격」, 『한국사연구』 120 참조.

영조 7년 6월 4일에 박문수는 각 도의 궁방, 제사, 감영, 통영, 병영, 수영에 소속된 선세와 염세를 다음해 봄까지 국가에서 수세하여 진휼 자금으로 대용(代用)할 것을 요청하여 허락을 받은 적이 있었다.[379] 따라서 영조 7년 12월에 박문수가 경상도로 내려왔을 때에는 명지도의 주민을 비롯한 경상도의 어촌 주민들은 국가에 선세와 염세 등을 납부해야 하는 상황이었다. 박문수는 명지도 주민들의 세금을 비변사에서 관할하여 받아들이도록 함으로써 중간 관리자들의 농간을 막고자 하였다. 아울러 소금을 수매함으로써 명지도의 주민들이 유통업자들로부터 당하던 기왕의 횡포에서 벗어날 수 있도록 하고자 하였다. 영조 당시 명지도 주민들은 '집집마다 바닷물을 끌어들여 염정을 만들었다.'[380]는 표현대로 거의 전부 소금생산에 종사하였다. 영조 7년 이전에는 이들이 생산한 소금이 중간유통업자들의 손을 거쳐 경상도 각지로 팔려나갔다.

그런데 명지도의 소금은 홍치중이 표현한 대로 '서너 명의 부상, 대고'에게 장악되어 있었다. 즉 명지도가 공염장화 하기 이전에는 명지도의 주민들은 서너 명의 부상, 대고에게 소금을 납품하였던 것이다. 그 납품가는 그리 후하지는 않았을 것이라 생각된다. 박문수의 정책은 기본적으로 명지도 주민들의 생존에 필요한 쌀을 내주고 그에 상당한 소금을 수매하여 이것을 판매하는 것이었다. 이는 결국 명지도 주민들의 생활을 안정시키면서 서너 명의 부상, 대고가 장악했던 유통이익을 국가에서 환수하여 구황 재원으로 사용하는 것이

---

378) "惟以捕魚煮鹽爲業 監兵水諸營 稱以海夫 勒給帖文 充定物膳軍 逐朔徵魚 侵困備至 而漁船鹽盆 俱有其稅 四營軍官 出入海濱 互相徵督 其在本官 又有土民之稅 一人之身 有此二三疊役."(『현종실록』 5년 11월 임진조).

379) 『영조실록』 7년 6월 을미조.

380) "家家引水而鹽井."(『承政院日記』 영조 18년 3월 29일).

었다. 당시 박문수의 정책이 명지도 주민들에게 실제적인 이익이 되었음은 다음의 기록에서 찾을 수 있다.

> "명지도는 섬 전체가 모두 염전이고 염민은 오로지 창고의 곡식에 의뢰하여 소금을 굽고 있습니다. 만약 국가에서 내주는 창고의 곡식이 없다면 겸병하는 부호들이 이익을 탈취하는 바탕이 되고 말아 반드시 여러 갑절을 강제로 징수하는 폐단이 있게 될 것입니다."[381]

이 내용은 박문수가 명지도를 공염장화한 뒤, 훗날 이것을 취소하려는 의견이 제기되자 그에 대한 반박으로 제기된 것이다. 요컨대 서너 명의 부상, 대고가 다시 유통과정을 장악하게 되면 명지도 주민들은 몇 갑절의 손해를 본다는 것이었다. 이는 달리 말하면 박문수가 기왕의 부상, 대고에 비해 후한 가격으로 소금을 수매했음을 반증한다. 소금 값은 지역에 따라 천차만별이었다. 중종대의 기록에 의하면 해안가처럼 소금이 많은 곳은 소금 한 말 값이 조(租) 한 말에 해당하였는데, 산골에서는 소금 한 말에 조가 2말이라고 하였다.[382] 영조 16년의 기록에 의하면 관동 지역 같은 곳은 소금 1석의 값이 곡식 수십 석에 해당한다고 하였다.[383] 정조 22년의 기록에 의하면 소금을 낙동강 유역에서 판매할 때 1석에 7량을 받았다고 하였는데, 당시 쌀 1석이 3량이었으므로 7량이면 쌀 2석이 넘는 양이었다.[384] 요컨대 조선시대 소금은 생산지에서는 소금 1석에 곡식 1석 정도의 비율이지만 해안가에서 멀어질수록 소금 1석에 곡식 2석 내지 10여

---

381) 『增補文獻備考』 168, 諸倉, 蒜山倉.

382) 『중종실록』 31, 12년 12월 18일.

383) "關東各邑(중략) 一石鹽 足當數十石穀"(『備邊司謄錄』 영조 16년 12월 10일).

384) "公船到泊洛東 以七兩定價發賣."(『日省錄』 정조 22년 4월 27일).

석까지 되었다고 하겠다. 박문수는 경상도의 구황을 위하여 대략 2년 정도 머물렀다. 당시 박문수는 명지도의 소금생산을 4만석으로 늘렸다.[385] 이 소금은 명지도 뿐만 아니라 경상도의 구황 재원으로 사용되고도 남았다.

예컨대 영조 8(1732)년 6월에 경기도의 백성들을 구황하기 위해 1만석의 소금을 경상도에서 지원할 수 있었는데[386] 이 소금은 명지도에서 생산된 것이었다. 영조 8년 6월이면 박문수가 경상도에 내려온지 반년 정도 밖에 지나지 않은 시점이었다. 박문수는 명지도를 공염장화 하여 큰 성공을 거두자 다른 지역의 구황을 위해서도 소금을 적극 활용하자고 요청하였다.[387] 박문수는 "소금을 수 만 석만 구우면 족히 10만석의 곡식을 만들 수 있다."[388]고 호언장담했는데, 이것은 절대 허풍이 아니었다. 따라서 명지도에서 생산된 소금 4만 석은 곡식으로 치면 10만여 석이 넘는 어마어마한 양이라고 할 수 있다.

박문수가 명지도를 공염장화 한 것이 이처럼 큰 성공을 거두자 영조는 명지도를 계속 공염장으로 유지하게 했다. 처음 영조는 1년간만 명지도를 공염장으로 하려 했던 것인데, 그런 생각을 번복할 정도로 성공적이었던 것이다. 그것이 영조 21년(1745)의 산산창절목(蒜山倉節目)으로 나타났다.[389] 이 절목에 의하여 명지도의 공염장은 기왕의 생산과 유통 양쪽부분에 국가가 간여하던 방식에서 유통 부분만 국가가 간여하는 방식으로 바뀌었다.[390]

---

385) "文秀日 鳴旨島 當煮鹽四萬石."(『承政院日記』 영조 9년 2월 4일).

386) 『영조실록』 8년 6월 정축조.

387) 『영조실록』 9년 1월 기유조.

388) "煮鹽數萬石 則足可作十萬石穀."(『영조실록』 9년 8월 정미조).

389) 『備邊司謄錄』 영조 21년 11월 4일.38) 이욱, 18세기 명지도 공염제 운영의 변화와 그 성격, 『한국사연구』120, 2003.

라) 명지도 소금의 변화

영조 21년(1745)의 산산창절목은 기본적으로 산산창의 곡식 1천 5백석을 명지도와 녹도의 염민들에게 대부해주고 그 대가로 소금 3천석을 받아, 그 소금을 판매하여 올린 수익으로 산산창을 운영하겠다는 내용이었다. 당시 소금 1석에 최소한 곡식 1석 이상을 받을 수 있는 상황이었으므로 산산창에서는 명지도 염민들에게 소금 1석에 곡식 반석을 대출해주었으므로 몇 배 이상의 이익이 보장되었다. 명지도의 염민들은 비록 싸게 소금을 판매하는 셈이었지만, 그럼에도 다른 곳의 침탈을 받지 않고 안정적으로 소금을 생산할 수 있었기에 불리하지 않았다. 순조 8년(1808)에 명지도에는 근 1천호의 주민이 있었으며, 염분은 60여개 정도였다고 한다.[391] 이를 근거로 추정한다면 50여 년 전인 영조 21년 당시 명지도와 녹도의 주민은 적어도 1천호가 넘었고 염분도 60여개가 넘었을 것으로 판단된다. 이런 판단이 틀리지 않다면 명지도의 주민들은 염분 하나를 운영하는데 대략 20호 정도가 참여했을 것으로 생각된다. 명지도의 염분에는 염전과 염정이 딸려 있기에 하나의 염분을 운영하는데 적어도 20호 정도가 필요했을 듯하다. 구한말의 경우, 명지도의 염분 하나에서 밤낮으로 쉬지 않고 일을 하면 5번 소금을 구워낼 수 있으며, 생산된 소금의 양은 7-8가마였다고 하는데, 1년에 약 112일간 전오 작업을 하였다고 한다.[392] 이는 염분 1개에서 1년에 최대 900석 가까운 소금을 생산할 수 있었다는 계산이다. 따라서 영조 21년에 명지도에

---

390) 이욱(2003) 「18세기 명지도 공염제 운영의 변화와 그 성격」, 『한국사연구』 120.

391) "金海府鳴旨島 近一千戶居民 (중략) 本島鹽田六十餘盆"(『일성록』순조 8년(1808) 6월 30일).

392) 유승훈(2006) 「명지 녹산 염전의 소금 생산 특징과 변천」, 『한국민속학』 44,,pp. 241-244.

60개 여의 염분이 있었다고 계산하면 1년에 5만 석 이상의 소금 생산이 충분하다는 계산인데, 이는 크게 틀리지 않다고 생각된다. 왜냐하면 영조 9년에 박문수는 명지도에서 4만석의 소금을 생산했다고 하였는데, 그로부터 10여년 후에 명지도에서 5만석 이상의 소금 생산은 충분하다고 판단되기 때문이다. 그러므로 산산창절목이 작성될 당시 명지도 염민들의 소금생산 현황은 다음과 같았을 것으로 생각된다.

우선 명지도의 염민들은 염분 1개당 약 20호 정도가 참여하였고, 염분 1개에서 1년에 최대 900석의 소금이 생산되었다. 900석의 소금을 생산하기 위해, 염분 1개에 참여한 염민들은 산산창에서 20석의 곡식을 대출받아 후에 40석의 소금으로 상환하였다. 따라서 상환후에 남는 소금은 860석이었다. 이 860석의 소금을 20호의 염민들이 나누면 산술적으로는 각 호당 43석이라는 수량이 나온다. 43석의 소금을 제대로 판매한다면 각종 세금, 연료비, 판매비 등 모든 경비를 제한다고 해도 제법 많은 소득이 남았을 것으로 생각된다. 따라서 영조 21년(1745)의 산산창절목은 국가에도 큰 이익이 되었고 명지도의 염민들에게도 큰 이익이 되었다고 할 수 있다. 이런 상황에서 영조 21년(1745)의 산산창절목은 수십 년간 유지될 수 있었다.

그런데 영조 21년(1745)의 산산창절목이 수십 년간 지속되면서 수많은 문제가 발생하였다. 그것은 무엇보다도 판매 문제와 생산비 문제에서 제기되었다. 판매의 경우, 산산창에서 거둔 3천 석의 소금을 매진한 다음에야 명지도의 염민들이 소금을 판매할 수 있었다. 그런데 산산창의 관리들은 정해진 3천석뿐만 아니라 사적으로 소금을 확보하여 판매함으로써 큰 이익을 얻었다. 나아가 자신들의 이익을 확대하기 위해 명지도 염민들의 소금 판매를 계속 억제하였다.

당연히 소금을 팔지 못한 명지도 염민들은 점점 어려운 상황에 처하게 되었다. 뿐만 아니라 명지도에서 소금이 대량 생산되면서 연료 문제가 크게 문제되었다.

자염을 하기 위해서는 수많은 연료가 필요했는데, 시간이 지나면서 연료가 급격히 고갈되어 연료 공급가는 폭등하였기 때문이다. 이외에 명지도 염민들에게 이것저것 각종 명목의 세금이 부과되었다. 예컨대 정조 22년(1798) 11월 29일, 양산군수 윤노동은 상소문을 올려 명지도의 상황을 다음과 같이 증언하였다.

"명지도의 사염(私鹽)만 어찌하여 공염(公鹽)을 판매하기 전에는 매매하지 못하도록 하는 것입니까? 본 명지도의 소금 생산은 명지도 주민들의 생활을 위한 것만이 아닙니다. 낙동강 좌우의 연안 백성들도 모두 의지하는 것입니다. 그런데 요사이 명지도의 소금 산업이 나날이 축소되어 60여 가마 중에 겨우 40여 가마만 남았습니다. 남아 있는 자들도 또한 모두 조잔합니다. 이렇게 된 폐단의 근원을 따져보면 모두 사염의 이익을 잃었기 때문입니다. 3천석의 공염과 영창(營倉)에 소속된 후염(後鹽)을 간신히 준비해 납부하고 남은 힘으로 사염을 만들어 남은 이익을 내고자 합니다. 이렇게 낸 이익으로는 빚을 갚고자 합니다. 이에 사염을 싣고 낙동강을 거슬러 올라가는데, 중간에 막혀서 수많은 사공들이 몇 달을 허비하게 됩니다. 그러니 소금을 매매하기도 전에 본전과 이자를 앉아서 까먹게 됩니다. 이에 낭패하여 돌아와 원통함을 호소하는 것이 길에 가득합니다. 연전에 명지도의 염폐(鹽弊) 일로 번거롭게 요청을 하여 시가(柴價)를 더 보충해 주라는 허락을 받기까지 하였습니다. 명지도의 주민들은 지금도 감격하여 칭송합니다. 그런데 사선(私船)이 짐을 꾸려 출발하는 길을 계속하여 막으면 아마도 남아 있는 가마도 점차 빌 것이라 생각됩니다. 이렇게 되면 공사가 모두 피곤해지고 소금을 굽는 백성들은 끝내 소생할 기약이 없게 될 것입니다."[393]

위의 내용은 명지도의 소금생산에서 연료와 판로가 가장 중요한 문제였음을 나타낸다. 박문수는 구황을 위해 송금 위반의 혐의를 무릅쓰면서까지 소나무를 채벌하여 소금을 구웠다. 그러나 이후 명지도의 소금생산이 확대되면서 연료문제는 더욱 어렵게 되었지만 국가의 송금은 완화되지 않았던 것이다. 당연히 생산원가가 폭등하게 된 것이었다.

이에 비해 명지도 주민들에게 주어지는 쌀의 양은 고정적이었다. 늘어나는 생산 원가를 감당하지 못하고 파산하는 주민들이 늘어났던 것이다. 이런 상황이 지속되자 명지도 염민들은 공염제의 폐지를 주장하였다. 그 결과 순조 19년(1819) 5월 26일에 명지도의 공염제가 일시적으로 폐지되는 상황이 발생하였다. 당시 명지도의 공염제 폐지를 요구한 사람은 전 경상감사 김노경이었는데, 그의 요구는 다음과 같았다.

"이번 5월 25일에 대신과 비국당상을 인견하여 입시하였을 때, 영의정 서용보가 아뢰기를, '이것은 경상도 전감사 김노경의 장계입니다. 본 경상도 민읍의 폐단 중에서 명지도와 녹두도의 공염이 최고입니다. 매년 경상도 감영에서 산산창 염본곡(鹽本米) 1,500석의 대전(代錢) 4,500냥을 두 섬의 염민 등에게 내어주고 소금 3,000석을 받아, 소금 매 석을 7냥으로 정하여 팝니다. 그렇게 확보한 21,000냥 중에서 4,500냥은 본미대전(本米代錢)으로 되갚고, 2,281냥은 비공급대조(婢貢給代條)에 첨보(添補)하여 균역청에 상납하고, 3,219냥은 본 감영의 탕채(蕩債) 대신으로 획급하고 그 나머지는 선가와 염색배(鹽色輩)의 잡비와 생활비였습니다. 실행한지 몇 년 되지 않아 폐단이 생기지 않은 것이 없습니다. 지금 만약 이 공염을 혁파하고, 산

393) 『日省錄』정조 22년 11월 29일.

산창 미조(米租)로서 방채조(防債條) 중에 획부된 것 중 산산창 감색고(監色庫) 등의 1년 요미 2,450석과 그 외 1,300석을 합한 3750석의 취모(取耗) 375석을 작전(作錢) 한 1,125냥, 염본전(鹽本錢) 4,500냥과 시가첨급전(柴價添給錢) 1,500냥과 산산창 시유전(時留錢) 6,000냥을 합한 12,000냥을 작조(作租)한 10,000석의 취모(取耗) 1,000석을 작전(作錢)한 1,200냥, 염민이 납부하고자 원하는 세염 1,000석을 매 석당 2냥 5전으로 값을 정하여 얻는 2,500냥을 매년 수납하게 한다면 작조염세(作租鹽稅) 모두를 합하여 4,825냥이 됩니다. 급대(給代)에 부족한 것은 단지 675냥일 뿐입니다. 이것은 본경상도 감영의 탕채획급조(蕩債劃付條)에서 감하(減下)하고 그 대신 본경상도 감영이 다른 곳에서 도말(塗抹)하게 합니다. 방채미(防債米) 중 1,300석 첨부조는 반드시 충보(充報)해야 하는데, 이것은 모(耗)로써 취하여 쓰는 것이 130석에 불과합니다. 감영의 별비곡(別備穀) 3,900석을 방채(防債)로 옮겨 보충하고 그것으로써 모(耗)를 취하여 쓰게 할 것을 묘당으로 하여금 왕명을 받아 분부하게 해달라는 요청이었습니다. 본도 공염의 폐단은 전후의 암행어사가 논계한 것이 한두 번이 아닙니다. 그런데도 다만 각종 급대(給代)를 낼 곳이 없어서 지금까지 그대로 왔습니다. 지금 전 감사의 장계를 보니, 조목조목 나열한 것이 자세하고 확실합니다. 번거롭게 구획하지 않아도 경상도 지역의 오래된 폐단을 제거할 수 있습니다. 일이 이와 같으니 어찌 고집을 부리겠습니까? 장계에서 요청한 것에 의거해 시행하는 뜻으로 분부하는 것이 어떻겠습니까?' 하였다. 주상이 이르기를, '그렇게 하라.' 하였다."394)

---

394) "今五月二十五日 大臣備局堂上引見入侍時 領議政徐가所啓 此慶尙前監司金魯敬狀啓也 以爲本道民邑之弊 卽鳴旨菜豆兩島公鹽爲最 每年自本營 出給蒜山倉鹽本米一千五百石代錢四千五百兩 於兩島鹽民等 捧鹽三千石 每石價 定以七两發賣 四千五百兩 還報本米代錢 二千二百八十一兩 添補於婢貢給代條 上納均廳 三千二百十九兩 劃屬於本營蕩債之代 其餘 則船價及鹽色雜費聊賴之資 而行未多年 無弊不生 今若罷此公鹽 以蒜山倉米租之劃付防債條中該倉監色庫等料米之一年上下條折米二千四百五十石 及其外一千三百石 合添付取耗三百七十五石 作錢一千一百二十五兩 鹽本錢四千五百兩 柴價添給錢一千五百兩 蒜山倉時留錢六千兩 合作租一萬石 取耗一千石 作錢一千二百兩 鹽民之願納稅鹽一千石 每石價 定以二兩五錢合二千五百兩 使之每年收納 則通計米租鹽稅價 合爲四千八百二十五兩 給代不足之數 只爲六百七十五兩 此則減下於本營蕩債劃付條 而其代 自本營從他塗抹 防債米中一千三百石添付條 則不可不充報 而此是以耗取用者 數不過一百三十石 以監營別備穀三千九百石零 移補

266 조선시대 해양정책과 부산의 해양문화

위의 기록에 따르면 명지도의 공염장을 폐지하자는 김노경의 주장에 대신들과 철종이 동의하였으므로, 일단 명지도의 공염장이 폐지된 것으로 보아야 한다. 기왕의 연구에서는 이때 명지도의 공염장이 영구히 폐지된 것으로 파악하였는데,[395] 사실은 그렇지 않았다. 예컨대 명지도의 공염장을 폐지하자는 주장은 헌종 대[396]는 물론 철종 대에도[397] 계속 이어지기 때문이다. 이는 명지도의 공염제가 국가에 큰 이익을 주었기에 순조 19년에 잠시 혁파되었다가 다시 부활되었음을 보여준다. 이런 상황에서 명지도의 염민은 계속 줄어들어 철종 5년(1854)에는 염분이 겨우 30여 곳만 남았다고 한다.[398] 110년 전인 영조 21년(1745)에 비해 절반으로 줄어든 수치였다. 이는 그만큼 명지도의 소금생산이 위축되었음을 의미한다. 결국 철종 6년(1855)에 명지도의 공염제는 혁파되기에 이르렀다.[399]

마) 맺음말

영조 7년(1731)에 구황을 목적으로 시행된 명지도의 공염장화는 국가에도 큰 이익이 되었고 명지도의 염민들에게도 큰 이익이 되었다. 그러므로 영조 7년에 이어 영조 21년(1745)의 산산창절목이 시행된 후 명지도의 공염제는 100여 년간 유지될 수 있었다. 그런데 영조

防債 使之取耗需用事 請令廟堂稟旨分付矣 本道公鹽之弊 前後繡衣之論啓 非止一再 而只緣各樣絡代之無所出處 至今因循 今觀前道臣狀辭 其所條列 纖悉燦然 不煩區劃 而可除一路積痼之瘼 事實旣如此 則何可靳持 依狀請施行之意 分付何如 上曰 依爲之"(『비변사등록』순조19년(1819) 5월 26일).

395) 강만길(1970) 「조선후기 공염제도고」-명지도 염장을 중심으로-, 『사학지』 4
    이욱(2003) 「18세기 명지도 공염제 운영의 변화와 그 성격」, 『한국사연구』 120.
396) "鳴旨島菉島公鹽 依臣願 永爲革罷"(『일성록』 헌종 8년(1842) 9월 5일).
397) "鳴旨島菉島(중략) 公鹽亟爲革罷 以除民瘼"(『일성록』 철종 5년(1854) 12월 22일).
398) "鳴旨島菉島鹽田 近漸落江 所存只爲三十處"(『일성록』 철종 5년(1854) 12월 22일).
399) "許施蒜山倉公鹽捄弊之請"(『일성록』철종 6년(1855) 1월 10일).

21년(1745)의 산산창절목이 장기간 지속되면서 수많은 문제가 발생하였다. 그것은 무엇보다도 판매문제와 생산비문제에서 제기되었다. 판매의 경우, 산산창에서 거둔 3천석의 소금을 매진한 다음에야 명지도의 염민들이 소금을 판매할 수 있었다. 그런데 산산창의 관리들은 정해진 3천석뿐만 아니라 사적으로 소금을 확보하여 판매함으로써 큰 이익을 얻었다. 나아가 자신들의 이익을 확대하기 위해 명지도 염민들의 소금판매를 계속 억제하였다. 당연히 소금을 팔지 못한 명지도 염민들은 점점 어려운 상황에 처하게 되었다. 뿐만 아니라 명지도에서 소금이 대량 생산되면서 연료 문제가 크게 문제되었다. 자염을 하기 위해서는 수많은 연료가 필요했는데, 시간이 지나면서 연료가 급격히 고갈되어 연료공급가는 폭등하였기 때문이다. 이외에 명지도 염민들에게 이것저것 각종 명목의 세금이 부과되었다.

이런 상황에서 철종 6년(1855)에 명지도의 공염제가 폐지되었다. 명지도의 공염제에 따른 문제가 많이 있었지만, 영조대부터 철종대까지 100여년이 넘도록 명지도에서 공염제가 시행될 때, 명지도는 조선최고의 소금생산지로 떠올랐던 것이다.

4) 조선시대 지리지와 부산이미지

가) 머리말

조선왕조 5백여 년 간 전국 지리지, 도지, 영지, 읍지 등 무수하게 많은 지리지들이 편찬되었다. 지리지 편찬의 목적은 기본적으로 국가통치에 필요한 행정, 경제, 군사, 사회, 문화, 자연 등에 관련된 기초 자료를 확보하기 위해서였다. 이 같은 목적을 달성하기 위해 대부분의 지리지는 관에서 편찬하였고, 그렇기에 공기록으로서의 객관성과 공정성을 확보했다.

조선시대에는 세종 때에 『경상도지리지』와 『신찬팔도지리지』가 편찬된 이후 『고려사지리지』, 『세종실록지리지』, 『경상도속찬지리志』, 『팔도지리지』, 『동국여지승람』, 『신증동국여지승람』 등 수많은 관찬 지리지들이 조선 초기에 편찬되었다.[400]

조선후기에 들어서는 영조 때의 『여지도서』와[401] 『동국문헌비고』 여지고를 비롯하여 정조 때의 『증정문헌비고』 여지고, 고종 때의 『증보문헌비고』 여지고 등과 같은 전국적인 관찬 지리지는 물론 한백겸

---

[400] 『慶尙道地理志』는 세종 7년(1425)에 편찬되었고 『新撰八道地理志』는 세종 14년(1432)에 편찬되었다. 또한 『高麗史地理志』는 문종 1년(1451)에, 『世宗實錄地理志』는 단종 2년(1454)에, 『慶尙道續撰地理 志』는 예종 1년(1469)에, 『東國輿地勝覽』은 성종 12년(1481)에, 『新增東國輿地勝覽』은 중종 25년(1530)에 편찬되었다.
조선초기의 지리지 편찬에 대하여는
정두희(1976) 「조선초기 지리지의 편찬 1」, 『역사학보』 69
정두희(1976) 「조선초기 지리지의 편찬 2」, 『역사학보』 70
서인한(2002), 『조선초기 지리지 연구』, 혜안 참조.
[401] 『輿地圖書』에 대하여는
김우철(2006) 「『輿地圖書』 '姓氏'조의 검토」, 『한국가학보』 25
서종태(2006) 「『輿地圖書』의 物産 조항 연구」, 『한국사학보』 25
변주승(2006) 「『輿地圖書』의 성격과 道別 특성」, 『한국사학보』 25
이철성(2006) 「『輿地圖書』에 나타난 田結稅 항목의 텍스트적 이해」, 『한국사학보』 25 참조.

의 『동국지리지』, 유형원의 『동국여지지』 같은 사찬 지리지도 편찬되었으며402), 나아가 도지, 영지, 읍지 등도403) 활발하게 편찬되었다.

조선시대 중앙정부에서 지방으로 관료를 파견하던 기초 행정단위는 부, 목, 군, 현이었다. 그러므로 중앙정부에서는 행정 및 통치에 필요한 부, 목, 군, 현 단위의 정보를 필요로 했다. 그 같은 필요에서 조선시대의 지리지에는 그것이 전국지리지이든 도지이든 아니면 영지이든 읍지이든 구별 없이 부, 목, 군, 현 단위를 기준으로 행정, 경제, 군사, 사회, 문화, 자연 등에 관련된 자료들이 수록되었다. 이 같은 자료들은 1차적으로 중앙정부의 지방 통치에 활용되었다는 면에서 조선시대의 행정자료이자 역사자료라 할 수 있다.

하지만 지리지에 수록된 정보들은 해당 부, 목, 군, 현의 행정적, 경제적, 군사적, 사회적, 문화적, 자연적 특징을 보여준다는 면에서 해당 부, 목, 군, 현의 이미지(image)와 직결되기도 한다. 이미지란 한 개인이 특정 대상에 대해 갖고 있는 신념과 아이디어 인상의 총체라고 할 수 있으며, 이는 감각적인 경험이 뇌에 새겨진 표상이나 지각, 특히 연상을 통해 느껴지는 감각적 인상이라고 정의할 수 있다.404) 특정 도시 또는 지역에 대한 이미지는 크게 시각적 요소와 비시각적 요소로 형성되거나405) 아니면 자연 요소와 물리적 요소, 비 물리적 요소 등으로 구성된다.406)

---

402) 조선후기의 전국 地理志에 대하여는
　　　이성무(1982) 「한국의 관찬지리지」, 『규장각』 6
　　　배우성(1996) 「18세기 전국지리지 편찬과 지리지 인식의 변화」, 『한국학보』85
　　　박인호(1996), 『조선후기 역사지리학 연구』, 이회 참조.

403) 조선후기의 읍지에 대하여는
　　　양보경(1987) 『조선시대 읍지의 성격과 지리적 인식에 관한 연구』, 서울대 지리학과 박사학위논문 참조

404) 이수범 · 신성혜 · 최원석(2004) 「시민 관계성이 도시 이미지에 미치는 영향에 관한 연구」, 『광고학연구』15권 1호, p.11.

405) 김남정 · 정만모 · 이우종(2008) 「신도시 도시이미지 형성요소에 관한 연구」, 『국토계획』 43권 6호, p.166.

조선시대 지리지에 부, 목, 군, 현 별로 기록된 행정, 경제, 군사, 사회, 문화, 자연 정보는 곧 해당 부, 목, 군, 현에 대한 신념과 인상을 포괄하고 있다. 그러므로 조선시대 지리지에 수록된 정보는 해당 부, 목, 군, 현에 대해 중앙정부 또는 양반관료들이 획득한 정보의 총체이자 신념과 인상의 총체라고 할 수 있다. 그것도 한 시점에서 끝나는 신념과 인상의 총체가 아니라 관찬지리지를 통해 5백여 년에 걸쳐 지속되고 반복된 신념과 인상의 총체였으며, 또 관찬지리지에 영향 받은 사찬 지리지에 의해 계속적으로 확대, 재생산된 신념과 인상의 총체였다. 그런 면에서 조선시대 지리지는 해당 부, 목, 군, 현의 이미지 형성에 결정적인 영향을 끼쳤다고 판단된다.

본 연구에서는 조선시대 지리지에 수록된 부산 관련 정보들을 이미지 형성 요소라는 측면에서 분석함으로써 조선시대에 형성된 부산 이미지의 실체를 파악하고자 하였다. 특히 지리지 중에서도 조선전기의 관찬지리지를 대표하는 『동국여지승람』과 조선후기의 관찬지리지를 대표하는 『여지도서』을 중심으로 하였다. 이 두 지리지에 실린 정보가 표준적일뿐만 아니라 풍부하기 때문이다. 아울러 현재의 부산은 대체로 조선시대의 동래부, 기장현 그리고 경상좌수영을 포괄하므로 동래부, 기장현, 경상좌수영에 관련된 정보들을 총체적으로 고찰할 필요가 있다. 이에 영조 16년(1740)에 편찬된 『동래부지』[407]와 철종 1년(1850)에 편찬된 『내영지』[408]를 부차적인 자료로 활용하였다.

부산이미지에 대하여는 이미 선행 연구가 있다.[409] 하지만 이들

---

406) 이수범·신성혜·최원석(2004) 「시민 관계성이 도시 이미지에 미치는 영향에 관한 연구」, 『광고학연구』15권 1호, p.12.

407) 부산광역시 동래구(1995), 『東萊府誌』.

408) 부산광역시사편찬위원회(2001), 『國譯 萊營誌』.

409) 이상훈·최일도(2006) 「부산의 도시브랜드 개성에 관한 연구」, 『부산연구』 4

연구는 현대의 부산이미지를 대상으로 하였다. 따라서 조선시대에 형성된 부산이미지 자체에 대한 연구는 아직 전무한 실정이다. 본 연구는 조선시대의 대표적인 지리지를 통해 조선시대에 형성된 부산이미지 자체를 고찰함으로써 부산이미지의 원형 또는 부산문화의 원형을 이해하는데 일조하고자 하였다.

나) 지리지 항목과 이미지 요소

조선시대 최초의 지리지로서 세종 7년(1425)에 편찬된『경상도지리지』는 세종의 명령에 의해 편찬에 착수하게 되었다. 세종이 경연 중에 문신 등에게 명령하여 지리지를 편찬하게 함으로써 편찬 작업이 시작되었던 것이다.[410] 세종의 명령에 의해 지리지 편찬은 예조에서 담당하게 되었는데, 예조에서는 지리지를 편찬하는데 필요한 규식을 마련하여 각 도에 보냈다. 이 규식은 도 별로 또 부, 목, 군, 현 별로 지리지에 꼭 수록해야 할 내용들을 분야별로 명기한 것이었다. 각 도에서는 이 規式에 입각하여 지리지를 편찬하였다.『경상도지리지』의 서문에 의하면 규식의 내용은 다음과 같았다.

(전략) 그 규식에 대략 이르기를, '제도와 제읍의 역대 명칭

부산발전연구원 부산학연구센터(2004),『부산도시이미지』, 부산발전연구원
부산발전연구원 도시정보센터(2007),『부산이미지에 관한 조사연구』, 부산발전연구원.
그 외 도시이미지에 관한 연구에 대하여는
이수범 · 신성혜 · 최원석(2004)「시민 관계성이 도시 이미지에 미치는 영향에 관한 연구」,『광고학연구』15권 1호
김남정 · 정만모 · 이우종(2008)「신도시 도시이미지 형성요소에 관한 연구」,『국토계획』43권 6호
김남정(2005),『도시브랜드 이미지의 구성요소와 영향에 관한 연구』, 경원대학교 대학원 박사학위논문
고민석(2008),『도시이미지 결정요인에 관한 연구』, 전남대학교 대학원 박사학위논문 참조.

410) "主上殿下 於經筵講論之餘 命文臣等 纂成本朝地理志"(『慶尙道地理志』序).

에 관한 연혁, 부주군현향소부곡(府州郡縣鄕所部曲)의 이합(離合), 산천과 경내의 험저(險阻) 및 관방, 산성과 읍성의 둘레와 넓이, 온천, 빙혈(氷穴), 풍혈, 염분(鹽盆), 염정(鹽井), 목장, 철장, 양마소산(良馬所産), 토지비척, 수천심천(水泉深淺), 풍기한난(風氣寒暖), 민속소상(民俗所尙), 호구와 인물과 토산과 잡물의 수, 조세와 세공을 수륙으로 운반하는 거리, 영과 진과 량(梁)과 포(浦)를 건설한 곳, 군정과 전함의 액수, 바다 속 여러 섬의 원근거리, 섬에 들어가 농사짓는 사람이 있는지의 여부, 연대(煙臺)와 봉화가 있는 곳, 본조 선왕과 선후의 능침, 이전 왕조의 태조와 옛 명현의 무덤, 토성과 종사(從仕), 덕예(德藝)와 공업이 출중한 사람, 예전부터 전해오는 영이(靈異)한 유적 등을 조사하여 보고하라.' 하였다. 이에 의거하여 대구군지사 금유와 인동현감 김빈으로 하여금 그 일을 주관하게 하였다."[411]

위에 의하면 『경상도지리지』를 편찬할 때, 기본적으로 수록해야 할 내용에는 제도와 제읍의 역대 명칭에 관한 연혁부터 예전부터 전해오는 영이한 유적 등 수십 가지가 포함되었다. 이는 경상도와 경상도 관하의 부, 목, 군, 현에 관한 행정정보, 경제정보, 군사정보, 사회정보, 문화정보, 자연정보 등 거의 모든 정보를 망라하는 것이었다. 물론 이런 정보들은 중앙정부에서 지방통치에 활용하기 위해 필요하였다.

하지만 『경상도지리지』에서는 해당 규식이 왜 필요한지 직접적인 설명은 없었다. 이에 비해 성종 12년(1481)에 편찬된 『동국여지승람』에서는 수록되는 각각의 항목들이 왜 수록되는지 그 이유를 구체적으로

---

411) "其規式略曰 諸道諸邑歷代名號之沿革 府州郡隸綠鄕所部曲之離合 山川界域險阻關防 山城邑城周回廣挾 溫泉 氷穴 風穴 鹽盆 鹽井 牧場 鐵場 良馬所産 土地肥瘠 水泉深淺 風氣寒暖 民俗所尙 戶口人物土産雜物之數 租稅歲貢水陸轉運之程途 營鎭梁浦建設之地 軍丁戰艦之額 海中諸島水陸之遠近 入島農業人物之有無 煙臺烽火所在之處 本朝先王先后陵寢 前朝太祖古昔名賢之墓 土姓從仕 德藝功業出衆之人 古昔相傳靈異之跡 推載移文 據此 令知大丘郡事琴柔 仁同縣監金鑌主掌其事"(『慶尚道地理志』序).

설명하였다. 서거정이 지은『동국여지승람』서문에 의하면 본 지리지가 편찬된 배경 및 각각의 항목들이 수록된 이유는 다음과 같았다.

우리 전하가 즉위하신 10년 무술년(1439) 봄 1월에 신 양성지가『팔도지지』를 바치고, 신 서거정 등이『동문선』을 바쳤습니다. 그러자 전하께서는 드디어 선성부원군 신 노사신, 우찬성 신 강희맹, 지중추부사 신 성임, 남원군 신 양성지, 대사성 신 정효항, 참의 신 김자정, 승문원 판교 신 이숙감, 좌통례 신 박승질, 행 호군 신 박미 및 신 서거정 등에게 명하여 시문을『지지』에 넣게 하셨습니다. 신 등이 공손히 엄하신 명을 받고 사신(詞臣)을 가려서 거느리고 분과를 나누어 이루기를 구하여 위로는 관각의 도서로부터 아래로는 개인이 보관한 초고에 이르기까지 열람하지 않음이 없이 모두 나누어 넣었습니다. 연혁을 먼저 쓴 것은 한 고을의 흥폐를 먼저 몰라서는 안 되기 때문입니다. 풍속과 형승을 다음에 쓴 것은 풍속은 한 고을을 유지시키는 바이며, 형승은 사경을 공대(控帶)하는 바이가 때문입니다. 명산대천은 경위로 삼고, 높은 성과 큰 보루는 금포(襟抱)로 삼았습니다. 묘사(廟社)를 맨 먼저 기재한 것은 조종(祖宗)(을 높이며 신기(神祇)를 존경해서입니다. 다음에 궁실을 쓴 것은 상하의 구분을 엄하게 하고, 위엄과 무거움을 보이기 위해서입니다. 한양에서는 오부를 정해서 방리를 구분하며, 여러 관청을 설치하여 모든 사무를 보게 합니다. 능침은 조종께서 길이 편안한 곳이며, 사단(祠壇)은 또 국가의 폐하지 못할 전례입니다. 학교를 일으키는 것은 일국의 인재를 교육하려는 것이고, 정문을 세우는 것은 삼강의 근본을 표창하려는 것입니다. 사찰은 역대로 거기에서 복을 빌었고, 사묘(祠墓)는 선현을 사모하여 추숭한 것입니다. 토산은 공부가 나오는 바이고, 창고는 공부를 저장하는 곳입니다. 누대는 때에 따라 놀며 사신을 접대하는 것이고, 원우는 여행객을 접대하고 도적을 금하는 것입니다. 관방을 웅장하게 한 것은 외적을 방비하기 위해서이고, 참역(站驛)을 벌여 놓은 것은 사명을 전달하기 위해서입니다. 인물은 과거의 어진 이를 기록한 것이고, 명환은 장래에 잘하기를 권한 것입니다. 또 제영(題詠)을 마지막에 둔 것은

물상(物像)을 읊조리며 왕화를 노래하여 칭송함은 실로 시문에서
벗어나지 않기 때문입니다. 경도의 첫머리에 총도(摠圖)를 기록
하고, 각각 그 도의 앞에 도(圖)를 붙여서 이 양경 8도로 50권을
편찬하고 정서하여 바치나이다.412)

위의 서문은 조선시대 관찬지리지에 기본적으로 수록되는 항목의
종류와 각 항목의 수록 이유를 명기한 유일한 자료라는 면에서 매우
중요하다. 먼저 각각의 항목을 번호를 붙여 정리해보면 다음과 같다.

1-沿革 (先之以沿革者 以一邑興廢 不可不先知也)
2-風俗 (繼之以風俗形勝者 風俗所以維持一縣
3-形勝 (繼之以風俗形勝者 形勝所以控帶四境也)
4-名山大川 (以名山大川爲之經緯)
5-高城大砦 (以高城大砦 爲之襟抱)
6-廟社 (先書廟社 所以尊祖宗敬神祇也)
7-宮室 (次書宮室 所以嚴上下示威重也)
8-五部 (定五部而辨方里)
9-諸司 (設諸司而治庶務)
10-陵寢 (陵寢 乃朝宗永安之地)
11-祠壇 (祠壇 又國家不刊之典)
12-興學(興學以育一國之才)
13-旌門 (旌門以表三綱之本)
14-寺刹 (寺刹歷代 以之祝釐)

---

412) "殿下卽位之十年 戊戌春正月 臣梁誠之 進八道地誌 臣等進東文選 上遙命 宣城府院君臣盧思愼 右贊
成臣姜希孟 知中樞府事臣成任 南原君臣梁誠之 大司成臣鄭孝亘 參議臣金自貞 承文院判校臣李淑咸
左通禮臣朴榮質 行護軍臣朴楣 曁臣徐居正等 以詩文添入地誌 臣等恭承嚴命 簡牽諸詞臣 分科責成
上自館閣圖書 下至私藏草藁 無不披閱 一切分入 先之以沿革者 以一邑興廢 不可不先知也 繼之以風
俗形勝者 風俗所以維持一縣 刑勝所以控帶四境也 以名山大川爲之經緯 以高城大砦 爲之襟抱 先書廟
祠 所以尊祖宗敬神祇也 次書宮室 所以嚴上下示威重也 定五部而辨方里 設諸司而治庶務 陵寢 乃朝
宗永安之地 祠壇 又國家不刊之典 興學以育一國之才 旌門以表三綱之本 寺刹歷代 以之祝釐 祠墓前
賢 以之追崇 土産者 貢賦之所自出 倉庫者 貢賦之所以貯 樓臺 所以時遊觀而待使臣也 院宇 所以接
行旅而禁盜賊也 壯關防 以待暴客 列站役 以傳使命 人物 記已往之賢 名賢 勸將來之善 又終之以題
詠 所以吟詠物像 歌頌王化 實不外乎詩與文也 錄摠圖於京都之首 各付圖於其道之先 以此兩京八道
贊成五十卷 繕寫以進"(『東國輿地勝覽』東國輿地勝覽 序).

15-祠墓 (祠墓前賢 以之追崇)

16-土産 (土産者 貢賦之所自出)

17-倉庫 (倉庫者 貢賦之所以貯)

18-樓臺 (樓臺 所以時遊觀而待使臣也)

19-院宇 (院宇 所以接行旅而禁盜賊也)

20-關防 (壯關防 以待暴客)

21-站驛 (列站驛 以傳使命)

22-人物 (人物 記已往之賢)

23-名賢 (名賢 勸將來之善)

24-題詠 (又終之以題詠 所以吟詠物像 歌頌王化 實不外乎詩與文也)

『동국여지승람』과 관련된 기왕의 역사분야 연구에서는 위의 24 항목을 행정, 경제, 군사, 사회, 예속, 자연환경의 6종류로 분류하였다. 구체적으로는 연혁, 오부, 제사, 원우의 4항목을 행정으로, 토산과 창고의 2항목을 경제로, 고성대채, 관방, 역참의 3항목을 군사로, 풍속, 묘사, 궁실, 능침, 사단, 흥학, 정문, 사찰, 사묘, 누대, 인물, 명현, 제영의 13항목을 예속으로, 형승과 명산대천의 2항목을 자연환경으로 분류하였다.413) 이와 같은 분류는 『동국여지승람』을 조선시대의 행정자료 또는 역사자료로 활용할 경우에 매우 유용한 분류라고 할 수 있다. 하지만 위의 항목을 활용하여 조선시대 부산 이미지를 고찰하는 데는 위의 분류보다는 다른 분류가 보다 유용할 수 있다.

서문에서 언급하였듯이 특정 도시 또는 특정 지역에 대한 이미지는 크게 시각적 요소와 비시각적 요소로 형성되거나 아니면 자연 요소와 물리적 요소, 비 물리적 요소 등으로 구성된다. 따라서 『동국여지승람』의 24 항목들을 활용해 조선시대의 부산 이미지를 탐구하기 위해서는 24 항목을 시각적 요소와 비시각적 요소로 나누어 분석하

---

413) 정두희(1976)「조선초기 지리지의 편찬 2」,『역사학보』70, pp.108-109.

기나 아니면 24 항목을 자연 요소와 물리적 요소, 비 물리적 요소 등으로 분류하여 분석하는 것이 훨씬 유용하다.

도시 이미지를 형성하는 시각적 요소와 비 시각적 요소에서 시각적 요소란 이미지 대상의 규모를 기준으로 하여 시설, 장소, 환경 등의 3개 유형으로 구분되고, 비시각적 요소는 도시기능, 사회분위기, 심미적 분위기 등의 3개 유형으로 구분된다고 한다.[414] 반면 도시 이미지를 형성하는 자연요소, 물리적 요소, 비 물리적 요소 중에서 자연요소는 자연환경을 의미하고, 물리적 요소는 건축물과 도시 외관과 상징물 등의 인공물 등을 의미하며, 비 물리적 요소는 시민의 가치관과 도시의 역사성, 문화 등을 의미한다고 한다.[415]

『동국여지승람』의 24 항목들을 활용해 조선시대의 부산 이미지를 탐구하는 데는 시각적 요소와 비시각적 요소라는 분석틀보다는 자연요소, 물리적 요소, 비 물리적 요소라는 분석틀이 보다 유용할 것으로 판단된다. 『동국여지승람』은 근본적으로 역사자료이므로 『동국여지승람』의 역사성, 문화 등을 포괄할 수 있는 분석틀이 보다 유용하다고 생각되기 때문이다.

그런데 자연요소, 물리적 요소, 비 물리적 요소라는 분석틀은 결국 자연적 요소와 인문적 요소라는 분석틀로 환원시킬 수 있다. 따라서 본 논문에서는 『동국여지승람』의 24 항목을 자연적 항목과 인문적 항목으로 구분하여 분석하고자 한다. 이 같은 구분에 의거하여 『동국여지승람』의 24 항목을 분류하면 다음의 표와 같이 분류할 수 있다.

---

414) 김남정·정만모·이우종(2008) 「신도시 도시이미지 형성요소에 관한 연구」, 『국토계획』 43권 6호, p.6.
415) 이수범·신성혜·최원석(2004) 「시민 관계성이 도시 이미지에 미치는 영향에 관한 연구」 『광고학연구』 15권 1호, p.12.

<표 21> 도시이미지 형성요소에 의한 『동국여지승람』24항목 분류

이미지형성요소 대분류	이미지형성요소 중분류	『동국여지승람』24항목 분류
자연적 항목	자연환경	형승, 명산대천, 토산
인문적 항목	물리적 요소	고성대체, 묘사, 궁실, 능침, 사단, 흥학, 정문, 사찰, 사묘,창고, 누정, 원유, 관방, 역참
	비 물리적 요소	연혁, 오부, 제사, 풍속, 인물, 명환, 제영

　『동국여지승람』에는 위의 24항목을 기준으로 한 각종 정보들이
분류, 수록되었다. 그 결과『동국여지승람』에 최종적으로 수록된 항
목은 31개였다. 구체적으로는 건치연혁, 속현, 진관, 토관, 군명, 원
우, 토산, 창고, 성곽, 관방, 교량, 관량, 봉수, 역, 성씨, 풍속, 궁실,
누정, 제영, 학교, 불우, 사묘, 능묘, 고적, 명환, 인물, 유우, 효자, 열
녀, 산천, 형승이었다. 이들 31개의 항목 역시 24개의 항목과 같은
기준으로 분류할 수 있다. 『동국여지승람』이후에 편찬된 지리지에
서는 수록되는 항목이 점점 늘어났다. 예컨대 영조 때 편찬된『여지
도서』에는 지도, 방리, 도로, 총서, 건치연혁, 군명, 형승, 성지, 관직,
산천, 성씨, 풍속, 능침, 태봉, 단묘, 학교, 총묘, 공해, 궁전, 궁실, 제
언, 창고, 물산, 교량, 역원, 발참, 목장, 관애, 봉수, 누정, 사찰, 고적,
진보, 명환, 인물, 관안, 사환, 유일, 절의, 제영, 한전, 수전, 진공, 조
적, 전세, 대동, 상정, 균세, 봉름, 군병 등 50 항목이 수록되었다.[416]
이는 시간이 흐름에 따라 변화된 내용을 수록하기 위한 필요에서 자
연스럽게 나타나는 현상이었다. 이렇게 지리지에 수록된 정보들은
해당 군현에 대한 자연적 정보이자 인문적 정보로서 조선시대 해당
군현의 이미지 형성에 결정적 영향을 주었다.

---

416) 변주승(2006) 「輿地圖書』의 성격과 道別 특성」, 『한국사학보』 25, pp.459-460.

다) 지리지의 자연적 항목과 부산 이미지

『동국여지승람』과 『여지도서』에서 동래, 기장 부분에 수록된 항목을 추출하여 자연적 항목과 인문적 항목으로 분류하면 다음의 표와 같다.

<표 22> 『동국여지승람』과 『여지도서』의 동래 부분 항목 분류

이미지형성요소 대분류	이미지형성요소 중분류(39)	『동국여지승람』과 『여지도서』의 항목 분류
자연적 항목	자연환경(4)	形勝, 山川, 物産(土産), 進貢
인문적 항목	물리적 요소(18)	道路, 城池(城郭), 學校, 壇廟(祠廟), 公廨, 堤堰, 倉庫, 橋梁, 驛院, 牧場, 關隘(關防), 烽燧, 樓亭, 寺刹(佛宇), 古跡, 鎭堡, 早田, 水田
	비 물리적 요소(17)	坊里, 建置沿革, 屬縣, 官員, 郡名, 官職, 姓氏, 風俗, 名宦, 人物, 題詠, 糶糴, 田稅, 大同, 均稅, 捧廩, 軍兵

위에 나타난 대로 『동국여지승람』과 『여지도서』에서 동래, 기장 부분에 수록된 항목의 수는 총 39개이다. 이중 자연적 항목이 4개이고 인문적 항목이 35개이다. 인문적 항목이 자연적 항목에 비해 압도적으로 많은 이유는 『동국여지승람』과 『여지도서』가 근본적으로 국가통치에 필요한 지방 군현 정보를 획득하기 위한 목적에서 편찬되었기에 국가통치에 직결된 인문적 정보들이 주로 수록되었기 때문이다.

이는 읍지와 영지의 경우에도 마찬가지였다. 현존하는 동래 읍지류 중에서 가장 오래되고 또 가장 자세한 읍지는 영조 16년(1740)에 편찬된 『동래부지』[417]이다. 이 『동래부지』를 편찬한 박사창은 편찬

---

417) 부산광역시 동래구(1995), 『東萊府誌』. p.3.

의 목적을 '산천의 험하고 평탄함과 도리의 원근과 성곽의 고저와 졸오의 다과와 군교, 양향의 수량과 각종 무기 등을 한 권의 책에 기재하여 부중에 두면 변란이 일어났을 때 조금이라도 도움이 되는 일이 있을 것이다.'[418]고 하였는데, 이 역시『동래부지』편찬의 근본 목적이 국가통치에 있음을 보여주는 것이다.

철종 1년(1850)에 편찬된『내영지』의 서문에도 같은 취지의 내용이 들어있다. 즉 '무릇 토지와 백성이 있으면 사실을 기록한 문서가 있는 법인데, 어찌된 일인지 내영은 어느 시대에 창시되었으며, 어느 해에 울산으로부터 감만이포로, 감만이포에서 이곳으로 이설되었는지, 전해오는 이야기에만 의지할 뿐 상고할 만한 사실 기록이 없으니 이는 곧 장님이 코끼리 다리를 만지는 것 같아 어디서 실질을 알아볼 것인가?'[419]라는 내용은『내영지』편찬의 근본 목적 역시 국가통치에 있음을 명백하게 보여준다.

『동래부지』의 목록에 의하면 수록된 항목은 총 57개이다. 구체적으로는 건치연혁, 군명, 속현, 관원, 향임, 면명도리원근, 성씨, 형승, 산천, 고적, 풍속, 관사, 누정, 청사, 창고, 관해(官廨), 초량공해, 성곽, 관방, 봉수, 학교, 사묘, 역원, 교량, 불우, 기우소, 제언, 인물, 효자효녀, 열녀, 별전공신(別典功臣), 과제, 총묘, 호, 구, 전결, 토산, 곡물, 각청무부(各廳武夫), 군총, 군기, 기치, 의장, 부안, 대동, 공물, 잡봉, 연역(煙役), 인리관속잡차(人吏官屬雜差), 각색장인(各色匠人), 각사각처노비(各司各處奴婢), 이문(異聞), 관주(官案), 선정비, 생사당, 제영잡저, 부산 자성비이다. 이 57개의 항목을 자연적 항목과 인문적 항목으로 나누면 자연적 항목에는 형승, 산천, 토산, 곡물, 공물, 잡봉

---

418) 부산광역시 동래구(1995), 『東萊府誌』, p.5.

419) 부산광역시사편찬위원회(2001), 『國譯 萊營誌』, p.23.

의 6개 항목이 포함될 수 있다. 나머지 51개의 인문적 항목 중에서 물리적 항목으로 분류될 수 있는 것은 고적, 관사, 누정, 청사, 창고, 관해, 초량공해, 성곽, 관방, 봉수, 학교, 사묘, 역원, 교량, 불우, 기우소, 제언, 총묘, 군기, 기치, 의장, 선정비, 생사당, 부산 자성비 등의 24개 항목이고 비 물리적 항목으로 분류될 수 있는 것은 건치연혁, 군명, 속현, 관원, 향임, 면명도리원근, 성씨, 풍속, 인물, 효자효녀, 열녀, 별전공신, 과제, 호, 구, 전결, 각청무부, 군총, 부안, 대동, 연역, 인리관속잡차, 각색장인, 각사각처노비, 이문, 관안, 제영잡저 등의 27개 항목이다.

『내영지』의 목록에는 총 52개의 항목이 수록되어 있다. 구체적으로는 건치연혁, 관직, 주사속관, 성지, 영저호수, 관방, 진보, 전선총수, 주사군액, 봉수, 봉산, 변정, 송헌, 형승, 목장, 역원, 발참, 도로, 교량, 장시, 어염, 토산, 진공, 방물, 전문, 사전, 군무, 방헌, 풍속, 성씨, 환적, 과거, 인물, 궁실, 공해, 창고, 산천, 수(藪), 도서, 제언, 방리, 단묘, 총묘, 불우, 고적, 비갈, 누정, 암석. 기문, 제영, 잡영, 선생안이다. 이 52개의 항목을 자연적 항목과 인문적 항목으로 분류하면 자연적 항목에는 봉산, 형승, 어염, 토산, 진공, 방물, 산천, 수, 도서, 암석 등 10개의 항목이 포함될 수 있다. 42개의 인문적 항목 중에서 물리적 항목으로 분류될 수 있는 것은 성지, 관방, 진보, 전선총수, 봉수, 목장, 역원, 발참, 도로, 교량, 장시, 궁실, 공해, 창고, 제언, 단묘, 총묘, 불우, 고적, 비갈, 누정 등 21개 항목이고 비 물리적 항목으로 분류될 수 있는 것은 건치연혁, 관직, 주사속관, 영저호수, 주사군액, 변정, 송헌, 전문, 사전, 군무, 방헌, 풍속, 성씨, 환적, 과거, 인물, 방리, 기문, 제영, 잡영, 선생안 등 21개 항목이다. 『동래부지』와 『내영지』의 항목을 분류한 결과를 통합하면 표와 같다.

<표 23> 『동래부지』와 『내영지』의 항목 분류

이미지형성요소 대분류	이미지형성요소 중분류(87)	『동래부지』와 『내영지』의 항목 분류
자연적 항목	자연환경(12)	形勝, 山川, 土産, 穀物, 進貢(貢物), 雜捧, 封山, 魚鹽, 方物, 藪, 島嶼, 巖石
인문적 항목	물리적 요소(33)	古蹟, 公廨(草梁公廨), 關防, 官舍(官廨), 橋梁, 軍器, 宮室, 祈雨所, 旗幟, 樓亭, 壇廟, 道路, 牧場, 撥站, 烽燧, 釜山子城碑, 佛宇, 碑碣, 祠廟, 生祠堂, 善政碑, 城郭(城池), 驛院, 儀仗, 場市, 戰船摠數, 堤堰, 鎭堡, 倉庫, 廳舍, 草梁公廨, 塚墓, 學校
	비 물리적 요소(42)	各司各處奴婢, 各色匠人, 各廳武夫, 建置沿革, 科擧(科第), 官案, 官員, 官職, 口, 郡名, 軍務, 軍摠, 記文, 大同, 面名道里遠近, 坊里, 防憲, 邊情, 別典功臣, 賦案, 祀典, 先生案, 姓氏, 屬縣, 松憲, 煙役, 烈女, 營底戶數, 異聞, 人吏官屬雜差, 人物, 雜詠, 田結, 箋文, 題詠(題詠雜著), 舟師軍額, 舟師屬官, 風俗, 鄕任, 戶, 宦蹟, 孝子孝女

『동국여지승람』, 『여지도서』, 『동래부지』, 『내영지』의 동래, 기장 항목을 분류, 통합할 경우 자연적 항목은 형승, 산천, 물산(토산), 진 공(공물), 곡물, 잡봉, 봉산, 어염, 방물, 수, 도서, 암석 등의 12개 항 목이다. 인문적 항목의 경우 물리적 항목은 고적, 공해(초량공해), 관사(관해), 관애(관방), 교량, 군기, 궁실, 기우소, 기치, 누정, 단묘 (사묘), 도로, 목장, 발참, 봉수, 부산자성비, 불우, 비갈, 사묘, 사찰 (불우), 생사당, 선정비, 성곽(성지), 수전, 역원, 의장, 장시, 전선총 수, 제언, 진보, 창고, 청사, 총묘, 학교, 한전 등의 35개 항목이다. 비 물리적 항목은 각사각처노비, 각색장인, 각청무부, 건치연혁, 과 거(과제), 관안, 관원, 관직, 구, 군명, 군무, 군병, 군총, 균세, 기문, 대동, 면명도리원근, 명환, 방리, 방헌, 변정, 별전공신, 봉름, 부안, 사전, 선생안, 성씨, 속현, 송헌, 연역, 열녀, 영저호수, 이문, 인리관

속잡차, 인물, 잡영,전결, 전문, 전세, 제영(제영잡저), 조적, 주사군
액, 주사속관, 풍속, 향임, 호, 환적, 효자효녀 등의 48항목이다. 위의
자연적 항목 12개 그리고 인문적 항목 중 물리적 항목 35개와 비 물
리적 항목 48항목 등 총 95개의 항목에 조선시대 동래, 기장, 경상
좌수영의 이미지가 망라되어 있다고 할 수 있다. 이 같은 내용을 정
리하면 표와 같다.

<표 24> 조선시대 지리지의 동래, 기장, 경상좌수영의 항목 분류

이미지형성요소 대분류	이미지형성요소 중분류(95)	조선시대 지리지의 동래, 기장 항목 분류
자연적 항목	자연환경(12)	形勝, 山川, 物産(土産), 進貢(貢物), 穀物, 雜捧, 封山, 魚鹽, 方物, 藪, 島嶼, 巖石
인문적 항목	물리적 요소(35)	古跡, 公廨(草梁公廨), 官舍(官廨), 關隘(關防), 橋梁, 軍器, 宮室, 祈雨所, 旗幟, 樓亭, 壇廟(祠廟), 道路, 牧場, 撥站, 烽燧, 釜山子城碑, 佛宇, 碑碣, 祠廟, 寺刹(佛宇), 生祠堂, 善政碑, 城郭(城池), 水田, 驛院, 儀仗, 場市, 戰船摠數, 堤堰, 鎭堡, 倉庫, 廳舍, 塚墓, 學校, 旱田
	비 물리적 요소(48)	各司各處奴婢, 各色匠人, 各廳武夫, 建置沿革, 科擧(科第), 官案, 官員, 官職, 口, 郡名, 軍務, 軍兵, 軍摠, 均稅, 記文, 大同, 面名道里遠近, 名宦, 坊里, 防憲, 邊情, 別典功臣, 捧廩, 賦案, 祀典, 先生案, 姓氏, 屬縣, 松憲, 煙役, 烈女, 營底戶數, 異聞, 人吏官屬雜差, 人物, 雜詠,田結, 箋文, 田稅, 題詠(題詠雜著), 羅羅, 舟師軍額, 舟師屬官, 風俗, 鄕任, 戶, 宦蹟, 孝子孝女

조선시대 동래, 기장, 경사좌수영의 자연 이미지를 대표하는 항목
은 위에 분류된 것처럼 형승, 산천, 물산(토산), 진공(공물), 곡물, 잡
봉, 봉산, 어염, 방물, 수, 도서, 암석 등 12개이다. 이 12개의 항목은
기본적으로 자연 지리와 관련된 형승, 산천, 수, 도서, 암석의 5개 항

목 그리고 자연 생산물과 관련된 물산(토산), 진공(공물), 곡물, 잡봉, 봉산, 어염, 방물의 7개 항목으로 나뉜다.

그런데 조선시대에 편찬된 전국 지리지 중에서 동래, 기장의 자연 지리에 관련된 최초의 기록은 『세종실록지리지』에 등장한다. 이 『세종실록지리지』에서는 동래와 기장의 자연 지리에 대하여 '땅은 기름 지고 기후는 따뜻하다.'고 하였으며, 이곳에 적합한 곡식으로는 '벼, 조, 보리, 콩'을 들었다.[420] 동래와 기장의 땅이 기름지다는 것은 낙동강 하구에 위치하여 토질이 비옥하다는 뜻이었고 기후가 따뜻하다는 것은 한양 지역에 비해 따뜻하다는 뜻이었다.

『동국여지승람』에는 동래, 기장의 자연 지리에 대하여 보다 구체적인 내용이 수록되었다. 즉 동래현의 형승 항목에서는 '지세가 바다에 연접에 있으며 대마도와 가장 가깝다.'고[421] 하였는데, 이는 동래의 자연 지리를 육지만이 아니라 바다 그리고 대마도와의 관계 속에서 파악한 것이었다. 동래의 형승을 '지세가 바다에 연접에 있으며 대마도와 가장 가깝다.'고 한 『동국여지승람』의 기록은 조선시대 내내 반복되었다. 예컨대 영조 때에 편찬된 『여지도서』에서 동래의 형승을 '지세가 바다에 연접에 있으며 대마도와 가장 가깝다.'[422]고 한 것은 물론 영조 때에 편찬된 『동래부지』에서도 형승을 '지세가 바다에 연접에 있으며 대마도와 가장 가깝다.'[423]고 하였다. 따라서 조선시대 동래의 자연 지리적 이미지는 바로 '지세가 바다에 인접해 있으며 대마도와 가장 가깝다.'로 대표되었다고 할 수 있다.

---

420) 『세종실록』지리지, 동래현 및 기장현.

421) 『東國與地勝覽』東萊縣, 形勝.

422) 『輿地圖書』東萊府, 形勝.

423) 부산광역시 동래구(1995), 『東萊府誌』, 形勝, p.21.

조선시대 동래의 자연 지리적 이미지를 이렇게 만든 사람은 바로 신숙주였다. 왜냐하면 '지세가 바다에 연접에 있으며 대마도와 가장 가깝다.'의 출처가 바로 신숙주의 '정원루기(靖遠樓記)'이기 때문이다. 『동국여지승람』에 실린 '정원루기'에 의하면 정원루는 동래성의 북문에 위치한 누대로서 다음과 같은 내력을 가지고 있었다.

정원루는 객관의 북쪽에 있다. ○신숙주의 '정원루기'에서 이르기를, "동래는 오래된 고을이다. 지세가 바다에 연접해 있고, 대마도와 가장 가까워 연기며 불빛까지 보이는 거리이니, 진실로 왜인들이 왕래하는 요충지이다. 신사년에 동래현을 그대로 진영으로 하였는데, 성지는 메워져 얕으며, 관사에는 다락과 정자가 없어서 정신을 펴고 지모를 드러내며, 먼 데서 오는 사람들이 보고 바라는 것을 진압하여 심복하게 할 수 없었다. 병인년 여름에 선산현감 김시로가 이 고을에 부임하여 수개월도 안되어 온갖 허물어졌던 것들을 동시에 일으켜 세웠다. 김 현감은 성터를 넓히기를 청하고 성의 북문에 누대를 세웠는데, 5개의 기둥으로 되었으며, 화려하지도 누추하지도 않았고, 제도가 알맞게 되어 있었다. 내가 선위사로서 왕명을 받들고 그곳에 이르러 김 절제사와 함께 올라가 보니 지세가 매우 높은 곳도 아니면서 상쾌하고 후련하여 특이하였으며, 사방이 훤하게 트여 전망이 막히는 것이 없어 서로 보며 즐겼다. 김 절제사가 말하기를, '누대가 이루어진 지 5년이 되었지만 편액과 기문이 아직 없습니다. 바라건대 좋은 이름으로 편액을 짓고 사적을 대강 써주십시오.' 하였다. 이에 사양하다가 부득이 말하기를, '성은 문루와 망대가 갖추어져야 적에 대비할 수 있고, 읍은 올라 바라볼 수 있는 곳이 있어야 생각을 맑게 할 수 있습니다. 이 누대를 세운 일이야말로 한 번의 일로 두 가지 보람을 갖추었습니다. 다른 것들처럼 아주 높고 극히 사치하기만 하여, 구경하는 것만 마음대로 하는 것과는 비교할 바가 아닙니다. 내가 일찍이 일본에 사신으로 갔으므로 그들의 정상을 잘 알고 있습니다. 나는 그들이 완악하고 경박하여 의리로 굴복시키기 어려운 일이라 여

겼는데, 김 절제사께서 내왕하는 왜인들과 날마다 상대하면서 이
야기하거나 행동하는 사이에, 또는 기묘한 솜씨로 변고를 막는
즈음에 이미 그들의 마음을 깊이 감복시킨 바가 있을 것입니다.
그러므로 왜인들이 머리를 조아리고 엎드려서 김 절제사의 말에
순종하고, 감히 그 추악하고 사나운 행동을 펴지 못한 지 지금 5
년이나 되어서 남장(南墻)이 여기에 힘입어 평안해 졌습니다. 이
어찌 그렇게 된 이유가 없겠습니까? 옛 사람 중에는 들에서 의
논한 자가 있었으니, 정신이 구김 없고 생각이 맑고 깨끗하였으
므로 지모를 발휘하고 계획을 운행할 수 있었습니다. 여기에 이
르고 보니 누대의 도움이란 작은 것이 아닙니다. 이에 정원(靖遠)이
라 이름 하기를 청합니다.(하략)" 하였다.424)

위에 의하면 신숙주는 바다를 사이에 두고 대마도와 마주하고 있
는 동래가 중심이 되어 남해안을 안정시켜 주기를 기원하는 마음에
서 동래성의 북문에 위치한 누대의 이름을 '정원루'라 명명했음을
알 수 있다. '정원루'란 이름 자체가 바로 '먼 곳을 안정시키는 누대'
라는 뜻이었다. 먼 곳이란 한양에서 보았을 때 동래는 동남쪽으로
가장 먼 곳에 위치한 고을이란 뜻이었다. 즉 조선시대에는 한양을
중심으로 동서남북과 동북, 동남, 서북, 서남 방향의 8방향으로 가장
먼 곳 8곳을 지정했는데, 동래는 한양에서 동남방향으로 가장 먼 곳
에 있는 고을로 인식되었다.425)

신숙주는 '정원루기'에서 동래를 '오래된 고을로서 지세가 바다에
연접해 있고, 대마도와 가장 가까워 연기며 불빛까지 보이는 거리이
니, 실로 왜인이 왕래하는 요충지이다.'라고 하였다. 즉 신숙주에게

---

424) 『東國輿地勝覽』 東萊縣. 樓亭.
425) 한양을 중심으로 했을 때 동쪽으로 양양까지 5백 40리, 서쪽으로 풍천까지 6백리, 남쪽으로 해진
까지 9백 80리, 북쪽으로 여연까지 1천 4백 70리, 동북쪽으로 경원까지 2천 1백 90리, 동남쪽으
로 동래까지 8백 70리, 서남쪽으로 태안까지 3백 90리, 서북쪽으로 의주까지 1천 1백 40리였다.
(『세종실록』지리지, 경도 한성부).

동래는 오래된 고을, 바다에 연접한 고을, 대마도와 가까운 고을, 왜인이 왕래하는 요충지라는 이미지를 연상시키는 곳이었고 그런 이미지에서 동래의 기능을 남해안 안정 또는 왜인 진압으로 연상한 것이라 하겠다.

그런데 동래에 대한 이런 이미지는 신숙주에게만 있었던 것이 아니라 조선시대 양반관료들에게도 보편화된 이미지였다. 예컨대 조선왕조실록에는 '경상도의 남해와 동래는 대마도와 서로 바라보고 있으므로 왜적이 가장 먼저 침입하는 땅'[426), '동래부는 바다의 문호가 되는 곳'[427), '부산은 남쪽 변방의 문호이며 적이 쳐들어오는 첫 길목'[428)이라는 표현들이 등장한다.

요컨대 조선시대 지리지에서 드러나는 동래의 자연 지리적 이미지는 첫째 땅은 기름지고, 둘째 기후는 따뜻하고, 셋째 바다에 연접한 고을이고, 넷째 대마도와 가까운 고을이고, 다섯째 왜인이 왕래하는 요충지이고, 여섯째 바다의 문호가 되는 고을이라는 여섯 가지로 정리할 수 있다.

조선시대 동래의 자연 생산물 역시 동래의 자연 지리와 직결되어 있었다. 즉 물산(토산), 진공(공물), 곡물, 잡봉, 봉산, 어염, 방물 등에 포함된 생산물은 땅이 기름지고 기후가 따뜻한 산과 평야에서 생산되는 육산품, 동래에 연접한 바다에서 생산되는 해산품, 그리고 바다의 문호로서 왜인으로부터 들어오는 교역품 등을 포괄하였던 것이다.

『세종실록지리지』의 토의와 토공은 해당 군현의 자연 생산물을

---

426) 『세종실록』권 54, 13년 11월 19일.

427) 『선조실록』권 168, 36년 11월 22일.

428) 『광해군일기』권 39, 3년 3월 18일.

수록한 것인데 동래현의 토의와 토공은 벼, 조, 보리, 대나무[篠], 왕대, 종이, 지초, 표고버섯, 귤, 석류, 비자, 오해조(吾海曹), 미역, 우뭇가사리, 세모(細毛), 김, 조곽(早藿), 청각(靑角), 해삼, 건합(乾蛤), 생포(生鮑), 사어(沙魚), 대구어(大口魚), 청어(靑魚), 방어(魴魚), 어교(魚膠), 여우가죽, 삵가죽, 노루가죽, 사슴가죽, 점찰피(占察皮), 어피(魚皮) 등이고 기장현의 토의와 토공은 벼, 조, 콩, 꿀, 밀, 표고버섯, 김, 우뭇가사리, 세모, 건합, 사어, 전포, 종이, 노루가죽, 여우가죽, 점찰피, 어피이다. 이것을 합하면 건합, 귤, 김, 꿀, 노루가죽, 대구어, 대나무[篠], 미역, 밀, 방어, 벼, 보리, 비자, 사슴가죽, 사어, 삵가죽, 생포, 석류, 세모, 어교, 어피, 여우가죽, 오해조, 왕대, 우뭇가사리, 전포, 점찰피, 조, 조곽, 종이, 지초, 청각, 콩, 표고버섯, 해삼 등 35종류가 된다.

이 중에서 육산품은 귤, 꿀, 노루가죽, 대나무[篠], 벼, 보리, 밀, 비자, 사슴가죽, 삵가죽, 여우가죽, 조, 종이, 지초, 콩, 표고버섯, 왕대, 석류 등 18종이고 해산품은 건합, 김, 대구어, 미역, 방어, 사어, 생포, 세모, 어교, 어피, 오해조, 우뭇가사리, 전포, 점찰피, 조곽, 청각, 해삼 등 17종이다. 조선시대 동래의 자연 생산품 중 거의 절반이 해산품인 이유는 물론 동래, 기장이 바다에 연접한 고을이기 때문이다.

동래, 기장의 자연 생산품 중 거의 절반을 해산품이 차지하는 추세는 조선시대 내내 지속되었다. 『동국여지승람』의 동래현과 기장현의 토산에는 가사리, 감, 고등어, 곤포, 김, 넙치, 다시마, 대구어, 댓살(대나무), 미역, 방풍, 사기그릇, 상어, 석굴, 석류, 소금, 烏海藻, 유자, 전복, 전어, 점찰어, 질그릇, 참가사리, 청어, 표고, 해삼, 홍어, 홍합 등 28종류인데, 이 중에서 육산품은 감, 댓살(대나무), 방풍, 사기그릇, 유자, 질그릇, 표고 등 7종류에 불과한 반면 해산품은 가사리, 고등어, 곤포, 김, 넙치, 다시마, 대구어, 미역, 상어, 석굴, 석류, 소금, 오해조, 전복, 전어, 점찰어, 참가사리, 청어, 해삼, 홍어, 홍합 등 21종류나 된다.

동래, 기장의 자연 생산품 중에서 해산품이 절반 이상을 차지하는 특징은 조선시대 지역 특산품을 상징하던 진상품에서도 그대로 나타난다. 예컨대 『여지도서』의 진공, 방물은 해당 군현 또는 도, 병영, 수영의 진상품을 수록한 것인데 동래, 기장, 경상좌수영의 진공, 방물은 가사리, 광어, 녹피, 대구어, 백유별선, 백작약, 백첩선, 분, 생복, 수달피, 연교, 오해조, 유칠별선, 인복, 인삼, 장피, 전복, 점찰피, 조곽, 청어, 해의 등 21 종류인데 이 중에서 육산품은 녹피, 백유별선, 백작약, 백첩선, 분, 연교, 수달피, 유칠별선, 인삼, 장피 등 10종류이고 해산품은 가사리, 광어, 대구어, 생복, 오해조, 인복, 전복, 점찰피, 조곽, 청어, 해의 등 11종류이다.

동래부와 경상좌수영의 진상품은 비록 같은 진상품이라고 해도 그 성격은 매우 달랐다. 경상좌수영의 진상은 왜인이 왕래하는 요충지 동래에 설치된 경상좌수영의 수사가 국왕에게 직접 바치는 예물로서의 성격을 가졌다. 반면 동래부의 진상품은 바다의 문호가 되는 동래에 설치된 동래부의 부사가 경상감영을 통해 국왕에게 간접적으로 바치는 예물로서의 성격을 가졌다. 따라서 경상좌수영의 진상품은 왜적을 방어하기 위한 군사조직으로부터 파생되었던 것임에 비해, 동래부의 진상품은 왜적을 위무하기 위한 행정조직으로부터 파생되었던 것이다. 이에 따라 동래부의 진상품은 달을 기준으로 바치는 진공의 성격을 갖고 있음에 비해, 경상좌수영의 진상품은 정월 초하루, 국왕 탄일, 동지, 단오 등 경축일을 기준으로 바치는 방물429)의 성격을 갖고 있었다.

그런데 『여지도서』동래부의 진공 항목 중에는 '왜헌진상(倭獻進上)'이라는 부분이 있다. '왜헌진상'은 조선후기 왜관의 왜인들이 부담하던 진상품이었다. '왜헌진상'은 호초, 명반(明礬), 단목(丹木), 대화진주(大和珍珠), 채화대연갑(彩畵大硯匣), 채화중원분(彩畵中圓盆), 적동명로(赤銅茗爐), 홍지(紋紙), 첩금소병풍(貼金小屛風), 적동누삼관반(赤銅累三盥盤), 채화칠촌경(彩畵七寸鏡) 등이었다. '왜헌진상'은 물론 동래에서 생산되는 물품은 아니었는데도 동래의 진상품으로 간주되어 동래부의 진공 항목에 들어가 있었다. 그 이유는 동래 왜관에 거주하는 왜인들이 자신들의 땅에서 산출되는 특산품을 조선 국왕에게 바치는 것이 당연한 예의라 생각했기 때문이었다. 따라서 '왜헌진상'은 동래부에서 책임지고 받아서 조선 국왕에게 바쳤다. 이런 면에서 '왜헌진상'은 바다의 문호로서 왜인과 교류하던 동래부의 자연 지리적 특징에서 파생된 결과물이라 할 수 있다.

요컨대 조선시대 지리지에서 드러나는 동래, 기장의 자연 생산물은 해산품이 절반 이상을 차지하는데 이는 바다에 연접한 동래, 기장의 자연 지리적 특징에서 나타난 현상이었다. 아울러 동래가 바다를 사이에 두고 대마도와 마주한 요충지이자 문호라는 자연 지리적 특징이 동래, 기장, 경상좌수영의 진상품 그리고 동래의 '왜헌진상'으로 나타났다. 조선시대 지리지의 자연적 항목에서 나타나는 동래, 기장, 경상좌수영의 특징을 정리하면 표와 같다.

---

429) 경상좌수사의 방물은 정월 초하루에는 鹿皮 1장, 獐皮 5장, 占獺皮 3장, 수달피 2장이었고 국왕 탄생일에는 鹿皮 1장, 점찰피 1장, 수달피 3장이었으며, 동지에는 鹿皮 1장, 점찰피 1장, 수달피 3장, 獐皮 1장이었다. 조선시대에는 정월 초하루, 국왕 탄생일, 동지를 三名日이라고 하여 가장 중요시하였다.

자연적 항목	자연 지리의 특징	첫째 땅은 기름지다. 둘째 기후는 따뜻하다. 셋째 바다에 연접한 고을이다. 넷째 대마도와 가까운 고을이다. 다섯째 왜인이 왕래하는 요충지이다 여섯째 바다의 문호가 되는 고을이다.
	자연 생산물의 특징	첫째 陸産品은 땅이 기름지고 기후가 따뜻한 동래, 기장의 산과 평야의 생산물이다. 둘째 海産品은 동래, 기장에 연접한 바다의 생산물이다. 셋째 경상좌수영의 진상은 왜인이 왕래하는 요충지 동래에 주둔하는 좌수사의 예물이다. 넷째 동래의 '倭獻進上'은 바다의 문호인 동래에서 왜인으로부터 거둔 예물이다.

라) 지리지의 인문적 항목과 부산 이미지

앞에서 살펴본 것처럼 조선시대 동래, 기장, 경상좌수영에 관련된 지리지의 항목은 총 95개로서, 그 중 자연적 항목은 12개, 인문적 항목은 83개였다. 항목의 수자로만 보면 인문적 항목이 전체의 90%에 가까운 비율로서 압도적으로 높다. 이는 조선시대 중앙정부에가 지방을 통치하기 위해 필요로 한 자료가 자연적 항목보다 인문적 항목에 치중된 결과라고 할 수 있다. 따라서 지리지를 통해 나타나는 특정 군현의 이미지는 자연적 항목보다는 인문적 항목에 훨씬 더 많이 영향 받는다고 평가할 수 있다.

동래, 기장, 경상좌수영에 관련된 인문적 항목 83개 중에서 물리적 요소는 35개였고 비 물리적 요소가 48개였다. 이는 비 물리적 요소가 물리적 요소에 비해 대략 10% 정도 높은 비율임을 보여준다. 결국 조선시대 지리지를 통해 해당 군현의 특징 또는 이미지를 추출할 때 가장 중요한 요소는 인문적 항목 중에서도 비 물리적 요소임을 알 수 있다.

동래, 기장, 경상좌수영에 관련된 인문적 항목 83개는 기본적으로 도시 기능과 관련된 항목과 도시 분위기와 관련된 항목으로 나뉜다. 예컨대 동래, 기장, 경상좌영에 관련된 비 물리적 요소 48개는 동래, 기장, 경상좌수영의 행정적 또는 군사적 기능과 관련된 항목 그리고 동래, 기장, 경상좌수영의 분위기와 관련된 항목으로 범주화 할 수 있다. 즉 각사각처노비, 각색장인, 건치연혁, 관안, 관원, 관직, 구, 군명, 균세, 대동, 면명도리원근, 방리, 봉름, 부안, 사전, 선생안, 성씨, 속현, 연역, 인리관속잡차, 전결, 전세, 조적, 향임, 戶 등 25항목은 행정적 기능과 관련된 항목으로 각청무부, 군무, 군병, 군총, 방헌, 변정, 별전공신, 송헌, 영저호수, 주사군액, 주사속관 등 11항목은 군사적 기능과 관련 항목으로 그 외 과거(과제), 기문, 명환, 열녀, 이문, 인물, 잡영, 전문, 제영(제영잡저), 풍속, 환적, 효자효녀 등 12항목은 도시 분위기와 관련된 항목으로 범주화 될 수 있다. 이렇게 볼 때 비 물리적 요소 48개는 도시 기능과 관련된 항목이 36개, 도시 분위기와 관련된 항목이 12개임을 알 수 있다.

조선시대 동래의 행정적 기능은 근본적으로 바다의 문호가 되는 동래의 자연 지리적 특성에 직결되었다. 즉 동래 자체의 행정뿐만 아니라 왜인들과의 교류가 중요했던 것이다. 그것은 영조 16년(1740)에 편찬된 『동래부지』의 '건치연혁'에 잘 드러나 있다.

> 옛날의 장산국(萇山國)이다.<혹은 말하기를, 내산국(萊山國)이라고 한다.>
> 신라가 취하여 칠산군(漆山郡)을 두었다.
> 경덕왕이 지금의 이름으로 고쳤다.
> 고려 현종 때에 울주에 소속시켰다가 후에 현령을 두었다.

조선 태조 때에 처음으로 진을 두고 병마사로 하여금 판현사를 겸하게 하였다.

세종 때에 첨절제사로 고쳤다가 후에 진을 속현인 동평현으로 옮겼다. 얼마 되지 않아 구치로 옮겼다. 후에 현령으로 고쳤다.

명종 때에 승격하여 부사로 하였다.<가정 정미(명종 2, 1547)에 相臣 이기가 의논하여 말하기를, '동래는 객사가 왕래하는 첫 길로서 그 사체가 의주와 같습니다. 동래의 격을 높여서 부사를 삼고 당상의 문관 또는 무관을 가려 보내서 한편으로는 변성을 진압하시고 한편으로는 객사를 수응하게 하소서'라고 하였기에 그 말에 따랐다.>

선조 때에 격하하여 현령으로 삼았다가 다시 올려서 부사로 삼고 또 판관을 두었다가 곧 혁파했다.<만력 임진(선조 25, 1592)에 왜와 화의가 단절되었으므로 낮추어 현으로 삼았다가 기해(선조 32, 1599)에 명나라 장수를 접대하기 위해 부사로 올려서 다시 당상의 무신을 보내도 또 판관을 두고 역시 무신을 보내다가 신축(선조 34, 1601)에 다시 왜와 화해하자 문신을 보내고 판관을 혁파하였다.>[430]

위에 나타나듯이 조선시대에 동래가 동래부로 승격된 근본적인 이유는 왜사를 접대하기 위한 필요 때문이었다. 그것은 곧 동래가 바다를 사이에 두고 대마도와 마주하여 바다의 문호가 되는 자연 지리적 특성을 가졌기에 나타난 결과였다. 건치연혁, 관안, 관원, 관직, 군명, 선생안, 속현 등의 항목은 바로 왜사 접대와 관련된 동래의 행정적 기능과 직결되는 항목이었다. 그 외 각사각처노비, 각색장인, 구, 균세, 대동, 면명도리원근, 방리, 봉름, 부안, 사전, 선생안, 성씨, 연역, 인리관속잡차, 전결, 전세, 조적, 향임, 호 등의 항목 역시 동래의 행정적 기능과 관련되는 항목이었다.

조선시대 동래의 군사적 기능 또한 왜인이 왕래하는 요충지가 되

---

430) 부산광역시 동래구(1995), 『東萊府誌』, 建置沿革, p.17.

는 동래의 자연 지리적 특성 에서 나타났다. 동래가 왜인이 왕래하는 요충지이기에 이곳에 경상좌수영을 설치하였던 것이다. 각청무부, 군무, 군병, 군총, 방헌, 변정, 별전공신, 송헌, 영저호수, 주사군액, 주사속관 등의 항목은 근본적으로 경상좌수영의 군사적 기능과 관련되는 항목이었다.

동래, 기장, 경상좌수영의 분위기와 관련된 12개의 항목 즉 과거(과제), 기문, 명환, 열녀, 이문, 인물, 잡영, 전문, 제영(제영잡저), 풍속, 환적, 효자효녀는 남쪽 바닷가에 연접하여 바다의 문호도 되고 왜인이 왕래하는 요충지도 되는 동래, 기장, 경상좌수영의 다양한 분위기를 알려주는 항목들이다. 예컨대 영조 16년(1740)에 편찬된 『동래부지』의 '제영잡저' 항목은 동래의 명승지, 유적지, 건물, 인물 등을 시인묵객들이 노래한 내용으로서 동래의 자연적, 인문적 분위기를 잘 보여주고 있다. '제영잡저'에 따르면 동래의 명승지, 유적지, 건물, 인물 중에서 시인묵객들이 가장 많이 노래한 명승지, 유적지, 건물, 인물은 해운대, 영가대, 객사 인빈헌, 정원루, 충열사 등이었다. 즉 『동래부지』 "제영잡저' 에 수록된 제영으로는 장산국 제영이 3편, 범어천 제영이 2편, 온정 제영이 6편, 대마도 제영이 2편, 몰운대 제영이 8편, 겸효대 제영이 3편, 태종대 제영이 2편, 동대 제영이 2편, 의상대 제영이 4편, 송공단 제영이 1편, 충신당 제영이 7편, 완대헌 제영이 1편, 연심당 제영이 1편, 찬주헌 제영이 1편, 식파루 제영이 1편, 적취정 제영이 2편, 소하정 제영이 5편, 과정 제영이 9편, 우빈정 제영이 1편, 읍승정 제영이 1편, 팔송정 제영이 1편, 별관 제영이 2편, 성신당 제영이 4편, 읍성 제영이 2편, 금정산성 제영이 3편, 부산관 제영이 6편, 효자 옥종손 제영이 2편, 정문도묘 제영이 2편, 범어사 제영이 6편, 별전청 제영이 1편, 무우루 제영이 2편, 심

성루 제영이 1편, 지희루 제영이 1편, 水營 영파당 제영이 8편, 결승당 제영이 4편, 다대포 제영이 3편, 진남정 제영이 3편, 이정암비 제영이 2편, 부산 자성비 제영이 6편 등 이들 명승지, 유적지, 건물, 인물을 노래한 제영은 모두 10편 이내에 불과하지만 해운대, 영가대, 객사 인빈헌, 정원루, 충열사의 제영은 10편이 훨씬 넘는다. 예컨대 해운대 제영은 19편, 영가대 제영은 19편, 객사 인빈헌 제영은 42편, 정원루 제영은 13편, 충열사 제영은 14편이다.

해운대, 영가대, 객사 인빈헌, 정원루, 충열사 중에서 해운대는 바다에 연접한 동래의 명승지를 대표한다. 아울러 영가대와 객사 인빈헌은 바다의 문호로서의 동래를 대표하는 건물이며, 정원루와 충열사는 왜인이 왕래하는 요충지로서의 동래를 대표하는 건물이다. 해운대, 영가대, 객사 인빈헌, 정원루, 충열사를 노래한 제영에는 동래의 분위기가 다음과 같이 묘사되어 있다.

해운대 (권반, 1419-1472)[431]
물결은 거울처럼 조용하고 고요히 바람 한 점 없는데 (波恬鏡面淨無風)
가만히 앉아 부상에 떨어지는 붉은 해를 바라본다네. (坐見扶桑落日紅)
대마도는 마치 눈썹 위에 한번 죽 그은 청색 같고　(馬島如眉靑一抹)
하늘과 땅은 촉촉하게 가슴 속에 파고드누나.　　　(乾坤納納入胸中)

---

431) 동래문화원(2000), 『國譯 東萊府誌』-題詠雜著篇-, p.11.

영가대기 (이민구, 1589-1670)[432]

부산은 일본과 바다를 사이에 두고 서로 바라보는 거리요 돛을 한 번 세우면 바로 도착하는 곳인 까닭에 해군을 키우고 주야로 전쟁에 대비하며 바람을 기다려 배를 띄워 화평을 보이는 것은 전쟁을 잊지 않고자 하는 것이다. 바다에는 언제나 큰 바람이 많은데 그때마다 작은 배들이 앞뒤에서 한 두 번씩 우당탕거리며 전함과 부딪쳐 뒤집히는데 다시 고치는 경비가 많이 들었다. 만력 갑인에 순찰사 권반이 처음으로 지리를 이용하여 땅을 뚫어 호수를 파고, 파낸 흙으로 제방을 하고 水門을 크게 내었다. 따라서 배 3척이 나란히 출입할 수 있게 되었다. 호수 남북의 길이는 전함을 수용할 만하고 그 동서의 길이는 30개 돛대를 정박시킬 수 있는 규모였다. (중략) 옛날에는 이름이 없었으나 내가 이름을 처음으로 지어서 영가대라고 하였는데, 대체로 권반이 영가 사람이기 때문이다. 이는 또한 낙동강 좌측에 사공돈(謝公墩)이 있는 것과 같다고 할 것이다.

> 객사 인빈헌 (성관, 1643-?)[433]
> 다른 나라인 일본이 이웃으로 있어   (殊邦隣日本)
> 우리나라는 동쪽 끝이 막혀 버렸네.   (故國阻朝端)
> 지금은 바닷가 구석의 관리이지만   (海曲今爲吏)
> 예전에는 사헌부의 관원으로 있었네.   (霜臺舊忝官)
> 나그네 마음에 밤이면 눈물이 길었고   (旅懷宵淚永)
> 고향 생각에 세월 가는 줄도 몰랐네.   (鄕思歲華闌)
> 무거운 임금의 은혜를 갚고자 하니   (欲報君恩重)
> 변방에 임하여 감히 어려움을 피하리?   (臨邊敢避難)

---

432) 동래문화원(2000), 『國譯 東萊府誌』-題永雜著篇-, pp.32-36.

433) 동래문화원(2000), 『國譯 東萊府誌』-題永雜著篇-, p.82.

정원루 (최수범, 1690-?)[434]
천 길이나 되는 파도를 평지인 듯 밟으며　(千丈鯨濤履若平)
심상한 오랑캐의 배가 가볍게 오가는구나.　(尋常蠻船去來輕)
책만 읽던 서생은 변방 일에 아주 낯선데　(書生未慣邊庭事)
근심에 찬 봉수군은 소리 높이 보고하네.　(愁絶烽軍進告聲)

충열사 (이정신, 1660-1727)[435]
송상현 공의 충의는 산보다 무거우니　(宋公忠義重於山)
만고의 강상이 크게 관계 되는 도다.　(萬古綱常大有關)
유풍은 완연히 뜰 앞의 대나무와 같아　(遺風宛帶庭前竹)
엄동설한의 눈발도 두려워하지 않네.　(不畏嚴冬霰雪寒)

　　동래, 기장, 경상좌영에 관련된 비 물리적 요소 48개 중에서 특별히 주목해야 할 만한 항목은 '풍속'이다. 풍속은 조선시대 해당 군현 사람들의 기질, 특징 등을 나타낸다. 영조 때 편찬된 『여지도서』의 동래 '풍속' 항목에서는 동래 사람들을 '소박하고 나약하며 관령을 잘 따른다. 문무를 숭상하고 기사에 정련하다. 경조사와 환난에 서로 구제하는 의리가 있다.'고 하였으며, 영조 16년(1740)에 편찬된 『동래부지』의 '풍속' 항목에서는'소박하고 나약하며, 흥판으로 생계를 꾸린다.'고 하였다. 따라서 조선시대 지리지에 묘사된 동래 사람들의 이미지는 첫째 소박하고 나약하며 관령을 잘 따른다, 둘째 문무를 숭상하고 기사에 정련하다, 셋째 경조사와 환난에 서로 구제하는 의리가 있다, 넷째 흥판으로 생계를 꾸린다는 것으로 정리할 수 있다.
　　동래, 기장, 경상좌수영에 관련된 비 물리적 요소 48개와 마찬가지로 물리적 요소 35개 역시 도시 기능과 관련된 항목과 도시 분위

---

434) 동래문화원(2000), 『國譯 東萊府誌』-題詠雜著篇-, p.141.

435) 동래문화원(2000), 『國譯 東萊府誌』-題詠雜著篇-, p.234.

기와 관련된 항목으로 나뉜다. 예컨대 공해(초량공해), 관사(관해), 관애(관방), 궁실, 기우소, 교량, 군기, 기치, 누정, 단묘(사묘), 도로, 목장, 발참, 봉수, 부산자성비, 성곽(성지), 수전, 역원, 의장, 장시, 전선총수, 제언, 진보, 창고, 청사, 학교, 한전 등은 행정적, 경제적, 군사적 기능과 관련되는 항목으로 고적, 불우, 비갈, 사묘, 사찰(불우), 생사당, 선정비, 총묘, 등은 도시 분위기와 관련되는 항목으로 분류할 수 있다. 지리지의 인문적 항목과 관련된 내용을 정리하면 다음의 표와 같다.

<표 26> 지리지의 인문 항목과 동래, 기장, 경상좌수영의 특징

| 인문적 항목 | 도시 기능 | 첫째 행정적 기능은 바다의 문호로서 倭使接對에 집중되어 있다.
둘째 군사적 기능은 왜인이 왕래하는 요충지로서 해양방어에 집중되어 있다. |
| | 도시 분위기 | 첫째 바다의 문호로서의 행정적 분위기가 크다.
둘째 왜인이 왕래하는 요충지로서의 군사적 분위기 크다.
셋째 바다에 연접한 해양 도시로서의 분위기가 크다.
넷째 동래 사람은 소박하고 官令을 잘 지키며 문무를 숭상하고 騎射에 精練하며, 경조사와 환난에 서로 구제하는 의리가 있고, 興販으로 생계를 꾸린다. |

마) 맺음말

조선시대에 편찬된『동국여지승람』,『여지도서』,『동래부지』,『내영지』의 동래, 기장, 경상좌수영 항목을 자연적 항목과 인문적 항목으로 분류, 통합할 경우 자연적 항목은 12개이고 인문적 항목은 83항목이 된다. 자연적 항목 12개를 자연 지리와 자연 생산물로 분류하여 검토했을 때, 자연 지리의 특징은 첫째 땅은 기름지다, 둘째 기후는 따뜻하다, 셋째 바다에 연접한 고을이다, 넷째 대마도와 가까운 고을이다, 다섯째 왜인이 왕래하는 요충지이다, 여섯째 바다의 문호가 되는 고을이다 라는 특징이 도출되었다. 아울러 자연 생산물의 특징으로는 첫째 육산품은 땅이 기름지고 기후가 따뜻한 동래, 기장의 산과 평야의 생산물이다, 둘째 해산품은 동래, 기장에 연접한 바다의 생산물이다, 셋째 경상좌수영의 진상은 왜인이 왕래하는 요충지 동래에 주둔하는 좌수사의 예물이다, 넷째 동래의 '왜헌진상'은 바다의 문호인 동래에서 왜인으로부터 거둔 예물이다 라는 특징이 도출되었다

인문적 항목 83개를 도시 기능과 도시 분위기로 분류하여 검토했을 때, 도시 기능의 특징은 첫째 행정적 기능은 바다의 문호로서 倭使接對에 집중되어 있다, 둘째 군사적 기능은 왜인이 왕래하는 요충지로서 해양방어에 집중되어 있다 라는 특징이 도출되었다. 또한 도시 분위기의 특징으로는 첫째 바다의 문호로서의 행정적 분위기가 크다, 둘째 왜인이 왕래하는 요충지로서의 군사적 분위기 크다, 셋째 바다에 연접한 해양 도시로서의 분위기가 크다, 넷째 동래 사람은 소박하고 官令을 잘 지키며 문무를 숭상하고 騎射에 精練하며, 경조사와 환난에 서로 구제하는 의리가 있고, 興販으로 생계를 꾸린다 라는 특징이 도출되었다.

요컨대 조선시대 지리지를 통해 도출한 부산 이미지는 따뜻한 남쪽 바다의 산해진미가 두루 생산되는 해양도시, 일본과의 평화교류를 선도하는 행정도시, 일본의 침략을 방어하는 군사도시, 소박하고 용감하며 상부상조하는 부산사람으로 정리될 수 있다.

참고문헌

-원사료

『三國史記』,『高麗史』,『高麗史節要』,『朝鮮王朝實錄』,『高宗實錄』,『日省錄』,
　　『承政院日記』,『典客司日記』,『備邊司謄錄』,『經國大典』,『續大典』,
　　『六典條例』,『受敎輯錄』,『新補受敎輯錄』,『國朝五禮儀』,「國朝五禮
　　儀序禮』,『萬機要覽』,『供膳定例』,『東國輿地勝覽』,『新增東國輿地勝
　　覽』,『慶尙道地理志』,『慶尙道續纂地理志』,『輿地圖書』,『增補文獻備
　　考』,『萊營誌』,『慶尙道左水營官衙排設調査圖』,『三才圖會』,『山海經』,
　　『道德經』,『詩經』,『禮記』,『儀禮』,『周禮』,『周易』,『大明集禮』,
　　『說文解字』,『經世遺表』,『萊營誌』,『淸溪先生文集』,『息庵先生遺稿』,
　　『懶齋先生文集』,『懲毖錄』

『水操笏記』(규장각 도서번호 古 9940-2)

『고문서집성』13 (1994, 한국정신문화연구원)

『東萊府誌』(1995, 부산광역시 동래구)

『國譯 東萊府誌』(2000, 동래문화원)

『國譯 萊營誌』(2001, 부산광역시사편찬위원회)

『韓國水産誌』1권 (2001, 민속원)

-저서

加藤成一(1934)『漁船硏究』, 厚生閣

고민석(2008)『도시이미지 결정요인에 관한 연구』, 전남대학교 대학원 박
　　사학위논문

關澤明淸・竹中邦香(1893)『朝鮮通漁事情』, 團團社書店

국사편찬위원회(2002),『韓日漁業關係』

궁중음식연구원(2003)『황혜성, 한복려, 정길자의 대를 이은 조선왕조 궁
　　중음식』, 궁중음식연구원

金昊鍾(1988)『朝鮮後期 鹽業史硏究』, 경북대학교 사학과 박사학위논문

吉田敬市(1954)『朝鮮水産開發史』, 朝水會

김경옥(2004) 『조선후기 島嶼研究』, 혜안

김남정(2005), 『도시브랜드 이미지의 구성요서와 영향에 관한 연구』, 경원대학교 대학원 박사학위논문

김문식·김지영·박례경·송지원·심승구·이은주(2011) 『왕실의 천지제사』, 돌베개

김수희(2010) 『근대 일본어민의 한국진출과 어업경영』, 경인문화사

김용숙(1987) 『조선조 궁중풍속연구』, 일지사

김의환(2004) 『朝鮮後期 鹽業의 發展과 鹽業政策』, 충북대 사학과 박사학위 논문

김주연(2012) 『조선시대 궁중의례미술의 十二章 圖像 연구』, 이화여대 석사학위논문

稲村桂吾(1960) 『漁船論』, 恒星社厚生閣

명세나(2007) 『조선시대 일월오봉병 연구-흉례도감의궤 기록을 중심으로-』 이화여대 석사논문

박인호(1996) 『조선후기 역사지리학 연구』, 이회

박주희(2008) 『조선후기 경상도 海産 진상품 연구』, 부경대학교 석사학위논문

方相鉉(1987) 『朝鮮初期 水軍制度史 研究』, 경희대학교 문학박사학위논문

부경대 해양문화연구소(2007) 『조선전기 해양개척과 대마도』, 국학자료원

부산광역시 수영구(1999) 『경상좌수영성지정비기본계획』, 옛터

부산대학교 한국문화연구원(1990) 『慶尙左水營城址 學術調査報告書』

부산발전연구원 부산학연구센터(2004) 『부산도시이미지』, 부산발전연구원

부산발전연구원 도시정보센터(2007) 『부산이미지에 관한 조사연구』, 부산발전연구원

서울역사박물관(2009) 『시흥행궁』

서인한(2002) 『조선초기 지리지 연구』, 혜안

孫光成(1987) 『日月五嶽圖에 대한 研究』, 동국대 석사학위논문

손승철(2006) 『조선통신사, 일본과 통하다』, 동아시아

수영고적민속예술보존협회(2009) 『수영민속총집』, 청송인쇄사

양보경(1987) 『조선시대 읍지의 성격과 지리적 인식에 관한 연구』, 서울대 지리학과 박사학위논문

유혜진(2013) 『조선시대 일월오봉병 연구』, 성균관대학교 석사학위논문

윤용출(1998) 『조선후기의 요역제와 고용노동』, 서울대학교 출판부

이문기 외(2007) 『한중일의 해양인식과 해금』, 동북아역사재단

이욱(2002) 朝鮮後期 魚鹽政策 硏究』, 고려대 사학과 박사학위 논문

이존희(1992) 『조선시대 지방행정제도연구』, 일지사

長節子(2002) 『中世國境海域の倭と朝鮮』, 吉川弘文館

田川孝三(1964) 『李朝貢納制の研究』, 東洋文庫:東京

한복려(2003) 『궁중음식과 서울음식』, 대원사

-논문

강만길(1970) 「조선후기 공염제도고」-명지도 염장을 중심으로-, 『사학
　　　　지』 4

高錫珪(1985) 「16, 17세기 貢納制 改革의 방향」, 『한국사론』 12

具良根(1980) 「近代日本의 對韓通漁政策과 朝鮮漁村과의 關係」, 『인문과
　　　　학연구』 조선대

권영국(1998) 「조선 초 鹽業政策과 생산체제」, 『사학연구』 55-56

金玉卿(1967) 「開港後 漁業에 관한 一硏究」, 『부산수대연보』 7(1)

金義煥(1970) 「東萊 水營城址 一帶遺蹟 調査書」, 『鄕土文化』 2집

김남정・정만모・이우종(2008) 「신도시 도시이미지 형성요소에 관한 연구」,
　　　　『국토계획』 43권 6호

변주승(2006) 「『輿地圖書』의 성격과 道別 특성」, 『한국사학보』 25

김당택(2005) 「이성계의 위화도회군과 제도개혁」, 『전남사학』 24

김문기(2008) 「19세기 조선과 청의 어업분쟁」, 『19세기 동북아 4개국의
　　　　도서분쟁과 해양경계』, 동북아역사재단

김아네스(2013) 「고려시대 명산대천과 祭場」, 『역사학연구』 50, 호남사연구

김용욱(2003) 「조선조 후기의 봉수제도」, 『법학연구』 52, 부산대학교

김우철(2006) 「『輿地圖書』 '姓氏'조의 검토」, 『한국가학보』 25

김원모(2002) 「19세기 한영 항해문화교류와 조선의 해금정책」, 『문화사학』 21

김정임(2015) 「조선시대 일월오봉병 역할의 확산과 전개-관왕묘를 중심
　　　　으로-」, 『문화사학』 43

김주연(2015) 「삼산・오악(三山・五嶽) 도상의 정치적 전용과 그 전거」,
　　　　『미술사학보』 44, 미술사연구회

김주홍(2004) 「한국 연변봉수의 형식분류고 1」, 『역사실학연구』 27

김주홍, 이수창, 김성준(2002) 「경상지역의 봉수 2」, 『실학사상연구』 23

김창겸(2007) 「신라 중사의 '사해'와 해양신앙」, 『한국고대사연구』 47

김철웅(2004) 「양성지의 祀典 개혁론」, 『문화사학』 21, 한국문화사학회

김호동(2005) 「조선초기 울릉도, 독도에 대한 '空島政策' 재검토」, 『민족
문화논총』 32

김홍남(2009) 「일월오봉병과 정도전」, 『중국 한국 미술사』, 학고재

김홍남(2009) 「조선시대 일월오봉병에 대한 도상학적 연구」, 『중국 한국
미술사』, 학고재

나희라(2016) 「신라 초기 천신 신앙과 산악숭배」, 『한국고대사연구』 82

노영구(1995) 「조선초기 水軍과 海領職의 변화」, 『한국사론』 33

德成外志子(1987) 「朝鮮後期의 貢物貿納制」, 『역사학보』 113

朴九秉(1962) 「日本資本主義 勢力의 韓國水産業 侵入過程」, 『백경』 3

朴九秉(1967) 「韓日近代漁業關係研究」, 『부산수대연보』 7(1)

朴九秉,(1983) 「漁業權制度와 沿岸漁場所有・利用形態의 變遷에 관한 研
究」, 『부산수대논문집』 30

박승범(2015) 「悉直과 신라의 北海 제사」, 『이사부와 동해』 9, 한국이사
부학회

박현순(1997) 「16-17세기 貢納制 운영의 변화」, 『한국사론』 38

배우성(1996) 「18세기 전국지리지 편찬과 지리지 인식의 변화」 『한국학
보』 85

변주승(2006) 「『輿地圖書』의 성격과 道別 특성」, 『한국사학보』 25

서종태(2006) 「『輿地圖書』의 物産 조항 연구」, 『한국사학보』 25

손홍렬(1978) 「麗末鮮初의 對馬島征伐」, 『호서사학』 6

신명호(2006) 「조선후기 궁중음식재료의 供上方法과 供上時期」, 『인문사
회과학연구』 6

안천(2001) 「日月五嶽圖 研究」, 『皇室學論叢』 제5호

여박동(2003) 「메이지(明治) 전기 서일본 어민의 조선해 어업」, 『일본문
화연구』 8, 동아시아 일본학회

吳美一(1986) 「18,19세기 貢物政策의 변화와 貢人層의 변동」, 『한국사론
』 14

오성(1989) 「鹽政의 展開와 鹽商」, 『朝鮮後期 商人研究』 일조각

유승훈(2006) 「명지 녹산 염전의 소금생산 특징과 변천」, 『한국민속학』
44

劉元東(1964) 「李朝貢人資本의 研究」, 『아세아연구』 16

이기백(1972) 「신라 五嶽의 성립과 그 의의」, 『진단학보』 33

이도학(1989) 「사비시대 백제의 四方界山과 호국사찰의 성립」, 『백제연구』 20, 충남대 백제연구소

이민웅(1999) 「17-18세기 水操 運營의 一例考察 -규장각 소장본 경상좌수영 『水操笏記』를 중심으로-」, 『군사』 38, 국방부 군사편찬연구소

이상훈·최일도(2006) 「부산의 도시브랜드 개성에 관한 연구」, 『부산연구』 4

이성무(1982) 「한국의 관찬지리지」, 『규장각』 6

이수범·신성혜·최원석(2004) 「시민 관계성이 도시 이미지에 미치는 영향에 관한 연구」, 『광고학연구』 15권 1호

李永鶴(2003) 「개항 이후 조선인 어업의 근대화 시도와 그 좌절」, 『성곡논총』 34

이은규(1974) 「15세기 초 한일교섭사 연구」, 『호서사학』 3

이장웅(2017) 「백제 五嶽 제사와 불교사원」, 『백제연구』 66, 충남대 백제연구소

이철성(2006) 「『輿地圖書』에 나타난 田結稅 항목의 텍스트적 이해」, 『한국사학보』25

임영정(1997) 「조선전기 해금정책 시행의 배경」, 『동국사학』 31

임용한(2005) 「고려후기 수군 개혁과 전술변화」, 『군사』 54

장득진(1984) 「趙浚의 정치활동과 그 사상」, 『사학연구』 38

장수호(2004) 「조선왕조말기 일본인에 허용한 입어와 어업합병」, 『수산연구』 21

장인성(2016) 「고대 동아시아사상의 삼산」, 『백제문화』 54, 공주대 백제문화연구소

長節子(1979) 「孤草島釣魚硏究-孤草島の位置を中心として」, 『朝鮮學報』 91

蔣持重裕(2002) 「해양사회로서의 대마」, 『도서문화』 20

정두희(1976) 「조선초기 지리지의 편찬 1」, 『역사학보』 69

정두희(1976) 「조선초기 지리지의 편찬 2」, 『역사학보』 70

鄭亨愚(1958) 「大同法에 대한 一硏究」, 『사학연구』 2

鄭亨芝(1983) 「李朝後期의 貢人權」, 『梨大史苑』 20

주보돈(2014) 「신라 狼山의 역사성」, 『신라문화』 44, 동국대신라문화연구소

津田左右吉(1913) 「倭寇地圖に就いて」, 『朝鮮歷史地理』 2, 南滿洲鐵道株式會社

차문섭(1994) 「진관체제의 확립과 지방군제」, 『한국사』 23, 국사편찬위원회

채미하(2007) 「신라 명산대천의 祀典 편제 이유와 특징」, 『민속학연구』 20

채미하(2008) 「신라시대 四海와 四瀆」, 『역사민속학』 26

채미하(2010) 「백제의 산천제사와 그 정비」, 『동국사학』 48

채재웅 김동엽(2011) 「부산 '좌수영성지'의 진정성 회복방안 고찰」, 『문화
재』 44-1, 국립문화재연구소

최영호(2002) 「13세기 말 거제현의 出陸 배경에 대한 검토」, 『석당논총』
31

최진구(2013) 「신라 五嶽과 불교의 산신신상 연구」, 『신라문화』 42, 동국
대신라문화연구소

하우봉(1995) 「일본과의 관계」, 『한국사』 22, 국사편찬위원회

한복려(1997) 「조선왕조 궁중음식」, 『민족과 문화』 6

韓榮國(1978) 「大同法의 實施」, 『한국사』 13, 국사편찬위원회

韓㳍劤(1971) 「開港後 日本漁民의 浸透」, 『동양학』 1

한임선(2007) 「조선초기의 염업발전과 대마왜인」, 『조선전기 해양개척과 대
마도』, 국학자료원강봉룡(2002) 「한국의 해양영웅 장보고와 이순신
의 비교연구」, 『지방사와 지방문화』 5권 1호강봉룡(2002) 「한국 해
양사의 전환 : 해양의 시대에서 해금의 시대로」, 『도서문화』 20

홍순창(1983) 「신라 三山 · 五嶽에 대하여」, 『신라문화제학술발표회논문집』,
동국대 신라문화연구소

신명호 ————————————

한국학중앙연구원 한국학대학원에서 석사를 마치고 동 대학원에서 조선시대 왕실문
화 연구로 박사학위를 받았다. 현재 부경대학교 사학과에서 학생들을 가르치고 있다.
저서로는 『조선왕실의 의례와 생활, 궁중문화』, 『조선공주실록』, 『고종과 메이지의
시대』, 『조선왕실의 책봉의례』 등이 있다.

조 선 시 대
해 양 정 책 과
부산의 해양문화

초판인쇄 2018년 3월 27일
초판발행 2018년 3월 27일

지은이 신명호
펴낸이 채종준
펴낸곳 한국학술정보㈜
주소 경기도 파주시 회동길 230(문발동)
전화 031) 908-3181(대표)
팩스 031) 908-3189
홈페이지 http://ebook.kstudy.com
전자우편 출판사업부 publish@kstudy.com
등록 제일산-115호(2000. 6. 19)

ISBN 978-89-268-8396-9 93330